Kaspar Maase, geboren 1946, studierte Germanistik, Kunstgeschichte, Soziologie und Kulturtheorie in München und Berlin (DDR). Dr. phil. Freiberufliche Tätigkeit. Habilitation über die Amerikanisierung der Jugend in der Nachkriegs-Bundesrepublik. Privatdozent für Kulturwissenschaft an der Eberhard-Karls-Universität Tübingen.

Veröffentlichungen u. a.: Lebensweise der Lohnarbeiter in der Freizeit, Frankfurt/M. 1984; BRAVO Amerika. Erkundungen zur Jugendkultur der Bundesrepublik in den fünfziger Jahren, Hamburg 1992; (Hg., mit Wolfgang Kaschuba) Schund und Schönheit. Populäre Kultur um 1900, Köln 2001.

Europäische Geschichte

Herausgegeben von Wolfgang Benz

Konzeption: Wolfgang Benz,
Rebekka Habermas und Walter H. Pehle

Europäische Geschichte

Kaspar Maase

Grenzenloses Vergnügen

Der Aufstieg der Massenkultur
1850–1970

Fischer
Taschenbuch
Verlag

4. Auflage: Februar 2007

Originalausgabe
Veröffentlicht im Fischer Taschenbuch Verlag
einem Unternehmen der S. Fischer Verlag GmbH,
Frankfurt am Main, April 1997

Gesamtherstellung: Clausen & Bosse, Leck
Printed in Germany
ISBN 978-3-596-60143-1

Eine Art sich zu vergnügen ist zugleich *Kultur*: nämlich Vergrößerung der Fähigkeit noch mehr Vergnügen dieser Art zu genießen; dergleichen das mit Wissenschaften und schönen Künsten ist. Eine *andere* Art aber ist *Abnutzung*; welche uns des ferneren Genusses immer weniger fähig macht.

Immanuel Kant, Anthropologie in pragmatischer Hinsicht

Die Negation der minderwertigen, grobschlächtigen, vulgären, käuflichen und servilen, in einem Wort: der natürlichen Lust, schließt in sich die Affirmation des sublimen, erhabenen Charakters derer, die an sublimierten, verfeinerten, distinguierten, interesselosen, zweckfreien und freiwilligen Vergnügungen ihr Wohlgefallen zu finden wissen.

Pierre Bourdieu, Die feinen Unterschiede

Spaß ist das »x« in jener Gleichung, die herauszufinden sucht, warum es die Künste überhaupt gibt.

Leonard Bernstein, Erkenntnisse

Inhalt

Vorwort

Muß man es ausdrücklich erwähnen? Selbstverständlich ist es verwegen, die Geschichte der Massenkultur in Europa auf derart begrenztem Raum darzustellen. Das Unterfangen bedeutete Verpflichtung und Freiheit zugleich: die Pflicht, durchgehende Linien und zentrale Fragestellungen straff herauszuarbeiten, ohne dabei den Blick auf den schillernden Stoff zu vernachlässigen; und die Entlastung vom Anspruch auf Vollständigkeit und Ausgewogenheit, die Freiheit zum Setzen deutlicher Akzente. So trägt die vorliegende Studie den Charakter eines essayistischen Abrisses.

Das Thema Massenkultur ist immer noch geeignet, Emotionen zu erwecken und Meinungen zu polarisieren. Da schien es angebracht, im ersten Kapitel neben einigen Hauptthesen auch knapp darzulegen, aus welcher Perspektive und mit welchen Maßstäben der Gegenstand behandelt wird. Wer aber möglichst schnell »zur Sache« kommen will, der kann die Lektüre ruhig mit dem zweiten Kapitel beginnen.

Die Darstellung beginnt im Vorfeld der modernen Populärkultur, schwerpunktmäßig in der zweiten Hälfte des 19. Jahrhunderts. Sie endet mit dem Übergang zu den 1970er Jahren. Die Massenkünste hatten – mit Radio, Fernseher, Plattenspieler – die privaten Haushalte erobert. Sie stellten nun unwiderruflich die Basiskultur der Gesellschaft; selbst die Rückzugsgefechte der Gegner flauten ab. Der umkämpfte Aufstieg, begonnen vor dem Ersten Weltkrieg, war erfolgreich abgeschlossen. Der Übergang zur Postmoderne warf ganz neue Fragen auf. So schien es sinnvoll, die historische Skizze hier enden zu lassen.

Massenkultur überschritt seit je politische und sprachliche Grenzen. Die Studie nimmt im wesentlichen Deutschland, Frankreich und Großbritannien in den Blick. Die Entwicklung in den agrarisch strukturierten Regionen Süd-, Mittel- und Osteuropas trug einen deutlich anderen Charakter und konnte, mit Ausnahme des italienischen Faschismus, nicht berücksichtigt werden. Auch das historische Experiment einer sozialistischen, nach eigenem Anspruch wirklich demokratischen Kultur wird nur in einem knappen Exkurs zur DDR behandelt.

Ohnehin war ein durchgängiger Vergleich, der nationale Besonderheiten herausarbeitet, nicht angestrebt. Im Vordergrund stehen Gemeinsamkeiten und Austauschprozesse, das – wenn die Etikettierung einmal erlaubt ist – europäische Moment in der Geschichte der Massenkultur. Zwar konnte den Beziehungen zu den USA, die seit den 1920er Jahren weltweit Maßstäbe für zeitgemäße Unterhaltung setzten, nur punktuell nachgegangen werden. Doch wird auch am »alten Kontinent« deutlich, daß die populären Künste vorangingen bei der weltumspannenden Durchdringung der Kulturen, die inzwischen alle Grenzen überwindet und ein Denken aus der Perspektive nationaler »Identität« oder »Authentizität« gegenstandslos macht. Die Widerstände gegen moderne Populärkünste speisten sich zu großen Teilen aus Ressentiments gegen kulturell und »rassisch« Fremdes. Demgegenüber legt diese Studie einen Akzent – mit den Worten Salman Rushdies – auf »die Bastardierung, die Unreinheit, die Mischung, die Verwandlung, die durch neue, unerwartete Kombinationen von Menschen, Kulturen, Ideen, politischen Richtungen, Filmen oder Liedern entsteht. [...] Melange, Mischmasch, ein bißchen von diesem und ein bißchen von jenem, das ist es, wodurch das Neue in die Welt tritt.«

Ich kann hier nicht allen danken, die mit Nachsicht, Neugier und Hinweisen am Entstehungsprozeß dieses Buches beteiligt waren. Stellvertretend seien jene genannt, die sich durch die erste Fassung des Manuskripts hindurchgebissen haben und dann noch bereit waren, mich reichlich mit kritischen Anmerkungen und Verbesserungsvorschlägen zu bedenken: Stefan Beck, Anselm Doering-Manteuffel, Sabine Kienitz, Anne Maase, Peter Martin, Barbara Spreer, Alma Steinberg, Bernd Jürgen Warneken. Ihr Zuspruch – zumindest habe ich den aus den Kommentaren herausgehört – hat mich angespornt, und wenn die Ratschläge nicht besser gefruchtet haben, so lag es nicht am fehlenden Engagement derer, die sie gaben.

Die Darstellung verzichtet auf Literaturhinweise und verbirgt damit noch mehr als sonst üblich, wie vielen Überlegungen anderer sie verpflichtet ist. Die Auswahlbibliographie im Anhang füllt die Lücke nur teilweise. Doch wäre es ohnehin ein hoffnungsloses Unterfangen, jede Anregung ausdrücklich quittieren zu wollen. Wissenschaft lebt nun einmal davon, daß man Gedanken neu kombiniert und weiterdenkt, an denen andere das Urheberrecht besitzen. Und wie viele Kochbücher er auch befragt haben mag – für das Gericht, das er serviert, trägt allein der Autor die Verantwortung.

Apokalyptiker, Integrierte und Historiker

Untergang oder Demokratisierung des Abendlandes?

Umberto Eco hat zwei gegensätzliche Weisen unterschieden, über Massenkultur zu sprechen. Die »Apokalyptiker« sehen nur den unaufhaltsamen Niedergang der Werte und wollen öffentlich bezeugen, daß sie sich nicht anpassen. Die »Integrierten« verkünden die Botschaft der Medienkonzerne: Endlich seien die Kulturgüter allen zugänglich. Der hier vorgelegte historische Überblick geht von einem anderen Ansatz aus. Er will Massenkultur als Element der Demokratisierungsprozesse der Moderne verstehen.

Zur Mitte des 19. Jahrhunderts dominierten Künste und Vergnügungen, die vom wohlhabenden und gebildeten Bürgertum gepflegt wurden: Oper und Theater, Tafelbild und Denkmal, Dichtung und ernste Musik. Indem sie »hohe Kultur« repräsentativ herausstellten, unterstrichen diese Schichten ihren Anspruch auf die Führung der Gesellschaft. Im Lauf von gut 100 Jahren hat bürgerliche Kultur in diesem Sinn ihren Platz abgegeben an die moderne Populärkultur.

Deren Aufstieg war Teil eines ganzen Bündels von Entwicklungen, die Max Weber schon vor 1918 als »aktive Massendemokratisierung« bezeichnete.[1] Die (für bürgerliche Augen) rohen und unkultivierten Massen, die (gemessen an ihren Schulabschlüssen) »Ungebildeten« betraten die gesellschaftliche Bühne. Alle Männer und Frauen erhielten uneingeschränktes Wahlrecht. Interessenorganisationen, Parteien und Bewegungen entstanden, die für das Volk zu sprechen behaupteten. Ein neuer Typ von Politikern (nicht selten Demagogen) verdrängte bürgerliche und adelige Führungsgruppen aus den Parlamenten. Die Unterschichten errangen Freizeit und Kaufkraft, sie entwickelten eine bislang ungekannte Nachfrage nach Kunst und Vergnügen.

Ein kultureller Massenmarkt bildete sich heraus, beliefert von spezialisierten Unternehmen, die sich an den Wünschen der großen Mehrheit orientierten, genauer: an den unterschiedlichen Vorlieben all jener Minderheiten, aus denen sich die Mehrheit derer zusammensetzte, die keinen Gebrauch von der Hochkultur machten. Geld, Zeit und Aufmerksamkeit dieser Menschen waren knapp. Dafür erwarteten sie kräftige Vergnügungen, effektvoll, eingängig, auf ihre Erfahrungen bezogen. Alltägliche Künste sollten es sein, Gebrauchskünste, auch wenn sie Träume, außerordentliche Gefühle und Ausbruch aus der Enge boten. Hier ging es um Lebensbewältigung, Selbstverständigung, Spaß an starken Eindrücken und nachvollziehbarer Leistung, nicht zuletzt um den sinnlichen Genuß des Reichtums, den man tagtäglich in harter Arbeit produzierte.

Die Kulturindustrie zielte auf Gewinn, nicht auf Erziehung, Propaganda oder Erbauung. Gerade deswegen konnten die einfachen Leute die modernen Massenkünste ihren Vorlieben und ihren Lebensgewohnheiten anpassen. Unter dem Gesichtspunkt der geistigen Wahlmöglichkeiten bedeutete die Einbeziehung in den Kultur-Warenmarkt einen revolutionären Durchbruch, eine Befreiung von bürgerlicher Vormundschaft. Im gesamten 19. Jahrhundert hatten sich Kirchen, Schulbehörden und Volksbildungsorganisationen bemüht, das Volk auf solche geistige Nahrung zu beschränken, die sie für zuträglich hielten. Zu ihrem eigenen Besten, so wurde argumentiert, solle man die »Ungebildeten« unter fürsorgliche Überwachung stellen. Nun wurden die liberalen Prinzipien der Selbstbestimmung und der freien Entscheidung auf dem Markt von jenen in Anspruch genommen, für die sie ursprünglich nicht gedacht waren. Der vierte Stand machte sich den geistigen Emanzipationsimpuls der bürgerlichen Revolution auf seine Art zu eigen.

Die kapitalistische Industriegesellschaft hat nur wenig von dem eingelöst, was die Losung »Freiheit, Gleichheit, Brüderlichkeit« versprach. Wer an den Idealen der Aufklärung festhielt und allen den geistigen und ästhetischen Reichtum der Menschheit erschließen wollte, der mußte die Erfolgsgeschichte der Massenkultur mit gemischten Gefühlen betrachten. Die entscheidende Frage ist allerdings: Unter welcher Perspektive wurde kritisiert? Waren die populären Künste grundlegend akzeptiert als gesellschaftliches Lebens- und Verständigungsmittel? Oder weigerte man sich, Geschmack und Freizeitgewohnheiten der Volksschüler ebenso ernst zu nehmen wie die der Akademiker?

Vielleicht ist der Vergleich mit der allgemeinen Schulpflicht hilfreich. Als Königsweg zu Freiheit und Demokratie gepriesen, hat sie genausowenig wie die Populärkultur verhindert, daß Diktaturen die Macht ergriffen und Medien und Unterricht gleichschalteten. Dennoch ist kein Fortschritt vorstellbar (im Sinn von sozialer Gerechtigkeit, Chancengleichheit und breiter getragener Demokratie) ohne Lernprozesse der »Massen« – und dazu braucht es Schulen ebenso wie unterhaltende Künste, jede auf ihre eigene, unvergleichliche Weise.

Noch in anderer Hinsicht war die hier darzustellende Geschichte verknüpft mit Massendemokratie. Seit der Industrialisierung identifizierte man Rummel und Groschenlektüre, Tingeltangel und Kino mit den neuen städtischen Unterschichten. Der Aufstieg der Populärkultur wurde – gerade, weil er auf den hartnäckigen Widerstand der Besitzenden und der Bildungsschichten traf – zum Symbol für den Gleichstellungsanspruch der »Massen«. An der Verbreitung des populären Geschmacks las man ab, wie weit die »einfachen Leute« sich durchgesetzt hatten.

Mittlerweile stoßen wir auf Massenkultur und ihre Prominenz überall dort, wo sich Gesellschaft und Politik repräsentativ in Szene setzen. Nicht mehr prunkvolle Opernhäuser sind die Kathedralen der Gegenwartskultur, sondern Sportpaläste, Musicaltheater, Themenparks und vollklimatisierte Feriendörfer. Keine UNO-Debatte findet derartigen Widerhall wie die Oscar-Verleihung, und Staatsmänner drängen sich zum Medienauftritt mit der Fußball-Nationalmannschaft oder dem Jazz-Saxophon. Seit der Pop-art der 60er Jahre ist der kreative Austausch zwischen Hoch- und Massenkünsten schon fast zur Norm geworden, und es scheint, als gäben dabei populäre Genres den Ton an. Massenkultur hat sich als »herrschende Kultur« der Massendemokratie etabliert. Daß sie sich gegen jahrzehntelange Abwertung und Ausgrenzung durchsetzen konnte, hat das Kräfteverhältnis zwischen »einfachen Leuten« und kulturellen Eliten verändert.

Zugleich ist diese Entwicklung Zeichen für einen Wandel der Lebensauffassungen. Parallel zum Aufstieg der Populärkultur verblaßten die klassischen bürgerlichen Werte am Sternenhimmel sozialer Leitbilder. »Innerweltliche Askese« (M. Weber) und puritanische Berufsethik wurden abgelöst durch profane Genußorientierung. Heute bilden Befriedigungen aus dem Lebensbereich jenseits von Arbeit und Pflicht, aus der Freizeit im umfassenden Sinn, einen starken, für viele den stärksten Anreiz, Überdurchschnittliches zu leisten. Das gilt für alle Schichten. Auffassungen über Arbeitsmoral, Lebenssinn und persönliche Erfüllung haben sich im breiten Mittelbereich nachbürgerlicher Industriegesellschaften weitgehend angeglichen; nicht zuletzt darauf beruhte die Entwicklung der populären Vergnügungen zur kulturellen Grundversorgung. Zugleich haben sich die Massenkünste auf bemerkenswerte Weise ausdifferenziert – nach Genres, Medien und Aktivitätsmöglichkeiten ebenso wie hinsichtlich ihres intellektuellen und ästhetischen Gehalts. In der Sicht der Nutzer boten sie dem gewachsenen Individualisierungsstreben einen reichhaltigen Fundus, aus dem man die unterschiedlichsten Profile eigener Praxis zusammenstellen konnte.

Herkömmliche Barrieren zwischen »hoch« und »niedrig« wurden dabei zunehmend leichter überwunden, und zugleich hat das kulturelle Erbe im Lauf der letzten 100 Jahre deutlich an Resonanz gewonnen. Religiöse Formen der Klassikerverehrung sind verschwunden; aber die Höhe der Auflagen, die Menge der Inszenierungen und Reproduktionen und auch die Anzahl derer, die sich damit auseinandersetzen, ist zweifellos gestiegen. 1889 gab es in Deutschland, an allen Fakultäten, 29000 Hochschulstudenten (nur männliche). 1991 waren es 1,64 Millionen, darunter allein 20000 Hörer der Philosophie und etwa 125000, die sich der Literatur-, Kunst- und Musikgeschichte widmeten.[2]

Die Vergesellschaftung des Bildungserbes war verbunden mit einer wesentlichen Funktionsänderung. Im bürgerlichen 19. Jahrhundert diente Hochkultur zur Schaffung einer relativ kleinen, homogenen Führungsgruppe; humanistische Ausbildung garantierte ihr den Zugang zu hohen und höchsten Stellungen. Inzwischen stehen die Wissensbestände relativ breit zur Verfügung. Gesellschaftliche Geltung und privilegierende Funktion hochkultureller Bildung sind deutlich geschrumpft, wenn auch längst noch nicht verschwunden. Eliten werden heute über andere Merkmale definiert. Der Aufstieg der Massenkultur zur Basiskultur hat den Wandel zwar nicht verursacht, aber sozusagen geistig besiegelt.

Das Neue nach 1900

Schon Jahrhunderte vor der Industrialisierung gab es kulturelle Produkte, die weit verbreitet wurden und mit ihren Botschaften einfache, illiterate Schichten erreichten. Einblattdrucke mit gemeinverständlicher Bildsprache fanden während der Reformation ein großes Publikum, und gleiches gilt für die preiswerten Lesestoffe des 18. und 19. Jahrhunderts. Bereits um 1850 existierte in England und Frankreich eine populäre Presse, die mit Auflagen von über 100 000 Exemplaren längst die Grenzen bürgerlicher Leserschaft überschritt. Doch spricht vieles dafür, die endgültige Etablierung der eigentlich modernen Massenkultur im Jahrzehnt vor dem Ersten Weltkrieg anzusetzen. Diese Zäsur hat, wie jede andere, ein Moment von Willkür; aber für eine Darstellung, die populäre Vergnügungen und Massendemokratisierung in ihrem wechselseitigen Zusammenhang betrachtet, bietet sie sich an.

Damals bildeten sich Strukturen heraus, die heute noch wirken. Im Mittelpunkt standen ein neues Publikum mit Freizeiterwartungen, die von städtischem Leben und moderner Lohnarbeit geprägt wurden, sowie ein neues System kommerzieller Populärkünste. Wenn im folgenden von Massenkultur gesprochen wird, so ist stets die Einheit beider Elemente gemeint: das Angebot und die Weise, in der es gebraucht wird.

Die Anbieter schöpften aus einem internationalen Fundus an Erfolgsrezepten, und ihre Produkte wurden über moderne Medien und Transportmittel weltweit verbreitet. Man konnte die neuen Kunst-Waren einzeln konsumieren (Groschenhefte) oder kollektiv (Schausport) – jedenfalls waren sie für breite Schichten erschwinglich und für Menschen mit einfacher Bildung verständlich. Das Angebot war profitorientiert und standardisiert, und es wurde zugeschnitten auf Geschmack und Lebenssituation der großen Mehrheit. Massenkünste waren bestimmt durch das Bemühen, im modernen Alltag die Aufmerksamkeit vieler zu gewinnen und ihnen eine befriedigende ästhetische Erfahrung zu ermöglichen. Systematisch stellten sie sich ein auf Schnellebigkeit und Konkurrenz kräftiger Reize, auf ein abgespanntes und zerstreutes Publikum, auf das starke Bedürfnis nach Unterhaltung.

Entsprechende Entwicklungen gab es längst: Zeitungsroman und Boulevardtheater, Couplet und illustrierte Presse, Revuetanz und sensationelle Artistik (wozu hier auch der Schausport gerechnet wird). Doch nun, im Jahrzehnt vor dem Ersten Weltkrieg, wurden Künste Teil des Alltags der großen Mehrheit. Verbesserte Bildungs- und Lebensbedingungen waren dafür nötig, aber auch neue Drucktechniken und Medien wie Schallplatte, Film, Rundfunk. Jetzt können wir von Massenkultur im strengen Sinn sprechen. Hunderttausende, ja Millionen im gesamten Land (und über die Grenzen hinaus) befaßten sich praktisch gleichzeitig mit denselben Werken und tauschten ihre Meinungen untereinander aus. Populäre Künste lieferten den Stoff für wirklich gesellschaftliche Kommunikation.

Die erste moderne Massenkunst im vollen Sinn des Begriffs war der erzählende Film. 1914 gab es in Deutschland und England mehr Kinoplätze pro Kopf als heute. Für den Einschnitt vor dem Ersten Weltkrieg spricht ebenfalls der Stand der Literarisierung. Nach der Jahrhundertwende wuchs auch im Arbeitermilieu die erste Generation heran, die über elementare Lesefähigkeiten hinaus fiktionale Texte regelmäßig und mit Genuß zu konsumieren vermochte. Groschenheftserien hatten wöchentliche Auflagen von mehreren zehntausend bis 100 000 Stück pro Nummer. Berücksichtigt man, daß auf ein Heft eher zehn als fünf Leserinnen und Leser kamen, dann kann man auch hier von Kommunikation im nationalen Maßstab sprechen. Dafür waren disponible Geldmittel ebenso nötig wie ein gewisses Maß an Freizeit und geistiger Aufnahmefähigkeit. Auch in dieser Hinsicht waren die Voraussetzungen moderner Massenkultur in den sozialökonomisch fortgeschrittensten Ländern Europas gegen Ende des 19. Jahrhunderts ausgebildet.

Es wäre allerdings nicht sinnvoll, unseren Gegenstand auf medienvermittelte Angebote zu beschränken. Vergnügungen wie das Tanzen oder der Besuch von Live-Veranstaltungen wie Theater, Varieté, Konzert, Schausport sind gleichermaßen zu betrachten. Nicht scharfe Grenzziehungen, sondern Übergänge und Wechselwirkungen zwischen unterschiedlichen Genres und »Niveaus« kennzeichneten die populäre Kultur im 20. Jahrhundert.

Abgrenzung und Entzauberung

Wie schon erwähnt, ordneten die Zeitgenossen das neue Phänomen den städtischen Unterschichten zu. Und wirklich schuf erst die große Zahl der Käufer aus diesen Kreisen den Markt für preiswerte Kunst und Vergnügung. Sie stellten die Mehrheit des Publikums und verhalfen der kommerziellen Populärkultur zum Durchbruch. Aber dennoch: Modern war die neue Massenkultur gerade darin, daß sie keine Klassenkultur darstellte. Ihre Machart geht weithin zurück auf ästhetische Techniken und Vermarktungspraktiken jener Unterhaltungskünste, die vom begüterten Bürgertum und Gruppen der Aristokratie wie der Mittelschichten getragen wurden. Zur Ahnenreihe gehören die Literaturfabrikanten Dumas und Sue, Marlitt und Doyle, die Genies der »leichten Musik« wie Offenbach und Strauss, die Plakatkünstler Toulouse-Lautrec und Mucha, die Schwankautoren Labiche und Feydeau, Zirkusunternehmer wie Schumann und Renz oder die Leiter der großen Varietés. Schließlich hatte auch ein Großteil der Heftautoren, Filmregisseure, Schlagertexter und -komponisten einen durchaus bürgerlichen Lebensstil und Bildungshintergrund.

Massenkultur wurde schon 1914 keineswegs nur von der Unterschicht genutzt. Es scheint, als hätten sich klassenübergreifende Züge besonders früh in Deutschland herausgebildet. Bereits vor dem Ersten Weltkrieg zählten hier zum Publikum Dienstboten,

Arbeiter und Arbeiterinnen, Angestellte und Handwerker, Teile der bürgerlichen Mittelschichten ebenso wie Gruppen des Besitzbürgertums und der künstlerischen und intellektuellen Elite.

Selbstverständlich war Populärkultur kein Einheitsbrei. In der Freizeit schlug die soziale und kulturelle Ungleichheit durch; ständig versuchten Gruppen, sich als einzigartig und überlegen in Szene zu setzen. Kommerzielle Bestrebungen zur Standardisierung und Schematisierung brachen sich stets an der Notwendigkeit, den ausgeprägt unterschiedlichen Wünschen im Publikum gerecht zu werden. Aus der Vogelschau elitärer Ablehnung mag man die Unterschiede zwischen Boxsport und Filmexotik, Liebesroman und wildem Tanzen vernachlässigen, ebenso die zwischen dem billigen Zeitungspapier des Groschenhefts und dem Goldschnitt der gebundenen Unterhaltungsliteratur, zwischen den Holzsitzen im kahlen Raum des Vorstadtkinos und den Polstersesseln im Filmtheater der City mit seiner Jugendstil-Dekoration. Wer auf die symbolischen Praktiken achtet, mit denen Menschen sich gegenüber anderen darstellen und einen bestimmten Ort in der Gesellschaft einnehmen, wird derartigen Unterschieden große Aufmerksamkeit widmen.

Populäre Vergnügungen vor dem Ersten Weltkrieg waren eindeutig mit Unterschichttraditionen verknüpft, abgefilmte Tierkämpfe etwa oder derb-drastische Komik. Damit forderte man nicht selten demonstrativ, wenngleich oft unbewußt, den herrschenden »guten Geschmack« heraus. Das hat sich seither als probates Mittel erwiesen, soziale Gegensätze symbolisch zu markieren, und es hat die populären Künste lebendig und kontrovers gehalten. Um diesen Akzent deutlich zu machen, wird im folgenden der Begriff »popular« für Phänomene verwendet, die man den Unterschichten zuordnete; »populär« meint breite Beliebtheit quer durch die Klassen.

Abgrenzungsstreben und Geschmackskämpfe bewegten die moderne Massenkultur von Anbeginn an. Es fand ein unablässiges Spiel von Etikettierung und Distanzierung, Ausgrenzung, Einschluß und demonstrativer Umdeutung statt. Was als derb oder unanständig, kitschig oder verlogen, brutal oder unzüchtig wahrgenommen wurde, waren keine objektiven Eigenschaften der

Werke. Geschmacksurteile (»Schund«) und soziale Klassifizierungen (»vulgär«) gaben zeitweilige Kräfteverhältnisse im Ringen um die Anerkennung gruppenspezifischer Werte wieder.

Die Abgrenzungsversuche waren nicht neu. Als wirklich umwälzend und folgenreich hat sich vielmehr die egalisierende Kraft der Massenkultur erwiesen. In einer klassengespaltenen und kulturell zerklüfteten Gesellschaft ermöglichte sie Erfahrungen von Gemeinsamkeit, baute Arroganz und Fremdheiten ab. Im ausgehenden 19. Jahrhundert wurden soziale Unterschiede demonstrativ inszeniert. Die Gesellschaft zerfiel in getrennte Welten, verbunden allenfalls durch das Dienstpersonal. Ausgrenzung der Massen und ihrer Lebensweise war der gemeinsame Nenner dieser Bemühungen. Und räumliche Trennung der Wohnviertel, der Bekanntschaftskreise und der Freizeitorte bildete ein wesentliches Mittel dazu. Noch 1912 stellte ein sozial engagierter Pfarrer fest, der durchschnittliche Gebildete komme eher einmal nach Afrika als in die Arbeiterviertel des Berliner Nordens.[3]

Doch nun begannen sich Arme und Reiche, Mächtige und Abhängige bei Radrennen und Flugvorführungen, in *Music Halls* und vor der Kinoleinwand zu begegnen. Sie nahmen wahr, daß sie gemeinsame Interessen hatten und daß sie auf Spannendes, Rührendes und Komisches übereinstimmend reagierten. Volksschüler und Lehrlinge verschlangen Detektiv-, Abenteuer- und Jugendgeschichten, und genauso taten das Gymnasiasten und Zöglinge der Militärschulen. Die Leserschaften überschritten alle Klassengrenzen. Es begann offensichtlich zu werden, daß auch Gruppen, die sich als »etwas Besseres« fühlten und gaben, dem »Massengeschmack« zuneigten.

In gewissem Sinn kann man sagen, daß Arbeiter und Dienstboten, die städtischen und ländlichen Unterschichten im 19. Jahrhundert außerhalb der eigentlichen, der »guten Gesellschaft« standen. Ihre ästhetischen Bedürfnisse, ihre Vergnügungen gehörten nicht zur nationalen Kultur. Um diese fremde Provinz kümmerten sich Bürger und Staat zwar pädagogisch (und gegebenenfalls auch polizeilich); aber eigenen Wert oder eigene Geltung billigten sie ihr nicht zu. Institutionen wie Volksbüchereien, Arbeiterbildungsvereine und preiswerte Klassikerausgaben zogen eine scharfe Grenze zum dunklen Kontinent, den die Eingeborenen im eigenen Lande bewohnten. Erst mit dem Überschreiten dieser Grenze betrat der Bildungswillige das »Reich der Kultur« – der bürgerlich anerkannten geistigen und ästhetischen Leistungen.

Der Aufstieg der populären Künste hat diese Unterscheidungen und die damit verbundenen Überlegenheitsansprüche entwertet. Massenkultur ist inzwischen zur Normalkultur, in gewissem Sinn zur herrschenden Kultur geworden. Sie dient als kommunikativer Kitt der nachbürgerlichen kapitalistischen Industriegesellschaft. Fast jeder hat regelmäßig an ihr teil; selbst in den anspruchsvollsten Kreisen kann das legitim sein – wenn es »mit Stil« geschieht. Das Wissen um derartige Gemeinsamkeiten und die Tatsache, daß sie auch öffentlich praktiziert wurden, hat soziale und kulturelle Distanzen verringert. Sicher gab es Strategien des mehr oder minder kalkulierten, gar zynischen »Sich-gemein-Machens« von oben. Doch hat in diesem Jahrhundert zugleich eine Art kulturelle Entzauberung derer stattgefunden, die über das Recht zu Anordnungen und die Macht zu Befehlen verfügten.

Sprachformen und Denkfesseln

Der britische Kulturwissenschaftler Raymond Williams hat einmal festgestellt: »Es gibt in der Tat keine Massen, es gibt nur Möglichkeiten, Menschen als Masse zu betrachten.«[4] Der Begriff »Masse« hat bis heute nicht völlig den Beiklang von Verächtlichkeit und Bedrohungsempfinden verloren, der seit dem letzten Viertel des 19. Jahrhunderts in der Sprache des Bürgertums und der Wissenschaft unüberhörbar mitschwang. Die so bezeichnet wurden, verstanden sich selbst als Arbeiter, als einfache oder kleine Leute, vielleicht als die Vielen, aber nicht als Masse.

Wer heute über populäre Künste und Vergnügungen schreibt, stößt immer wieder schmerzlich an die Grenzen der Sprache, die ihm zur Verfügung steht. Die Begriffe sind aufgeladen mit Bedeutungen der Abwehr und der Abwertung. Mit Eco: Die Apokalyptiker haben das Denken über den Gegenstand derart geprägt, daß uns die Ausdrucksmittel für eine andere Sichtweise fehlen.

Fast alle Versuche, Besonderheit und Gebrauchswert der modernen populären Künste zu bestimmen, standen im Bannkreis der klassischen Kunstästhetik. Sie beschrieben, was am Heftroman anders sei als in der großen Epik, am Schlager anders als im lyrischen Gedicht, am Abenteuerfilm anders als im Bühnendrama – aber stets als Abweichung, als Fehlendes und Nichtgeleistetes. Kategorien und Erklärungen, über die wir verfügen, tragen weithin noch Bedeutungen von Mangel, billigem Ersatz und Minderwertigkeit. Der Diskurs legt fest, was ausgedrückt, ja was überhaupt gedacht werden kann, und das Sprechen über populäre Kultur ist heute noch gebannt in einen Diskurs der Defizite und des Uneigentlichen. Moderne Massenkunst kann nur analysiert werden in Kategorien, die das Ergebnis schon vorwegnehmen: Pseudokunst.

Das Münchhausen-Rezept, sich am eigenen Schopf aus dem Sumpf zu ziehen, versagt in dieser Situation. Wer sich verständlich machen will, muß die vorgefundene Sprache benutzen. Daher sind einige Ausführungen zur gewählten Begrifflichkeit und zur Herrschaft der Apokalyptiker über den Diskurs nötig. Um den Gegenstand dieses Buches zu bezeichnen, eignet sich im Deutschen »Massenkultur« noch immer am ehesten. Die Kategorie wird hier rein beschreibend verwendet, gleichbedeutend mit Populärkultur. Das verlangt, sich abzugrenzen vom Diskurs der Defizite, aber auch von seinem linken, romantisierenden Gegenstück. Massenkultur ist weder authentisches Organ »der Massen« noch ein diabolisch gegen sie gerichtetes Herrschaftsinstrument. Walter Benjamin hat unterschieden zwischen demagogischen Inszenierungen, die die Massen (nur) zu ihrem Ausdruck kommen lassen, und dem Anspruch, daß sie zu ihrem Recht kommen sollten.[5] Das Bewußtsein dieser Differenz scheint weiterhin nützlich für die Beschäftigung mit Populärkultur. Aber gerade unser Gegenstand zeigt, wie problematisch es ist, wenn Intellektuelle bestimmen wollen, worauf die Massen ein Recht haben.

Im Text ist die Rede von »einfachen Leuten«. Damit werden jene bezeichnet, denen die gebildeten Wortführer die Populärkultur zuordneten. Es wird nicht unterstellt, diese Menschen verfügten über weniger differenzierte Empfindungen und Denkfähigkeiten als andere. Unter den Alternativen zu »Masse« hat die Kategorie den Vorzug, daß die Gemeinten sich selber so nennen. Da für unser Thema der Gegensatz von »Gebildeten« und »Ungebildeten« zentral ist, faßt »einfache Leute« Gruppen mit einfachem Schulabschluß zusammen, deren Selbstverständnis von der Distanz und auch dem Gegensatz zu den »feinen Leuten« und »Gebildeten« bestimmt war.

Die Wahrnehmung der modernen Massenkünste wurde geprägt von Menschen, die über Bildungswissen, akademisches Ansehen, geschulte Ausdrucksfähigkeit und rhetorische Kompetenz ebenso verfügten wie über den Zugang zu Medien und Schaltstellen des öffentlichen Sprechens. Wissenschaftler und Publizisten, Pädagogen, Pfarrer und Juristen prägten die Schlagworte, formulierten die Meinungen, sprachen die Urteile. Sie entwarfen die Bezeichnungen, die die neuen Phänomene von vornherein mit Minderwertigkeit und kulturellem Niedergang verknüpften: Schmutz und Schund, Hintertreppenroman, Kitsch, Gassenhauer, Traumfabrik; *pulp fiction, dime novel, soap opera, trashy literature; camelote, toc, littérature de bas étage, littérature de gare* usw. Ihre Kommentare sorgten dafür, daß populäre Unterhaltung beinahe automatisch mit allerlei Gefahren assoziiert wurde: Verführung zu Sinnlichkeit und Verbrechen, Realitätsverlust und Wirklichkeitsflucht, Vergnügungssucht und Verschwendung usw. Dieser Diskurs schuf in gewissem Sinn erst Massenkultur als bedeutungsvolle Realität; er lieferte die geistigen Werkzeuge, mittels derer Neuheiten wie Groschenheft und Kino, Schlagerplatte und Radrennen wahrgenommen und bewertet wurden.

Dabei ging es um weit mehr als persönliche Geschmacksurteile. Das Alltäglichwerden der Massenkünste war Teil einer Entwicklung, die gesellschaftliche Grundwerte wie Arbeit, Nützlichkeit und Ernsthaftigkeit in Frage zu stellen schien. Die diskursbestimmenden Gruppen empfanden es als bedrohlich, welche Bedeutung Freizeit und Amüsement im Leben und in den Bedürfnissen wachsender Bevölkerungsteile gewannen. Die öffentlichen Warnungen fanden ein breites Echo, weil sie ein tief im Bewußtsein der Westeuropäer verankertes Denkmuster ansprachen: den über mehr als zwei Jahrtausende gepflegten Vorbehalt gegen das Vergnügen. Schon Plato wollte die Dichter als Lügner und Verderber der Jugend aus seinem Idealstaat vertreiben, und im christlichen Europa haben Theologen und Philosophen das Mißtrauen gegen erfundene weltliche Geschichten, zweckfreie Unterhaltung und sinnliche Befriedigungen kultiviert. Der Weg in die Neuzeit und in die kapitalistische Erwerbswirtschaft war, vor allem im Einflußbereich des Protestantismus, begleitet von der Erziehung zu Arbeitsamkeit, Pflichterfüllung und innerweltlicher Askese. Nichtstun, Amüsement, spielerischer Zeitvertreib erschienen dieser Lebensauffassung zutiefst verdächtig. »Müßiggang ist aller Laster Anfang« – das prangte als Stickerei in jedem respektablen Haushalt, und so sah es auch Kaiser Wilhelm II., der 1890 warnte, daß die »Beschränkung der Arbeitszeit [...] die Gefahr der Förderung des Müßiggangs« beinhalte.[6]

Was war aus dieser Sicht Massenkultur anderes als der im großen Maßstab, kommerziell, organisierte Müßiggang jener Schichten, an deren Moral und Leistungswillen das Bürgertum und die strebsamen Aufsteiger hartnäckig zweifelten? Der apokalyptische Diskurs sollte also die Ethik von Arbeit, Pflicht und Genügsamkeit verteidigen gegen lockende Lustbarkeiten und Konsumgenuß. Moderne Massenkultur und Freizeitorientierung kamen als Zwillinge zur Welt. Sie sorgten für tiefgreifende Verunsicherung – und die erste Reaktion war, alle Praktiken zu verdammen, die eine arbeitsethisch und puritanisch ausgerichtete Lebensführung in Frage zu stellen schienen.

Dieser Geist beseelte auch die Wissenschaftler, die sich zu den neuen Phänomenen äußerten. Sie stammten aus Elternhäusern, in denen man für populäre Vergnügungen nichts übrig hatte als Vorurteile. Sie lebten und arbeiteten in einer Welt weit oberhalb jener, in der kommerzielle Künste zum Lebensmittel und zur Quelle beglückender ästhetischer Erfahrung wurden. Alltag und Wünsche der Menschen, die so begierig nach den neuen Massenunterhaltungen griffen, waren ihnen nicht weniger fremd als die der Bantu oder Jakuten.

Über Jahrzehnte wurde die Debatte bestimmt vom Konzept der »Kulturindustrie«. Max Horkheimer und Theodor Adorno benutzten es 1944 in der »Dialektik der Aufklärung«. In Reaktion auf die Zivilisationsbrüche des Jahrhunderts formulierten sie eine hochdifferenzierte Selbstkritik der Moderne. Bezeichnenderweise machte ihr Stichwort in einer äußerst platten Lesart Karriere: Massenkultur wurde reduziert auf abgefeimte Manipulation und auf die Allgegenwart falscher Bedürfnisse. Daß die Autoren der Frankfurter Schule im Gegensatz zur Kulturkritik einer selbstgerechten Intelligenz den unverkürzten, materiell sinnlichen Glücksanspruch der Vielen verteidigten, paßte nicht ins Bild.

Auch heute schreiben über Populärkultur zumeist Menschen, die Wert darauf legen, nicht zur Masse zu zählen. Sie würden nicht tauschen wollen mit dem Alltag des Durchschnittsbürgers, denn sie vermuten, daß dort viel weniger an persönlicher Entfaltung und Befriedigung möglich ist. Sie wissen nicht, was populäre Künste in einer Situation der Armut und Unsicherheit, der Enge und Unzufriedenheit, der Ohnmacht und der Unabänderbarkeit bedeuten können, und ebenso fremd sind ihnen Lebensstrategien und symbolische Praktiken, die einer derartigen Existenz Sinn und Glücksmomente verleihen sollen.

Diese Feststellung ist kein Vorwurf; sie bezeichnet die Situation von Wissenschaftlern in einer hoch arbeitsteiligen Industriegesellschaft. Der soziale Standort bestimmt den Blick. Öffentliche und gelehrte Rede über moderne Massenkultur wurden unvermeidlich geprägt von Sensibilitäten und Blindheiten der »Gebildeten« – denn sie beherrsch(t)en den Diskurs. Die Geschichte der populären Künste muß daher die Widerstände und Verteufelungskampagnen einschließen, die ihren Aufstieg zu verhindern suchten.

Massenkunst, Hochkunst und Spaß

Sicher gab es auch eine Schule der – um mit Eco zu sprechen – »integrierten« Rede über moderne Populärkultur, und sie hat nach dem Zweiten Weltkrieg zweifellos an Einfluß gewonnen. Nachsichtig wird hier darauf verwiesen, wie anstrengend und oft frustrierend das Leben der großen Mehrheit sei. Wer dürfe es da wagen, hinabzublicken auf jene, die nach harter Arbeit leichte Unterhaltung suchten, glanzvolle Ablenkung und jene kräftigen Effekte, die auch den Abgespannten aufmuntern? Was sei denn minderwertig an atemberaubender Spannung, zwerchfellerschütterndem Humor, ergreifender Sentimentalität, an einer Welt der Glücks- oder auch Schreckensträume, von der alle wüßten, daß es eine Traumwelt ist? Die ästhetischen Maßstäbe anspruchsvoller Kunst seien hier einfach fehl am Platz, die Kultur der Unterhaltung habe ihre eigenen Gesetze.

Verglichen mit der apokalyptischen Lesart, besticht die integrierte zunächst durch ihren Realitätsbezug. Wer die Massenkultur dieses Jahrhunderts behandelt, der muß allerdings sprechen über Sehnsüchte nach Ausbruch und Erfüllung, die aus Erfahrungen von Mangel und Enge, von Mißachtung und Ohnmacht erwachsen. Was stört, ist der Gestus der Herablassung im Argument der Integrierten. Populärkultur erscheint als modernes Opium des Volkes, heute selbstverständlich gratis verteilt. Über Vergnügen wird in Kategorien der Psychotherapie gehandelt, nicht in der Sprache von Kultur und Ästhetik.

Diese Studie setzt einen anderen Akzent, indem sie die Massenkünste in den Mittelpunkt stellt. »Massenkünste« – der im Deutschen ungewohnte Begriff soll zweierlei signalisieren. Erstens: Es greift zu kurz, wenn man moderne Populärkultur denkt in Kategorien von Ersatz (für »echte« Erfüllung), von Kompensation (für Leid und Versagung) und Flucht (aus bedrückenden Lebensumständen). Diese Motive spielten eine bedeutende Rolle; aber sie charakterisieren gleichermaßen die Nutzung von Hochkunst, und sie verstellen das Wesentliche. Der historische Aufstieg der Massenkultur beruhte erstens darauf, daß sie ästhetische Erfahrung im vollen Sinn des Wortes zum Element des Alltags der einfachen Leute gemacht hat. So erklären sich ihre Faszination und die Kraft der Wünsche, die durch keine Gegenkampagne gebrochen wurden. Schlager und Schausport, Filmgroteske und Liebesroman, Tanz und Achterbahn sind Veranstaltungen, die auf je besondere Weise Erfahrungen von Schönheit und Verausgabung,

Erschrecken und Mitleiden, Erhabenheit und Ahnung eines Anderen ermöglichen; sie erlauben, Abstand zu gewinnen zum Gegebenen – es sind Künste.

Zweitens: Es sind Künste anderer Art als jene, die von der herkömmlichen Ästhetik behandelt werden. Sie suchen Widerhall bei »Durchschnittsmenschen«, bei »Ungebildeten«; sie wollen sich behaupten im Alltag, in Situationen zerstreuten und abgespannten Aufnehmens und im Wettbewerb mit den Reizen der städtischen Umwelt – es sind Künste für die moderne Industriegesellschaft.

An diesem Punkt stellt sich ein weiteres Problem. Man kann heute nicht über Populärkultur sprechen, ohne damit über Hochkultur zu sprechen. Die beiden gehören zusammen wie Positiv und Negativ einer Fotografie. Massenkultur ist definiert als Gegenbild zu Hochkultur, »ernste Kunst« konstituiert sich in der Abgrenzung von Massenkunst. Das heißt: Wer über die populären Künste schreibt, äußert sich ständig zur Frage, was denn nun das Eigentliche, Höherwertige, Anzustrebende sei? Und die Sprache, die zur Verfügung steht, beinhaltet schon die Antwort: Massenkultur ist Ersatz, Provisorium – Hochkunst bildet Maß und Ziel.

Immer wieder hat man versucht, den Unterschied zwischen ernster und unterhaltender Kunst zu bestimmen – ohne überzeugendes Ergebnis. Vielleicht ist die Frage falsch gestellt und die wesentliche Differenz ist gar nicht in den Werken zu finden. (Insofern ist auch der Begriff der Massenkünste noch ein Provisorium.) Vielleicht sollte man von unterschiedlichen Praxisformen ausgehen, in denen moderne Menschen ästhetische Erfahrungen machen: auf einem Kontinuum zwischen zerstreuter Beiläufigkeit und höchster Konzentration, zwischen körperlicher Verausgabung und intellektueller Auseinandersetzung, zwischen Gruppengestimmtheit und individueller Analyse. Welche Rezeptionsweise welchem Werk angemessen ist, entscheidet nicht die ästhetische Theorie. Es gibt Produkte, deren Qualität in der Spezialisierung auf bestimmte Aufnahmesituationen liegt. Andere, vielleicht die ganz großen, bieten im gesamten Spektrum Genuß. Ein Chaplin-Film und ein Beatles-Song, ein Eluard-Gedicht und ein Mozart-Divertimento sind in diesem Sinn unerschöpfliche Quellen ästhetischer Erfahrung.

Die Sprache, die wir zum Ausdruck und zur Bewertung dieser

Erfahrungen verwenden, wurde jedoch am Muster der individuellen, von aller sonstigen Lebensäußerung scharf getrennten, letztlich arbeitsförmig-analytischen Aneignung entwickelt. Für die anderen Dimensionen von Vergnügen und Genuß haben wir gar keine differenzierte Terminologie – und so entstand die Annahme, die Erfahrungen selbst seien undifferenziert, platt, minderwertig. Leonard Bernstein hat einmal betont, daß Spaß eine grundlegende ästhetische Kategorie sei, und zugleich darauf hingewiesen, daß wir diese Erfahrung bisher nicht angemessen verbal ausdrücken können. Die Alltagserfahrung, Spaß zu haben, sei nicht wesensmäßig unterschieden von dem, was im Umgang mit großer Kunst geschehe. »Wir haben Spaß an all dem, was wir nicht aussprechen können, wenn wir zum Beispiel Beethovens Streichquartett Opus 131 hören (und Beethoven muß diese Art von Spaß verspürt haben, als er es komponierte).« [7]

Sinn und Sinnlichkeit

Seit es so etwas wie Kunst gibt, wirkte sie in Zusammenhängen von Ritual und Kommunikation, Produktion und sinnlicher Selbsterfahrung. Sie war verknüpft mit Arbeit und Fest, mit Bestätigung der Gemeinschaft in Magie und Kult, Ekstase und Feier, mit intensiven Gefühlen und gehobener Gestimmtheit, nicht zuletzt mit Anregung und Bereicherung von sinnlicher Empfindung im praktischen Leben: bei Essen und Trinken, Tanzen und Sexualität. Sie bewegte sich stets im Spannungsverhältnis von Sinn und Sinnlichkeit; sie transportierte Angebote zur Deutung menschlicher Erfahrung über Mittel, die sinnliche Vorstellungen und daran gebundene Gefühle erweckten. Wir können annehmen, daß Kunst seit den Höhlenmalereien, Jagdtänzen und Arbeitsgesängen nie in ihrer Deutungsleistung aufging. Spaß und Genuß sensueller und emotionaler Reize bildeten nicht nur die Grundlage der Sinnvermittlung, sie wurden von den Menschen auch als solche geschätzt.

Mit Renaissance und Aufklärung entwickelte sich Unterhaltung als eigenständiger oder zumindest erstrangiger Zweck von Kunst. Sie wurde radikal verweltlicht und freigesetzt aus den Verpflichtungen von Ritual und Repräsentation. Zugleich wuchs das Interesse einzelner Menschen an ganz persönlichen Erfahrungen und Empfindungen. Damit konnte Kunstaneignung sich abkoppeln von verpflichtenden Sinnangeboten und vorgegebenen Zwecken. Sozial unverbindliche, allein dem individuellen Streben nach erweitertem Erleben dienende Beschäftigung mit Erfindungen der Vorstellungskraft wurde zum eigenständigen Bedürfnis. Und im Maß, wie derartige Wünsche auf dem Markt als Bedarf erschienen, entstanden ganze Gattungen, die im Spektrum von Sinn und Sinnlichkeit immer stärker das Spiel der Reize von Phantasie und Gefühl kultivierten.

Exemplarisch war die Blüte des bürgerlichen Romans im 18. Jahrhundert. Literaturhistorikern gelten allenfalls 5 % der Gesamtproduktion als künstlerisch bedeutsam; mindestens 95 % seien auflagenstarke Lesestoffe ohne innovativen Deutungsanspruch gewesen.[8] Man mag dieses Urteil bezweifeln. Die seitherige Geschichte der Künste jedenfalls stellt sich eindeutig als Aufstieg der Unterhaltung zum absolut vorherrschenden Gebrauchswert dar, und die modernen Massenkünste sind der legitime Sproß dieser Tradition.

Dabei blieben Sinn und Sinnlichkeit verknüpft. Das realisierte sich allerdings je nach Genre höchst unterschiedlich, in der Literatur anders als in der Musik oder Artistik, im Thesendrama anders als im *l'art pour l'art*. Aber auch die Pferdedressur in den Zirkussen des 18. Jahrhunderts oder der englische Profifußball der Jahrhundertwende interpretierten die Welt. Sie verwiesen auf die Herrenstellung des Menschen gegenüber der Natur oder auf den Wert von Teamgeist.

Die zurückliegenden 250 Jahre waren durch eine Doppelbewegung gekennzeichnet. Der Einzug der Künste in den privaten Alltag hat ihre Reichweite revolutionär erhöht; zugleich wurde unterhaltende, sozial unverbindliche und durch »verabredete Folgenlosigkeit«[9] charakterisierte Aufnahme zur Regel. Die modernen Massenkünste stehen für die Beschleunigung und Radikalisierung der Entwicklung im 20. Jahrhundert. Große Publikumsgruppen bestanden darauf, »reine Unterhaltung«, »keine Probleme« serviert zu bekommen.

Was allerdings als Unterhaltung und was als Problem galt, wurde in verschiedenen Situationen und von verschiedenen Kreisen durchaus wechselnd beurteilt. Auch für den einzelnen oder die einzelne konnte es einen wesentlichen Unterschied machen, ob sie sich am Ende eines harten Tages einfach auf andere Gedanken bringen oder genußvoll einen Kinobesuch zelebrieren wollten. Und das Empfinden, im Vergnügen Probleme zu vergessen, sagt nichts über die Folgen für die eigene Subjektivität, für Affekte und ästhetische Ansprüche, Deutungsmuster und Erlebnismodelle. Immerhin fällt beim Blick auf Filme, Groschenhefte, Fernsehserien, Illustrierte, selbst Schlagertexte auf, wie oft dort aktuelle gesellschaftliche Fragen behandelt wurden. Die Massenkünste reagierten durchaus auf die Zeitverhältnisse, und die Rezipienten setzten das Angebot in Beziehung zu ihren Erfahrungen und zu ihrem Bild der Welt. Was auf diese Weise in den Köpfen an Deutungen entstand, war so reich und vielfältig wie die individuellen Biographien selber.

Wenn man Unterhaltung durch Unverbindlichkeit charakterisiert, so ist damit ja nur ein Minimalnenner bestimmt. In der Geschichte der Massenkultur waren stets Sinn *und* Sinnlichkeit im Angebot, und was die Menschen daraus machten, bewegte sich zwischen geistigem Probehandeln vor dem Hintergrund persönlicher Betroffenheit und zweckfreiem Spiel mit Fiktionen. Dabei sollte man nicht vergessen, daß erst der Vergleich ästhetischen Genuß ermöglicht. Im Lauf dieses Jahrhunderts differenzierten sich Kenntnisse, Ansprüche und Spaß der einfachen Leute in dem Maß, in dem sie mit den modernen Populärkünsten vertraut wurden.

Selbsttäuschung und Horizontüberschreitung

Die Geschichte der Massenkultur hat von Täuschung und Selbsttäuschung ebenso zu handeln wie von Kreativität und Eigensinn. Noch war die Legitimität der populären Künste weithin angezweifelt, da erkannten machtbewußte Propagandafachleute schon, welches wirkungsvolle Mittel im Ringen um die Folgebereitschaft der Massen hier entstand. Unter den Vorzeichen von Chauvinismus, Militarisierung und bald auch Kriegsbegeisterung wurden unterhaltende Literatur, Lieder und Filme schon vor 1914 instrumentalisiert. Sie blieben seither Objekte der Begierde für kapitalstarke und politisch engagierte Unternehmer wie Lord Beaverbrook, Alfred Hugenberg und die ihnen folgenden Medien-Magnaten; Zensur und ideologische Indienstnahme haben den Aufstieg der Massenkünste begleitet.

Das betraf selten tagesaktuelle Streitfragen; vor allem verteidigten Konservative und Populisten die überkommenen Ordnungen der Sexualmoral, der Geschlechter- und Altershierarchie, der »Rassenreinheit« und des Gehorsams. Je größer das Publikum, desto aggressiver war die Reaktion auf alles, was nach Abweichung von der kleinbürgerlichen Norm aussah, und die Konflikte verliefen mitten durch »die Massen« hindurch.

So fanden in den populären Künsten vielfältige Auseinandersetzungen statt: darüber, welche Stimmen zu Wort kamen; welche Probleme wie dargestellt wurden; wie Minderheiten sich melden und wie sie sich stärken konnten, indem sie Mittelschichtnormen herausforderten – und wie Provokationen wieder geglättet und vermarktet wurden. Klasse, Ethnizität, Geschlecht und Alter markierten die Linien, entlang derer um Einfluß und Anerkennung gerungen wurde – in allen Dimensionen der Massenkultur, von der Besetzung einflußreicher Posten bis zur Deutung sozialer Ungerechtigkeit. Es war stets ein Kampf zwischen Ungleichen. Anscheinend unerschütterlich, begrenzten Herrschafts- und Kapitalinteressen das Feld des Machbaren. Doch Konkurrenz und die Notwendigkeit, die Produkte auf dem Markt abzusetzen, brachten die Dialektik von Herr und Knecht ins Spiel. Käufer mußten immer wieder neu gewonnen werden, und Grenzüberschreitungen wurden gebraucht, damit die Konzernkolosse nicht an den Erfolgsrezepten von gestern erstickten.

Es entstand Spielraum. Massenkultur half, den persönlichen Horizont auszudehnen durch mittelbare Erfahrung; sie bedeutete »Aufgang der weiten Welt«[10] für Menschen, die in ihrem Alltag auf lokale Anschauung beschränkt blieben. Man wird das so erworbene Bild der Welt häufig stereotyp und eurozentrisch, gar rassistisch nennen müssen. Aber das galt ebenso für Schule und Wissenschaft. Die notwendige Kritik sollte davon ausgehen, daß Massenliteratur, Filme, Fernsehserien, populäre Musik und Schausport für viele die bei weitem attraktivste Quelle zur Wahrnehmung von Verschiedenartigkeit, Verflechtungen und Fremdheiten unserer Welt gewesen sind; hiervon gingen wichtige Anstöße zu Reflexion und Relativierung des Eigenen aus.

Beispiele, daß populäre Kunst Bescheidung und Unterordnung predigte, sind Legion. Aber im Gesamtangebot steckte doch stets ein Bedeutungsüberschuß, den man zum Aufbau eines Horizonts utopischer, alternativer Hoffnungen nutzen konnte. Wie die ernste, so zeichnete auch die populäre Kunst »Wunschbilder im Spiegel« (Bloch). Nicht selten im Zerrspiegel und oft betrügerisch – aber doch wahrnehmbar, speicherbar, genießbar als Differenz zu einem Alltag, der einfach nicht das letzte Wort haben durfte. Ernst Bloch hat hier den Unterschied zwischen Kitsch und Kolportage gemacht. Ersterer gilt als »Knotenpunkt der Haupttendenzen bürgerlicher Kultur: gewaltsam werden deren widerstreitende Kräfte zu einer möglichst totalen schönen Bildwirkung zusammengebunden.«[11] Kolportage hingegen bewahre »vor allem Seinwollen wie das fehlende Leben, wie buntes Glück«. Gelungenes habe, »um das größte Beispiel Kolportage zu erinnern: Fidelio-Stil. Träumt also Kolportage immer, so träumt sie doch letzthin Revolution, Glanz dahinter.«[12]

»Revolution« verweist metaphorisch auf Überschreitungspotentiale. Bei aller notwendigen Kritik an zynischer Ideologie, an falschen Versprechungen und spießigen Phantasien von einer Belohnung der Angepaßten ist der unzerstörbare Rest an Traumenergie zu beachten. Die war nötig, um Alltag zu bewältigen, und sie hielt zugleich die Hoffnung auf seine Veränderung lebendig. Da gab es Bilder von exotischen Paradiesen, von einem Glück jenseits des Vernünftigen, von Lust ohne Druck und Genuß ohne vorherige Zwangsleistung. Durchreglementierte Ordnungen und festgezurrte Verhaltensmuster wurden gelockert oder gar umgekehrt in Urlaub und Reise, in spontaner Verausgabung bei Tanz und Sport, in Grenzerfahrung, Grenzüberschreitung und kollektivem Rausch. Derartige Erlebnisse oder auch nur Ahnungen einer alternativen Daseinsorganisation waren mehr als Psychotherapeutika. Man wird nicht nachweisen können, wie sie Handeln beeinflußt haben; aber vielleicht halfen sie da und dort, daß es nicht bei Ergebung ins Schicksal blieb. Gegenwärtig jedenfalls, die Anmerkung sei erlaubt, scheint es in den westlichen Industriegesellschaften eher zu wenig an solchem Potential der Verflüssigung und Horizontüberschreitung zu geben.

Kirmes, Tanz und Blaskapellen

Moderne Massenkultur war doppelt mit den populären Vergnügungen der vorindustriellen Epoche verbunden: durch Vorlieben und Gewohnheiten der einfachen Leute und durch das tiefsitzende Mißtrauen der Obrigkeiten und der gebildeten Stände gegenüber Festen und Lustbarkeiten des Volkes. Die Kontinuitätslinien erfuhren allerdings zwei umwälzende Veränderungen: Arbeit und Freizeit traten auseinander bis zum Gegensatz, und schon um 1900 übernahmen Lohnabhängige die Vorherrschaft im Vergnügung suchenden Publikum. Mit Blick auf diese Entwicklungen stellt das folgende Kapitel das 19. Jahrhundert gleichsam als Versuchsphase dar; an seinem Ende standen, mit deutlich ausgeprägtem Profil, die Akteure, die den Aufbruch in die Welt der Massenfreizeit und der Unterhaltungsindustrie gestalteten.

Freizeit entsteht

Der modernen Populärkultur vorgelagert war ein außerordentlicher Lernprozeß, erzwungen durch Industrialisierung und Konkurrenzwirtschaft, durch das Leben in schnell wachsenden Städten und den millionenfachen Übergang zur Fabrikarbeit. Die vorindustrielle Gesellschaft kannte noch nicht die für uns selbstverständliche Scheidung von Arbeit und Freizeit. Im Ancien Régime waren Bälle und Diners, Feste und Konzerte, Jagdausflüge und Opernbesuche grundlegender Bestandteil höfischen und adeligen Lebens. Kaufleute und Unternehmer, Literaten und Beamte nahmen im Kaffeehaus und im Salon, in der Lesegesellschaft oder im Theater an Geselligkeit und Meinungsbildung teil und pflegten zugleich berufliche Kontakte. Bürgerliche Privatlektüre umfaßte vor allem

Ratgeber und religiöse Texte – Unterhaltung durch Romane galt als zweifelhafte weibliche Neigung. Städtische Handwerksmeister und Gesellen kamen im Rahmen der Zünfte zusammen und feierten rituelle Feste und Zeremonien. Für sie galt wie für die unterbürgerliche Bevölkerung in Stadt und Land: Arbeit vom Aufstehen bis zum Schlafengehen war die Norm; aber darin eingeschlossen waren Erzählen und Gesang, gemeinsames Essen und Trinken, die Wanderzeit der Handwerksgesellen und die durch Brauch geregelte Begegnung der Geschlechter in den Spinnstuben während der Winter. Das Andere jenseits der Arbeit bildeten die Sonn- und Feiertage des Kirchenkalenders; sie gaben auch Gelegenheit, die das Leben gliedernden Ereignisse wie Taufe, Heirat und Tod aufwendig bis zur Berauschung zu begehen. Hinzu kamen die mit dem Rhythmus des Arbeitsjahres verbundenen Festtage.

Vor allem Kirchweihfeiern und Jahrmärkte boten Vergnügung und Sensation. Gaukler und Akrobaten zeigten sinnverwirrende Fähigkeiten; Sänger stellten ergreifende und erschreckende Geschehnisse vor, und Blätter mit Katastrophenbeschreibungen oder moralisierenden Texten fanden reißenden Absatz. Fliegende Händler boten Kalender mit Lebensratschlägen aller Art sowie religiöse und weltliche Drucke. Tanzbären unterwarfen sich der Macht der Musik; Kälber mit zwei Köpfen erregten Verwunderung. Vorführungen von Magnetismus und Elektrizität lehrten das Staunen über die Wunder der Natur. Die Laterna magica befriedigte Schaulust und Neugier; Theatertruppen versetzten das Publikum in Spannung, Schrecken und hemmungslose Heiterkeit.

Die Feste zu Ehren des örtlichen Kirchenpatrons zogen sich, wie manche Feiern im Kirchenjahr, nicht selten über mehrere Tage hin. Sie schlossen traditionelle Umzüge, Bräuche wie Maskentreiben und verkehrte Welt im Karneval oder das Versteigern von Mädchen und Frauen, auch rituelle Spiele und Geschicklichkeitswettbewerbe ein. Verbreitet waren Tierkämpfe und Tierhatz, Pferderennen oder Vorformen des Fußballspiels. Im Laufe der Zeit wurden die Termine der lokalen Feste und Jahrmärkte so gut aufeinander abgestimmt, daß es vor allem im Spätsommer und Herbst in einer Region kaum Überschneidungen gab; wer gut zu Fuß war, konnte im Jahr leicht ein Dutzend besuchen.

Irdisches und Heiliges, religiöse Ehrfurcht und pure Sinnlichkeit, herrschaftliche Herablassung und spielerisches Aufbegehren, rituelle Bekräftigung der lokalen Gemeinschaft und der Drang, sich persönlich hervorzutun, verpflichtende Tradition und kühler Geschäftssinn, moralische Belehrung und spektakuläre Verblüffung verflochten sich in den populären Vergnügungen der vorindustriellen Welt. Sie machten Arbeitslast ertragbar und Leiden sinnhaltig, sie bestätigten die vorgegebenen Ordnungen von Glauben und Sitte, Stand und Geschlecht.

Die überkommene Mischung von Attraktionen erwies sich jedoch als äußerst entwicklungsfähig. So lassen sich Linien ziehen von der Laterna magica über das Panorama zum Wanderkino, vom Moritatensänger zum Filmerklärer, vom fahrenden Spielmann zu Gassenhauer und Grammophon, von Bullenhatz und Hahnenkampf zu Sechstagerennen und Fußballmatch, von der sensationellen »Neuen Zeitung« zum Groschenheft.

Dazwischen ereigneten sich die Kontinuitätsbrüche des 19. Jahrhunderts. Die vorindustrielle Ordnung wurde aufgelöst. Massenfreizeit und Vergnügungsindustrie waren gesellschaftliche Phänomene von grundsätzlich anderer Qualität; sie gehören zur kulturellen Moderne. Im Handeln und in den Einstellungen der erschöpften und überlasteten, der sich erholenden und amüsierenden Menschen vollzog sich der Wandel allerdings langsam und widersprüchlich. Kennzeichnend waren komplexe Gemengelagen aus Ungleichzeitigem, jeweils verschieden nach sozialer Stellung, Alter und Geschlecht. Das galt insbesondere für den Umgang mit Arbeit und Freizeit.

Wer die moderne Freizeit erfassen will, muß zunächst von Arbeit sprechen. Wie kein anderes war das 19. ein Jahrhundert der Arbeit. Arbeitsamkeit als grundlegende Tugend verkündeten Pädagogen, Pfarrer und Verfasser erbaulicher Lektüre. Die Veränderung der Welt durch Arbeit schrieben Industrielle ebenso auf ihre Fahnen wie revolutionäre Sozialisten. Die großen politischen Gegenspieler waren vereint, so formulierte es der französische Marxist Paul Lafargue, in der »Religion der Arbeit«.[13] Übereinstimmend kultivierten sie die symbolische Bildwelt der rauchenden Schlote, Schmiedehämmer und Fabrikpanoramen.

Millionen verließen die Landwirtschaft, die dörfliche Welt, die Lebensordnung der Zünfte oder die relative Ungebundenheit einer Tagelöhnerexistenz. Ganz gleich, ob Not oder Neugier sie trieb – nun mußten sie sich mit dem strikten Reglement der Industrie auseinandersetzen. Nicht mehr der Stand der Sonne und die Anforderungen von Vieh und Feld, sondern Fabriksirenen und Uhren bestimmten fortan ihren Tagesrhythmus und setzten die Heere der Arbeit, wie sie zeitgenössisch angesprochen wurden, in Bewegung.

Arbeit, das war in erster Linie kapitalistische Lohnarbeit. Sie war gemeint, wenn Thomas Carlyle 1843 Adel und Heiligkeit der Arbeit beschwor,[14] wenn das 1808 von Charles Fourier proklamierte Recht auf Arbeit umstritten und von Sozialisten wie Blanqui und Marx die Befreiung der Arbeit eingefordert wurde. In Fabriken und Bergwerken der Früh- und Hochindustrialisierung schufteten zwar nicht wenige Frauen und Kinder; aber den eigentlichen Adressaten der Appelle bildete, wie der revolutionäre Schriftsteller Georg Weerth es 1864 in seinem Bundeslied für Lassalles »Allgemeinen Deutschen Arbeiterverein« formulierte, der »Mann der Arbeit«.

Dabei waren alle, Männer wie Frauen, Junge wie Alte, gleichermaßen herausgefordert, ja gezwungen, ihre Lebensführung radikal neu auszurichten. In vorindustriellen Verhältnissen war Arbeit selbstverständlicher Teil des Daseins, einer von Glauben und Herkommen geordneten Welt. Das Füttern des Viehs und die Ernte, das Schmieden des Metalls zum Werkzeug, der Dienst als Lastenträger oder bei Hofe waren unzweifelhaft notwendig und damit sinnvoll; Arbeit trug weithin geradezu naturhafte Züge. Sie gehörte selbstverständlich zum Dasein, war wie religiöses Ritual und rauschhaftes Feiern fragloser Teil des kurzen Erdendaseins, in dem es die ewige Seligkeit zu erwerben galt.

Völlig anders in der bürgerlichen Gesellschaft. Nun wurden Verkauf und Pflege des individuellen Arbeitsvermögens zur Grundlage der Existenz, zum Schlüssel für das Überleben und für alles, was darüber hinausging – zu einem Schlüssel, der in der Hand der »Arbeitgeber« lag. Arbeit zu bekommen, geriet zum Problem. Der Arbeitsmarkt und der Wettbewerb um Handwerksaufträge verwandelten jedermann und jedefrau in Konkurrenten, selbst innerhalb der Familie. Vor den Sinn und den praktischen Nutzen jeder Tätigkeit schob sich ihre Bedeutung als abstraktes Mittel zum Leben, zum Gelderwerb.

Es war ein merkwürdig gespaltenes Verhältnis zur Arbeit, das die Lohnabhängigen entwickelten. Die Fähigkeit, unter fremdbestimmten Umständen eine beliebige Arbeit zu leisten, wurde Grundlage der persönlichen Daseinsberechtigung und der Selbstachtung – einer Selbstachtung trotz Erschöpfung, Mangel, Enge, Elend. Ohne Rücksicht auf äußere und innere Natur, auf Wetter, Zustand der Wege, körperliches Wohlbefinden oder seelische Belastungen, gleich, wie ekelhaft oder hart die Arbeit und ihre Bedingungen erschienen – es galt anzutreten, wenn die Uhr es befahl. Das sonstige Leben schrumpfte zur Restzeit, dem beruflichen Rhythmus absolut untergeordnet; darüber stand der Druck, am nächsten Tag wieder leistungsfähig am Arbeitsplatz zu erscheinen. Wer diese Einstellung nicht erwarb, ging zugrunde.

Das Auseinandertreten von Arbeit und Freizeit bedeutete jedoch zugleich einen außerordentlichen Gewinn an Freiheit. Männliche und weibliche Lohnarbeiter verfügten nun über Zeiten und Räume, die frei waren von beruflichen Pflichten, von ständischer Reglementierung und herrschaftlicher Kontrolle. Sie besaßen eigene Geldmittel, die sie selbstbestimmt verwendeten. Freizeitgenuß konnte von jetzt an zum Selbstzweck, zum Lebensinhalt werden.

Die abstoßende Erfahrung konkreter Arbeit nötigte dazu, das Glück jenseits von Fabrik und Pflicht zu suchen; ihre abstumpfende Wirkung hingegen schränkte den Horizont der Bedürfnisse ein. Verhältnisse, in denen nur noch der Wunsch nach Flucht und Schlaf blieb, schildert folgender Bericht aus einer Berliner Wollfabrik in den 1860ern: »Wir hatten von dicken Wolltupfen dünnere Stränge zu spinnen. Wenn nun die Wolle schleuderte und Schlingen warf, die wieder in Ordnung gebracht werden mußten, durfte nicht etwa die Maschine angehalten werden, sondern wir mußten in das laufende Getriebe hineinfassen, in aller Geschwindigkeit die dicken Stellen herausnehmen, die Fäden wieder zusammenwirbeln und -knoten, damit sie durch die Öse gingen. Das gab zerschundene Hände und Knie. Schlimm war hier so manches. Die Aborte lagen neben dem Arbeitssaal. Da noch alle Kanalisation fehlte, kam es nicht eben selten vor, daß sie überliefen und im Arbeitssaal eine kaum zu ertragende Luft verbreiteten. In dieser Luft mußten junge Menschen Tag für Tag arbeiten. Dann mußte sehr oft nachts gearbeitet werden. Das geschah in der Weise, daß gewöhnlich die Nacht vom Freitag auf den Sonnabend eingelegt wurde. Der Sonnabend war dann aber nicht etwa frei, sondern mußte ebenso durchgearbeitet werden wie alle anderen Tage. Das heißt also, es waren drei Tagesschichten hintereinander, ohne nennenswerte Pausen dazwischen. In der Nacht gab es eine Tasse Kaffee, d. h. dicke Zichorienbrühe, die ich nicht herunterbringen konnte. Ich war damals so elend, daß ich wohl wie eine halbe Leiche an der Maschine stand.« [15]

Hier wird jene Einstellung verständlich, der (mit den Worten von Marx) »die Arbeit nur ein Mittel [ist], um Bedürfnisse außer ihr zu befriedigen« – ein Mittel, das, »sobald kein physischer oder sonstiger Zwang existiert, [...] als eine Pest geflohen wird«.[16] Allerdings war das Spektrum der Erfahrungen breiter. Handwerklich ausgebildete Arbeiter konnten durchaus Momente von Selbständigkeit und innerer Befriedigung verteidigen, selbst in der Fabrik. Ihr Berufsstolz und ihr Geist haben die Arbeiterbewegung wesentlich geprägt. Die Durchsetzung der Maschinenarbeit allerdings entwertete ihre Fähigkeiten. Wer nur Rädchen in der arbeitsteiligen Produktion war, der vermochte sich schwerlich mit dem gelungenen Ergebnis seiner individuellen Tätigkeit zu identifizieren. Dennoch kann die Arbeit in seinem oder ihrem Denken und Handeln eine zentrale Stellung einnehmen, beruhend auf der Tatsache, daß es Anerkennung sichert, Arbeit zu haben und damit gutes Geld zu verdienen.

So traf das Marxsche Urteil nur einen Pol der Verhältnisse. Es speiste sich aus den Erfahrungen des rücksichtslosen »Manchester-Kapitalismus«. Der löste die vorindustrielle Balance von Lasten, Verpflichtungen und Vergnügungen auf, um die gesamte Lebenszeit in Arbeitszeit zu verwandeln. Schon die absolutistische, aufklärerisch begründete Wirtschaftspolitik war bestrebt gewesen, Zahl und Ausleben der religiösen und im Brauch verankerten Feiertage zu verringern. Das 19. Jahrhundert sah dann eine historisch beispiellose Ausdehnung der Arbeit. Ernsthafterer Widerstand und Schutzmaßnahmen setzten in England im zweiten, in anderen Ländern im letzten Drittel des Jahrhunderts ein. Zuvor fanden sich in Fabriken wie in der Heimindustrie regelmäßige Wochenarbeitszeiten zwischen 70 und 100 Stunden; in der Textil- oder Mühlenbranche etwa gingen sie noch darüber hinaus, bis zu 120 Stunden.[17] Vergleichbare *tägliche* Arbeitsdauer läßt sich in vielen Gewerben seit dem hohen Mittelalter nachweisen. Aber damals entfiel ein Drittel des Jahres oder mehr auf Sonn- und Feiertage. Die Pariser Drahtzieher des 13. Jahrhunderts beispielsweise arbeiteten 16 Stunden im Sommer und 8 im Winter – an 194 Tagen.[18] Von 1850 bis zum Beginn von Urlaubsregelungen können wir rund 300 Werktage pro Jahr ansetzen.

Allerdings täuschen Durchschnittszahlen. Handwerklich ausgebildete und angelernte männliche Arbeitskräfte verteidigten Wochenarbeitszeiten von 60 oder weniger Stunden und eine gewisse Flexibilität der Einteilung über Jahrzehnte; das galt auch für industrielle Kernbereiche wie den Bergbau, die Eisen- und Stahlbranche oder den Maschinenbau. 1874 noch wurde über die weite Verbreitung des blauen Montags in England geklagt; selbst die großen Stahlwerke von Sheffield beugten sich dem Brauch und setzten an diesem Tag ihre Anlagen instand.[19] Die schwächste Position hatten Frauen, Kinder und ungelernte Männer, die allenfalls durch freiwilligen oder unfreiwilligen Wechsel des Arbeitsplatzes, nicht selten mit Umzügen und Wanderungen verbunden, den Zeitdruck verringern konnten.

Rechnet man zur Anwesenheit in der Fabrik noch die nicht selten mehrstündigen Wege hinzu, dann konnte von Freizeit keine Rede sein; allenfalls stand den Männern die Flucht aus überbelegten Zimmern und vor den häuslichen Arbeiten in die Kneipe offen. In dieser Tiefstphase der Ausbeutung und des Elends war das Dasein auf Schuften und körperliche Regeneration eingeschränkt. Doch Widerstand der Beschäftigten und Sorgen von Staat und Reformern setzten die historische Wende zur Arbeitszeitverkürzung durch. Nun konnten die Lohnabhängigen lernen, ihr Verhältnis zu Arbeit *und* Freizeit individuell zu gestalten – eine historisch neue

Situation im Vergleich zur vorindustriellen fraglosen Einheit des Lebens. Beide Lebenssphären erhielten nun Züge des Instrumentellen und des Zweckhaften, des Fremdbestimmten und des persönlich Sinnvollen, der Leere und der Erfüllung – wobei die Akzente äußerst unterschiedlich gesetzt wurden.

Die Industrie trennte Arbeit räumlich und zeitlich vom Rest des Lebens, von Wohnung und Familie, von Nachbarschaft und Gemeinde. Die Fabrikordnungen des 19. Jahrhunderts widerspiegeln das Bemühen der Unternehmer, den Beschäftigten die Disziplin von Uhrzeit und Maschine, die Nüchternheit konzentrierter Aufgabenerfüllung einzubleuen. Es brauchte Jahrzehnte der Drohungen und Strafen, um regelmäßiges und pünktliches Erscheinen durchzusetzen. Gewohnheitsrechte wie der blaue Montag der Handwerker oder der Besuch von Kirmes und Jahrmarkt über den Sonntag hinaus, allgemeiner der Anspruch, nach ausgelassenem Feiern dem Betrieb fernzubleiben, wurden bis ins 20. Jahrhundert hinein wahrgenommen. Männliche wie weibliche Arbeiter lernten, Freizeit und Amüsement auf die Anforderungen der Produktion und des Unternehmers abzustimmen. Das schloß ein, daß sie auch immer mal wieder über die Stränge schlugen und dann doch blaumachten, sich krankschreiben ließen oder mit Hilfe verständnisvoller Kollegen über Phasen verringerter Leistung hinwegkamen.

So elementar der Drang zum Sichausleben im Vergnügen war, an einer Erkenntnis kam niemand vorbei: Auch selbstbestimmte Freizeit hatte ihre Grenzen. Sie durfte die Wiederherstellung der körperlichen und nervlichen Leistungsfähigkeit den Verkauf der eigenen »Ware Arbeitskraft« nicht gefährden. Man mußte mit seinen Kräften haushalten und den Zwängen gehorchen, die der Beruf und sonstige Aufgaben setzten. Lustbarkeiten mit dem Charakter der Berauschung, des Sich-Verausgabens ohne Rücksicht auf Folgen, des Ausbrechens aus dem Korsett der Pflichten und Zeitvorgaben waren auszubalancieren im Interesse einer realitätstüchtigen Lebensführung.

Am Ende des 19. Jahrhunderts war das Ergebnis von Zwang und Selbsterziehung unübersehbar: die Fähigkeit, das Handeln in Beruf und privatem Dasein unterschiedlich auszurichten und doch zusammenzuhalten. Arbeit und Freizeit waren als Lebensbereiche mit eigener, weithin entgegengesetzter Logik anerkannt, sie waren jeweils Gegenstand besonderer Wünsche und Fähigkeiten; zugleich wurde ihre wechselseitige Abhängigkeit erlebt und respektiert. Freizeitverhalten hatte den Anforderungen an Verkaufbarkeit, Pflege und Nutzung der Arbeitskraft zu gehorchen; verlangt waren Rationalität und Selbstkontrolle. Umgekehrt hing von der Belastung durch Arbeitspflichten ab, welche Erwartungen an die freie Zeit man überhaupt verwirklichen konnte. Dabei war die Tendenz eindeutig: Unter den Lebenszielen wuchs das Gewicht der Freizeit und ihrer Befriedigungen unaufhaltsam.

»Vernünftige Erholung«?

Der Beginn moderner Massenkultur nach der Jahrhundertwende war untrennbar verknüpft mit Wünschen und Gewohnheiten städtischer Unterschichten, vor allem der Arbeiterschaft. Hier gediehen neue Einstellungen, die dann die Entwicklung im 20. Jahrhundert prägen sollten. 1907 waren drei von vier deutschen Erwerbstätigen Arbeiter. Nur jeder zweite verdiente sein Brot in Industrie und Handwerk,[20] doch in den Großstädten und Industrieregionen war ihr Verlangen nach Zerstreuung, Sensation und Schönheit unübersehbar.

Betrachtet man die populäre Unterhaltung der Jahre, dann springt zunächst die Kontinuität ins Auge. Doch sie verbirgt den Wandel im Publikum und in den Ansprüchen. Dominierten im ersten Drittel des 19. Jahrhunderts noch eindeutig der »alte Mittelstand« der Handwerker und Kleinhändler sowie Soldaten und Dienstboten, so traten gegen Ende die Wünsche proletarischer Schichten in den Vordergrund. Doch erfaßte der neue Umgang mit Arbeit und Freizeit, die Suche nach »modernen«, temporeichen, intensiven, atemberaubenden Vergnügungen auch andere Gruppen. In der äußerlich wenig veränderten Hülle von Konzerten und Tanzveranstaltungen, Theater und Varieté war ein fiebriges und zugleich schärfer kalkuliertes Amüsierbedürfnis herangewachsen. Verkörpert wurde es vor allem von jungen, unverheirateten Lehrlingen, Arbeitern und Angestellten, Männern wie Frauen.

Die ländlichen Regionen waren an der Entwicklung im wesentlichen negativ beteiligt; sie verloren abwandernde Bevölkerung und Traditionen. Erst die Umwälzungen von Transport und Kommunikation nach der Mitte des 20. Jahrhunderts haben das »platte Land« wirklich in die moderne Massenkultur einbezogen. Aus der Sicht derer, die arbeitsuchend vom Dorf in die Stadt zogen, wird die Tiefe des Umbruchs besonders deutlich. Sie mußten die oft noch vorindustriell geprägten Gewohnheiten aufgeben und eine neue Lebensweise entwickeln. Anregungen gab es viele; aber fertige Muster, die auf ihre Bedingungen von Arbeit und Freizeit gepaßt hätten, konnten sie nicht übernehmen. Sie mußten das Erbe populärer Kultur modernisieren, so daß es in die Welt städtisch-industrieller Lohnabhängiger paßte.

In kurzer Zeit zogen Millionen und Abermillionen in die Städte. Lebte in Preußen 1849 nur ein Sechstel der Bevölkerung in Orten mit 5000 und mehr Einwohnern, so waren es 1910 im Deutschen Reich die Hälfte (vgl. Tab. 1). Feiern und Kurzweil auf dem Lande waren bestimmt von lokalen Traditionen und verpflichtenden Beziehungen. In den schnell und ungeplant wachsenden Arbeitervierteln wurden Menschen unterschiedlicher sozialer und regionaler Herkunft zusammengewürfelt; sie hatten keinen gemeinsamen Fundus an Freizeit- und Festbräuchen. Häufiger Wohnungs- und Ortswechsel tat ein übriges, um lokale Traditionen auszutrocknen.

Wo hätte man sich auch zu Geselligkeit, Leichenbegängnissen, Feiern oder zum Auftritt fahrender Künstler versammeln sollen? Es gab in der Stadt zunächst weder Freiflächen noch Gebäude dafür, von den finanziellen Mitteln nicht zu reden. Im Gegenteil: Die Bürger erschraken vor den Ansammlungen einer Menschenklasse, die ihnen sitten- und haltlos erschien, roh und frech, dem Trunk ergeben und unberechenbar. Sie legten ein ständig enger gezogenes Netz von Reglementierung und Kontrolle über die Städte und insbesondere über den wichtigsten Ort proletarischer Unterhaltung, die Wirtshäuser. In den 1820ern war es noch erklärte

Politik der Londoner Polizei, bei Ordnungsverstößen nicht gegen Pubs einzuschreiten. 1839 wurde angeordnet, daß die Kneipen von Samstagabend 24 Uhr bis Sonntag 12.30 Uhr zu schließen hatten, und 1854 dehnte man die Maßnahme zur Förderung von Kirchgang und Sonntagsheiligung auch auf den Nachmittag aus. 1864 regelte man die Öffnungszeiten an den übrigen Wochentagen, um 1872 strenge Vorschriften für die Lizenzvergabe zu verankern. Die damit verbundenen Eingriffsmöglichkeiten wurden in den 1860ern und 1870ern auch gegenüber *Music Halls* und Tanzlokalen angewendet und von der Polizei zur Disziplinierung weiterer populärer Lustbarkeiten eingesetzt.[21]

Die viktorianische Strategie war eindeutig. Man wollte die einfachen Leute und ihre kommerziellen Unterhalter die Grenzen des Amüsements spüren lassen. In den älteren Großstädten Preußens achtete die Polizei gewisse Gewohnheitsrechte; hier lagen die Eingriffsschwellen höher als in den explosionsartig wachsenden Ballungsräumen etwa des Ruhrgebiets. In Meiderich bei Duisburg bestimmte eine Polizeiverordnung von 1892 unter anderem: »Pfeifen und Singen auf den Straßen, sowie alles ruhestörende Betragen überhaupt ist verboten. Nach 11 Uhr Abends ist das Singen, Musizieren, Lärmen, Kegelschieben u.s.w. auch innerhalb der Häuser, Höfe und Gärten untersagt, sofern dasselbe die Ruhe der Nachbarschaft stört. Laut tönende Musikinstrumente dürfen auch innerhalb der Häuser und Höfe nur während der von der Polizeibehörde zu bestimmenden Tageszeit benutzt werden. [...] Das öffentliche Erscheinen einzelner oder mehrerer maskierter Personen ist nicht gestattet, öffentliche Aufzüge, Darbringung von Ständchen mit Gesang oder Musik und andere geräuschvolle Belustigungen sind auf der Straße nur nach vorher eingeholter polizeilicher Erlaubniß gestattet.«

In den Verboten spiegelt sich durchaus noch das Fortleben von Traditionen der Volkskultur: Karneval, Straßenkünstler, Katzenmusiken usw. Für sie war in den Augen der Behörden, denen Ruhe, Ordnung und geregelter Verkehr über alles gingen, kein Platz mehr.

Verordnungen wie die obige wurden konsequent durchgesetzt. Von 1887 bis 1899 nahm die Zahl der darauf fußenden Strafverfügungen mehr als doppelt so schnell zu wie die Einwohnerzahl.[22] Das Recht zur Konzessionierung von Gaststätten wurde im Ruhrgebiet derart einschränkend gehandhabt, daß die Kneipendichte bis ins 20. Jahrhundert zurückging. Ähnlich verfuhr man bei der Genehmigung – besser: der Verhinderung – von Tanzveranstaltungen.

Schärfere Auseinandersetzungen um herkömmliche Lustbarkeiten fanden in England statt. Dort hatte sich im 18. Jahrhundert eine relativ selbstbewußte und vielfältige Volkskultur herausgebildet – unter Duldung und repräsentativer Beteiligung der großen Grundbesitzer und des Landadels. In der ersten Hälfte des 19. Jahrhunderts geriet die populäre Freizeit von innen und außen unter Druck; viele Bräuche und Feste verschwanden für immer. Von innen: Den Arbeiterfamilien in den Städten mangelte es an Räumen, Kraft und Zeit, die Traditionen der Bullenhatz und der Tierkämpfe, des Ballspiels und der Kraftsportwettbewerbe fortzuführen. Von außen: Seit der Französischen Revolution war in den Oberschichten das Mißtrauen gegen Ansammlungen der Menge, des »Pöbels«, bei Vergnügungen gewachsen. Dies waren stets auch Demonstrationen plebejischen Selbstbewußtseins, die leicht außer Kontrolle gerieten und in Bekundungen von Protest umschlugen.

Das Bürgertum und insbesondere protestantische Organisationen drangen auf die Erziehung des Volks zu »vernünftiger Erholung« (*rational recreation*). Nicht Alkohol und Tanz, rohe Vergnügungen und ausschweifendes Feiern seien den Arbeitern dienlich, sondern mäßige und sparsame Lebensführung, religiöse Besinnung und Lernen. Die Unternehmer brauchten Arbeitskräfte, die zuverlässig, unermüdlich, nüchtern und pünktlich 70 oder 80 Stunden pro Woche schufteten und ihre freie Zeit diesen Forderungen anpaßten. Aber auch Vertreter der Arbeitervereine lehnten Spiel und Trunk, Wetten und Hahnenkämpfe zunehmend ab; eine bessere Zukunft, davon zeigten sie sich überzeugt, war nur mit bildungswilligen, disziplinierten und am gemeinsamen Wohl interessierten Handwerkern und Proletariern zu erringen.

Die englische Stadt Derby gehörte traditionellerweise am Karnevalsdienstag und Aschermittwoch dem Straßenfußball. An den

Feiertagen beteiligten sich Hunderte von Männern und Jungen am Wettspiel zweier Kirchgemeinden. An entgegengesetzten Enden der Stadt wurden Tore errichtet, und vor der begeisterten Kulisse fast aller Bürgerinnen und Bürger zog sich das Match (eher ein rauhes Handgemenge in der Art des Rugby) sechs und mehr Stunden hin, bis die siegreiche Partei feststand. Ausgelassenheit und Trunk beherrschten die zwei Tage, und die Oberschichten waren als Gönner und Schirmherren voll am Vergnügen beteiligt.

1845 verbot der Bürgermeister das Spiel; 1846 wurden Kavallerie und Bürgermiliz eingesetzt, die Spieler aus der Stadt ins Umland vertrieben und 15 von ihnen angeklagt. Auch in den folgenden Jahren hielt man Truppen in Bereitschaft, um verdächtige Menschenansammlungen und Spielversuche zu verhindern.

Nur in wenigen Orten spitzten sich Konflikte derart zu. Aber hier spiegelt sich doch das umfassende Bemühen, dem Volk vernünftige Erholung beizubringen. Vor allem ging es darum, die spontanen, aus bürgerlicher Sicht »rohen« und unkontrollierbaren Züge populärer Freizeit zu kappen. In Derby standen die religiösen Gruppen mit der Forderung nach Verzicht auf jede weltliche Vergnügung allein – auch die meisten Bürger und der Adel mochten nicht auf ausgelassene Abwechslung verzichten. Während die Fabrikanten die beiden Feiertage in Arbeitstage verwandeln wollten, machte der Bürgermeister Ersatzangebote: die Verlegung des Straßenfußballs auf Wiesen außerhalb der Stadt, die Durchführung geregelter Preisringkämpfe oder einen öffentlich finanzierten Eisenbahnausflug für das Volk. Unter den Fußballanhängern und selbst unter den Spielern waren nicht wenige bereit, sich darauf einzulassen.

Die Arbeiter allerdings hielten zumeist am Herkommen fest. Nicht weil es »uralter Brauch« war, sondern weil sie ihre zwei Feiertage bedroht sahen durch dieselben Unternehmer, die wenige Jahr zuvor die Gewerkschaft zerschlagen hatten. Außerdem wollten sie nicht eine der wenigen Gelegenheiten zum Treffen mit Verwandten aus der Umgegend verlieren. Alternativen gab es für sie kaum, da Kirchweih und Pferderennen schon vorher abgeschafft und für andere populäre Sportarten keine Flächen vorhanden waren. Parks, Museen, Büchereien und andere Kultureinrichtungen in Derby waren für das Bürgertum vorgesehen und den Arbeitern durch Zulassungsmechanismen und Gebühren verschlossen.

Dennoch hatten sich die Gewerkschaften vor ihrer Niederlage mit Massendemonstrationen für die Abschaffung des Fußballs eingesetzt. Sie wollten die Arbeiter aus dem Bann des »barbarischen, närrischen« Spiels befreien – und gleichzeitig den bürgerlichen Moralaposteln und Fortbildungspredigern beweisen, daß Arbeitersolidarität schaffen konnte, was deren Mahnworte nicht erreichten. »Erteilt den Moralisten eine Lektion. Der gewerkschaftlichen Einheit soll gelingen, was weder Gewalt noch das Evangelium vollbringen konnten«, hieß es 1834 zur Demonstration.[23]

Man appellierte an die männliche Ehre, kein Geld bei Vergnügungen herauszuwerfen, während zu Hause die Frau hungere. Die Reichweite des Arguments scheint aber begrenzt gewesen zu sein, und wohl auch sein Realitätsgehalt. Es sieht eher so aus, als hätten die Männer Ehefrauen und Freundinnen mitgenommen in die Pubs, zu Gesang und Trinken. Jedenfalls sollen Frauen und Jugendliche in der vordersten Reihe der Verteidiger des Straßenfußballs gestanden haben.

Am Ende der Auseinandersetzung wurden wieder Pferderennen eingeführt – gegen den Widerstand der Evangelikalen. Die bürgerlichen Befürworter dachten durchaus an ihr eigenes Vergnügen; zugleich sprachen sie von der Pflicht, den schwer arbeitenden einfachen Leuten gesunde Erholung anzubieten. Die Veranstaltung sollte die Stadt aufwerten, zahlende Gäste aus dem Umland anziehen und nicht zuletzt der Annäherung der Klassen dienen – unter der Schirmherrschaft der lokalen Oberschicht. Für den »vernünftigen« Ablauf sorgten die räumliche Trennung von gewöhnlichem und besserem Publikum, die Kontrolle durch Aufsichtspersonal und das Verbot wilden Wettens. An die Stelle des rauhen und für plebejischen Protest offenen Straßenfußballs trat kommerziell organisierter Schausport unter klarer bürgerlicher Dominanz.

Einer der traditionsreichsten englischen Jahrmärkte war »Bartholomew Fair« in London; seine Geschichte reichte zurück bis 1133. 1839 verdoppelten die Stadtväter die Standmieten. Die Schausteller zogen sich daraufhin zurück, und 1855 wurde »Bartholomew Fair« eingestellt – zur Freude von Sittlichkeitsvereinen wie der »London City Missions Society«.[24] Den Streit um die Freizeit schafften derartige Eingriffe allerdings nicht aus der Welt. Im Gegenteil: Jede Form von Fest und Zerstreuung – ganz gleich, ob traditionell, »vernünftig« reformiert oder neu mit dem Ziel »veredelnder Volkserholung«[25] eingeführt – mußte zunächst einmal ihre Anziehungskraft beweisen. Beruflich und allgemein bildende Veranstaltungen, Teestuben, Chöre und Rezitationsabende fanden bei Arbeitern, Handwerksgesellen, Tagelöhnern, Dienstpersonal, Soldaten und ähnlichen Gruppen keine oder nur sehr begrenzte Resonanz.

Das kann nicht erstaunen, wenn man etwa die deutschen »Volksunterhaltungsabende« betrachtet. »Belehrende Vorträge bilden meist den Mittelpunkt«, hieß es in einer zeitgenössischen Darstellung. Sie »sind umrahmt von Quartettgesängen, Deklamationen und Solovorträgen auf dem Pianoforte, auf der Geige, Zither oder anderen Instrumenten«.[26] Selbst Bibliotheken fanden nur sehr begrenzt Anklang; in Düsseldorf nutzte allenfalls einer von 100 Arbeitern die öffentlichen Büchereien.[27] Kinderlesehallen füllten wirklich eine Lücke, aber ihre Zahl blieb verschwindend gering. Zoologische und botanische Gärten hatten immer noch eine bürgerliche Aura, die manche Arbeiterfamilie fernhielt, und das traf teilweise selbst für Volksparks zu. Freibäder sollten Ordnung in das Treiben derer bringen, die nun in schnell wachsender Zahl an den Wochenenden die stadtnahen Gewässer aufsuchten. Kleingärten wurden ausgewiesen, und die Kommunen begannen Turn-, Sport- und Spielplätze einzurichten, denn körperliche Bewegung galt als der beste Schutz gegen die Versuchungen des Großstadtlebens.

Mit Bildung und Veredelung erreichte man nur eine hauchdünne Oberschicht der Lohnabhängigen, und Erholung konnte den Drang nach Vergnügung nicht mindern. Wenn ein Angebot wirklich breiten Anklang fand, waren fast immer findige Unternehmer im Spiel, und die Autoritäten reagierten darauf beinahe automatisch mit dem Verdacht, daß hier ungezähmter Sensationshunger das individuelle wie das soziale Wohl bedrohe.

Modernisierung der Attraktionen

Ein wirklicher Massenmarkt für populäre Künste entstand nach 1900. Vorbereitet haben ihn einfallsreiche Kulturunternehmer, die immer wieder neue Attraktionen zu bieten wußten, und ein Unterschichtpublikum, das neben Vertrautem die Überbietung des Bekannten verlangte. Beide Akteure und ihre wechselseitig als vorteilhaft empfundene Geschäftsbeziehung entwickelten sich im Lauf der Modernisierung von Unterhaltung. Das zeigt ein Blick auf zwei traditionelle Zentren für geselligen Freizeitgenuß und aufregende Abwechslung der einfachen Leute. Gastwirtschaften sowie Kirmessen und Jahrmärkte zeigten sich modernisierungsfähig bis an die Grenze zur Massenkultur.

Im Gasthaus kam man nicht nur zusammen, um bei alkoholischen Getränken Nachbarn, Bekannte und Kollegen zu treffen. Dort spielten wandernde Musikanten auf, es wurde gesungen (besonders ausgeprägt in England und Irland) und am Wochenende getanzt. Vor allem seit der Mitte des 19. Jahrhunderts suchten Wirte durch attraktive Vergnügungsangebote mehr Besucher anzuziehen. Sie nutzten die Schwächung der lokalen Gemeinschaften, die immer weniger selbst organisierten; und sie reagierten auf die Einschränkung der Straßenauftritte von fahrenden Künstlern, indem sie Akrobaten, Magier, Sänger und Komödianten in ihre Räume holten. Zwischen Kleinstadt und Metropole, einfachem und gehobenem Publikum, Animierkneipe und Künstlerbrettl entwickelte sich ein vielfältiges und zunehmend spezialisiertes Angebot. Die Grundlinie läßt sich aber in vielen Ländern verfolgen: von den *Free-and-Easies*, wo noch die Gäste der Pubs musizierten, zu den *Singing Saloons* mit dem Auftritt professioneller Künstler und zur britischen *Music Hall*; von der Polkakneipe über den Tingeltangel zum deutschen Spezialitätentheater, vom *Café chantant* und *Café concert* zu Varieté und französischer *Music Hall*.

In den großen Städten erfreuten sich Gartenlokale und Ausflugswirtschaften wachsender Beliebtheit. Was dort alles geboten wurde, schildert ein Bericht von 1891 aus Berlin:

»Im Hintergrunde steht ein kleines Theater, auf welchem, unter freiem Himmel, abwechselnd sentimentale Sängerinnen und Tanzkünstler sich produzieren, Komödien und Zauberpossen aufgeführt werden [...] Gleichzeitig ist vorn in einem Saal am Eingang ›Ball‹, wird geschossen, gewürfelt, ›gewogen‹, die ›Kraftprobe‹ gemacht und Billard gespielt; werden an einem Tische ›belegte Stullen‹ und Würste verkauft, an zwei Büffets Bier [...] geschenkt [...]; denn solch ein Vergnügen dauert lang. Es kommt noch der Luftballon, eine ›Zaubersoiree‹, die Illumination und das Feuerwerk, verbunden mit einem Militärkonzert [...] [Ein Wirt] veranstaltete alle möglichen Bombardements und ließ Luftschiffer aufsteigen. Aber bald genügte auch ein simpler Ballonaufstieg nicht mehr, um die Schaulust der Berliner in lohnender Weise anzuregen. Die Luftschiffer [...] brannten Feuerwerk ab oder nahmen einen Akrobaten mit in die Höhe, der während des Aufstiegs an dem unter der Gondel hängenden Reck zwanzigmal die Riesenwelle machte. Dieser Trick wurde von Miß Wanda übertrumpft, die mit den Füßen in zwei Ringen hing und ein schwebendes Reck, an dem der Akrobat seine Kunststücke machte, zwischen den Zähnen hielt. Nach Miß Wanda warfen sich junge Mädchen, mit rosarotem Trikot und mit einem Fallschirm bewaffnet, in beträchtlicher Höhe aus der Gondel und langten meist unversehrt glücklich wieder auf dem Erdboden an.«[28]

Den Menschen auf dem Land boten Kirchweihfeste und Jahrmärkte sehr viel seltener und in bescheidenerem Rahmen kommerzielle Vergnügung. Doch auch hier konkurrierten die Schausteller, und sie setzten gleichfalls auf die Reize des Rätselhaften und Atemberaubenden, technisch Aufwendigen, erotisch Lockenden und ästhetisch Verzaubernden. Preisringen und Panorama, Völkerschau und Abnormitätenkabinett, Schleiertanz und vor der Jahrhundertwende schon das Wanderkino versprachen Überraschung und überwältigendes Schauspiel. Für die Besucher traten neben dem religiösen Anlaß und zusätzlich zum Handel auf dem Markt Neugier und Spaß in den Vordergrund.

Die Behörden standen dem nicht nur ablehnend gegenüber. Seit 1803 fand im nordhessischen Arolsen jährlich ein mehrtägiger »Kram- und Viehmarkt« statt, der Menschen weit aus der Region anzog. 1842 wies das fürstliche Oberjustizamt den Rat der Stadt an, »in Zukunft mit aller Strenge darauf zu sehen und zu halten, daß *sofort* nach beendigtem Viehmarkte alle Buden und Carousels [...] weggeschafft werden [...] und keine Tanzmusik geduldet werde«. Schaustellungen, denen man eine bildende Wirkung zusprach, durften aber noch bleiben. »Wenn jedoch sonstige Ausstellungen, als Menagerien, Panoramas, Wachsfiguren-Kabinette, Reiterkünste p. zu sehen sind, so ist in Absicht derselben eine Ausnahme zu machen, und ihnen auf längere Zeit als die Markttage hierdurch der Aufenthalt zu gestatten.« Solche Verlängerungen wurden häufig gewährt, und sie schlossen später auch Karussells ein.[29]

Der Wettbewerb um die vor dem Ausgeben dreimal umgedrehten Groschen der Unterschichtfamilien schuf gewissermaßen die Treibhausatmosphäre, in der die Hauptakteure der modernen Massenkultur heranwuchsen. Verleger populärer Lesestoffe konkurrierten schon lange um die Gunst eines wachsenden »ungebildeten« Publikums. Nun entstand eine ganze Schicht von Unterhaltungsunternehmern, deren Erfolg von der Kenntnis des populären Geschmacks und einer Spürnase für Massenbedürfnisse abhing. Die ehemals fahrenden Künstler gerieten in Abhängigkeit von Veranstaltern und Agenturen, die die Gagen drückten und menschenunwürdige Arbeitsbedingungen boten. Das Artistenproletariat stand unter Druck, noch nie gesehene Sensationen oder hinreißende Komik zu bieten; einige Erfolgreiche konnten zu nationalen Stars aufsteigen.

Unerbittlich verlangte die Professionalisierung des Vergnügungsgeschäfts Spitzenleistungen. Ähnlich wie in der sogenannten ernsten Kunst sind die meisten dieser Produktionen längst vergessen. Nicht wenige bejubelte Leistungen der Unterhaltungskunst aus dem 19. Jahrhundert nötigen jedoch heute noch Respekt ab oder gelten gar als Meilensteine und klassische Muster in ihrem Genre – während die Geschichtsschreibung der Hochkunst die Mehrzahl der damaligen Götter entthront und vom Publikum übersehene oder abgelehnte Künstler an ihre Stelle gesetzt hat. Marie Lloyds »A Little of What Yer Fancy Does Yer Good« lebt heute noch, während die Werke des gefeierten viktorianischen

Komponisten Sir Hubert H. Parry allenfalls noch historische Bedeutung haben. Karl Valentin zählt zum gemeindeutschen Kulturgut, aber den Literatur-Nobelpreisträger von 1910, Paul Heyse, kennen nur noch Germanisten.

Die Haltbarkeit der Urteile über populäre Unterhaltung spricht für die Kompetenz des Publikums und für seine produktive Rolle auf dem Weg zur modernen Massenkultur. Nicht nur mit der Entscheidung, für welches Heftchen, welchen Sänger oder welche Schaubude man die knappen Pfennige ausgab, machten die einfachen Leute ihre Ansprüche geltend. Auch im Spezialitätentheater, im *Caf'conc'* oder der *Music Hall* drückten sie ihre Bewertung drastisch und erbarmungslos aus. Da zählte kein künstlerisches Getue, kein Streben nach dem Höheren, keine lyrisch sich gebende Verschwommenheit. Eingefordert wurde nachprüfbare Leistung: Kraft, Geschicklichkeit, Mut, der Reiz von Aussehen und Stimme, Koordination von Gruppen, neue Tricks und überzeugende Illusion, Einsatz moderner Technik, Bühnenpräsenz und opulente Ausstattung; mehr noch galten Schlagfertigkeit, Witz, einprägsame Charakterisierung und die Fähigkeit, Selbst- und Fremdbilder sowie die emotionale Schwingungslage des Publikums zu treffen. Honoriert wurden: ein nüchtern humorvoller Blick auf die Probleme des Alltagslebens bei Bestätigung der Ordnungen, die Respektabilität verbürgen sollten – eingeschlossen das proletarische Patriarchat; ein gehöriges Maß Sentimentalität; ironische oder karikierende Abgrenzung von den Lebensformen anderer Gruppen, insbesondere der Oberschichten – eingeschlossen die Pflege negativer Stereotype von Minderheiten aller Art; kaum Thematisierung von Politik – mit Ausnahme jenes ambivalenten Stolzes auf den Beitrag der kleinen Leute zur Größe des eigenen Landes, der kurzzeitig zu aggressivem Chauvinismus gesteigert werden konnte.

Solche Unterhaltung, von der Kneipenattraktion bis zum *Music-Hall*-Programm, wirkte mit an der Herausbildung proletarischen Selbstbewußtseins in der zweiten Hälfte des 19. Jahrhunderts. Sie pflegte das Wir-Gefühl gegenüber »denen da oben«. Öffentliches Mißtrauen, moralische Abwertung und anhaltende Reglementierungsversuche trugen dazu bei, daß man sich mit den populären

Vergnügungen als der eigenen und eigentlichen Domäne der einfachen Leute identifizierte. Das war durchaus nicht nur Männersache. Forschungen lassen vermuten, daß auch ledige Arbeiterinnen und Arbeiterfrauen im Publikum und beim Ausdruck seiner Wünsche ein gewichtiges Wort mitsprachen.

Selbst ein scheinbar altfränkisches Gewerbe wie das der Moritatensänger modernisierte sich im 19. Jahrhundert. Wesentliche Einnahmequelle waren die Hefte mit sensationsgeladenen Darstellungen und moralisierenden Liedern, und die wurden von Unternehmen wie dem marktbeherrschenden Verlag Reiche in Schwiebus (poln. Swibodzin) teilweise in mehreren Sprachen hergestellt und international vertrieben.[30] Hier machte sich der Konkurrenzdruck anderer populärer Lesestoffe bemerkbar. Wachsende Lektüre- und Zahlungsfähigkeit von Handwerkern, Arbeitern und Dienstboten ließ einen heißumkämpften Markt entstehen. Neben und zunehmend vor das traditionelle Muster einer Volksliteratur aus religiösen Schriften und Ratgeber-Sammlungen (»Kalender«) trat Unterhaltsames: Penny-Erzählungen, Zeitungsromane, aber auch das neue Genre der angeblich authentischen Gerichts- und Kriminalberichte.

In Deutschland wurde ein besonderer Typ von Fortsetzungsromanen zum Experimentierfeld fast aller Methoden industrieller Kunstproduktion und -verbreitung. Sogenannte Kolporteure vertrieben die einzelnen Lieferungen (Heftchen zu Pfennigpreisen) an der Wohnungstür; die Bezeichnung »Hintertreppenromane« unterstellte, sie würden »von Leuten gelesen, denen das Begehen der [herrschaftlichen; K. M.] Vordertreppe versagt war«.[31] Die ersten Nummern wurden kostenlos verteilt, in Auflagen bis zu einer Million. Danach sammelten die Kolporteure Abonnements ein, deren Zahl anfangs mehrere hunderttausend betragen konnte, im Laufe der Fortsetzungen dann aber kontinuierlich sank. Um dem entgegenzuwirken, endeten die Folgen jeweils mit einem Spannungshöhepunkt, der zum Kauf des nächsten Häppchens bewegen sollte (*cliffhanger* heißt die gleiche Technik in der heutigen TV-Serienproduktion). Die Dreingabe von Uhren, Bildern etc. sollte gleichfalls Abonnenten binden. Häufig lieferten aktuelle Ereignisse wie rätselhafte Selbstmorde und Liebesaffären in einem europäischen

Fürstenhaus den Aufhänger oder Hintergrund der Geschichten. Die Autoren schrieben gewissermaßen im Akkord, bezahlt nach der gelieferten Menge. Sie konnten den Handlungsgang entsprechend dem Leserecho oder dem Kommando des Verlegers ändern, Figuren sterben oder auferstehen lassen, und bei schwindender Rentabilität kamen sie schnell zum Ende.

Viele Stoffe, Motive und literarische Techniken entstammten dem Fundus der großen europäischen Erzählliteratur. Hier bedienten sich Erfolgsschriftsteller wie Eugène Sue. Sein Zeitungsroman »Die Geheimnisse von Paris« (1842/43) war in erster Linie für ein bürgerliches Publikum geschrieben. Doch er wurde zum Muster für eine ganze Welle internationaler Nachahmungen, die eine wachsende einfache Leserschaft ansprachen.

Klassenloses Vergnügen

Wir stoßen hier auf einen lebhaften Grenzverkehr zwischen kulturellen Sphären, die zeitgenössische Kommentatoren strikt und hierarchisch zu trennen pflegten. Gehobenes Bürgertum und städtische Unterschichten (»der Pöbel« oder die »gefährlichen Klassen«, wie es um 1850 weithin hieß) hatten in dieser Sicht moralisch und ästhetisch nichts gemein. Das gesellschaftlich aufsteigende Bürgertum setzte sich scharf ab von Vergnügungen, die der Adel oder das einfache Volk pflegten. Erfolgreich verdeckte diese Selbstdarstellung, daß es hier Parallelen und Übergänge in Hülle und Fülle gab. Schon im frühen 19. Jahrhundert war es weithin unmöglich, einzelne Genres der populären Künste und des Amüsements ausschließlich bestimmten sozialen Schichten zuzuordnen. Unterschiede waren deutlich – aber sie ergaben sich keineswegs immer aus der ästhetischen oder moralischen Qualität. Vielmehr sorgte eine unübersehbar inszenierte »Rahmung« (Goffman) dafür, daß man durchaus vergleichbare Vergnügungen sozial deutlich voneinander absetzte. Bekleidungsvorschriften und Eintrittspreise, Architektur und Adresse, der Aufwand für künstlerisches

Personal und Ausstattung garantierten, daß die »besseren Kreise« unter sich blieben.

Fragt man aber nach Stoffen und Darstellungsweisen des Gebotenen, dann scheint durchaus verallgemeinerbar, was der protestantische Pfarrer Günther Dehn über die Lektüre seiner Mutter berichtete. Sie war adeliger Herkunft, Gattin eines hohen Postbeamten, und las, was in ihren Kreisen als gute Literatur galt. »War nichts zu lesen da, konnte sie auch den Schundroman lesen, auf den die Köchin abonniert war. So habe ich mich auch einmal an der Lektüre von Rinaldo Rinaldini [...] erfreuen können.«[32]

Bemerkenswert ist hier nicht, daß Köchin und Geheime Oberpostratsgattin dasselbe lasen; erstaunlich ist, daß die Schranken demonstrativer Abgrenzung durchbrochen wurden. Üblicherweise gab es keine Brücke zwischen Ledereinband mit Goldschnitt und abgegriffenen Heftchen, zwischen Buchhandlung und Kolportagelieferung über die Hintertreppe, zwischen Lektüre in der häuslichen Bibliothek und Lesen am Arbeitsplatz oder in der Wohnküche. Dazwischen lagen soziale Welten, ebenso wie zwischen Tingeltangel und noblem Varieté oder zwischen dem Gassenhauer auf dem Hinterhof und dem sentimentalen Lied am bürgerlichen Klavier. Die Soziologie spricht von bewußten und unbewußten Distinktionsstrategien; sie verdeckten, wie nahe beieinander stoffliche Interessen, ästhetische Vorlieben und Empfindungsweisen lagen.

Insbesondere die zweite Hälfte des vorigen Jahrhunderts war gekennzeichnet von einer merkwürdigen Doppelbewegung in der bürgerlichen Kultur. Im Namen von Bildung und Ästhetik suchte man die Musentempel (eine dem kultischen Anliegen durchaus angemessene Bezeichnung) von allem zu reinigen, was nach Unterhaltung und außerkünstlerischen Motiven aussah. Die Theater verdunkelten den Zuschauerraum und unterdrückten Einmischungen aus dem Publikum; nicht die Besucher, ihre Garderoben und Gespräche sollten im Vordergrund stehen, sondern der spirituelle Nachvollzug des Werks. In den 1870ern warnte ein vielgelesener Pariser Stadtführer bürgerliche Neugierige vor Theatern, in denen das Publikum sich offen seinen Gefühlen hingab. »Wollen Sie etwas Abstoßendes hören?« fragte der Autor. »Mitten im 19. Jahrhundert gibt es noch immer primitive Kreaturen, die ihre Tränen nicht zurückhalten können, wenn sie das Unglück irgendeiner Bühnenheldin in den Händen eines Verräters sehen. Besuchen Sie dieses Theater nicht, bloß um das freimütige Schluchzen dieser offenherzigen Arbeiter, dieser leutseligen Kleinbürger mitzuerleben«.[33]

Die Museen trennten Altertümer und naturkundliches Sammelgut von den ästhetisch wertvollen Bildern und Zeichnungen. Man verdammte den Kult um Virtuosen wie Paganini, Liszt oder die »schwedische Nachtigall« Jenny Lind. Klassik-Konzerte brachten keine Folge von (teilweise einschneidend bearbeiteten) Zugnummern mehr, sondern integrale Werke in der von ihrem Schöpfer gewollten Gestalt – und Gefühle durften sich allenfalls in maßvollem Klatschen nach Aufführungsende äußern. Kunstaneignung geriet zur Weihestunde.

Damit wurde ein ganzes Bündel von Gewohnheiten für illegitim erklärt, die das Publikum der Theater und Konzerte noch in der ersten Hälfte des Jahrhunderts über Klassen- und Standesgrenzen hinweg verbanden. Was Richard Wagner 1860 gallig an der italienischen Oper geißelte, traf – mutatis mutandis – auch für das populäre Vorstadttheater zu. »In der Oper versammelte sich [...] ein Publikum, welches seinen Abend mit Unterhaltung zubrachte; zu dieser Unterhaltung gehörte auch die auf der Scene gesungene Musik, der man [...] in Pausen der Unterbrechung der Konversation zuhörte; während der Konversation und der gegenseitigen Besuche in den Logen fuhr die Musik fort, und zwar mit der Aufgabe, welche man bei großen Diners der Tafelmusik stellt, nämlich durch ihr Geräusch die sonst schüchterne Unterhaltung zum lauteren Ausbruch zu bringen. Die Musik, welche zu diesem Zwecke und während dieser Konversation gespielt wird, füllt die eigentliche Breite einer italienischen Opernpartitur aus, wogegen diejenige Musik, der man wirklich zuhört, vielleicht den zwölften Theil derselben ausmacht.«[34]

Adeliger und Handwerksgeselle, Kaufmannsgattin und Dienstmädchen genossen Kunst gerade in Verbindung mit weiteren Tätigkeiten: Essen und Trinken, Flirten und Gespräch. Sie schätzten aufwendige Ausstattung und verblüffende Bühneneffekte, stimmliche und körperliche Spitzenleistungen, die mehrfache Wiederholung besonders »schöner Stellen«, spannende Handlung und starke Gefühle.

Die idealistische Ästhetik und die von ihr geleitete Aufführungspraxis lehnten derartige Vorlieben und entsprechende Eigenschaften der Werke ab: »stoffliches Interesse, grob-sinnliche Reize, äußerliche Effekte, Buhlen um die Publikumsgunst« lauteten die Verdammungsurteile. Was breiteren Widerhall fand, galt von vornherein als zweifelhaft. Kant hatte »oberes« und »niederes Begehrungsvermögen« unterschieden. Wer als kultiviert anerkannt sein wollte, der mußte sich nach 1850 zu diesem Gegensatz bekennen. Bis dahin stand Unterhaltung nur im Verdacht, von Arbeit, Lernen und Gebet abzuhalten; nun wurde sie auch als Feind wahrer Kunst gebrandmarkt und ästhetisch exkommuniziert.

Die Maßstäbe von Bildung und Erhebung, Versenkung und Vergeistigung bestimmten zunehmend das öffentliche Urteil. Doch hinter der Wand aus Worten vollzog sich eine gegenläufige Entwicklung. Selbst die Mehrzahl derer, die dem ästhetischen Purismus mit den Lippen Tribut zollten, zog sinnliche Effekte und beiläufiges Konsumieren vor. Mit der Ausdehnung von Industrie und Gewerbe wuchsen Wirtschaftsbürgertum und Mittelschichten mit ausgeprägten Unterhaltungsbedürfnissen. Auch sie suchten sich abzusetzen von den angeblich rohen und gemeinen Vergnügungen des Pöbels. Dazu dienten die erwähnten Rahmungen, insbesondere repräsentative Anleihen bei der Symbolik der Hochkultur. Aber hinter den antikisierenden Fassaden der Theater, Opernhäuser und Zirkusse, der Varietépaläste und Konzertsäle, in den kommerziellen Leihbibliotheken und beim Auftritt der Militärkapellen dominierten die verdammten »außerkünstlerischen« Motive.

Damals wie heute bezeichneten »Kunst« und »Unterhaltung« keine Eigenschaft von Werken, sondern verschiedene Formen des Umgangs mit ihnen. Verdis Arien und Berlioz' musikalische Phantasiegemälde, Dickens' Romane und Shakespeares Komödien, Dürers »Mutterhände« und Daumiers Karikaturen wurden im 19. Jahrhundert auf höchst populäre, »stoffliche« Weise aufgenommen – unabhängig vom sozialen Status des Publikums.

Was hatte Erfolg auf den exklusiven Pariser Bühnen des Fin de siècle, deren Plätze zwischen 15 und 26 Francs kosteten, den Verdienst mehrerer Tage für einen Arbeiter oder Handwerker? Die Boulevardkomödien der Vaudevilles drehten sich zumeist um erotische Verwicklungen, insbesondere um Varianten des Ehebruchs. Höchst beliebt waren lebende Bilder, in denen unter Titeln wie »La puce«, »Le bain de ...« oder »La toilette de ...« die Be- oder Entkleidung des weiblichen Körpers im Mittelpunkt stand. In welchem *Café concert* oder welcher Revue der Cancan ohne Höschen getanzt werde, bewegte *tout Paris*. Inbegriff bürgerlichen Repräsentationsbedürfnisses waren die gefeierten Ausstattungsstücke. Eine Bühnenfassung von Jules Vernes »Reise um die Welt in 80 Tagen« erlebte von 1874 bis 1898 1550 Aufführungen. 1800 Beschäftigte wirkten am Spektakel mit und boten auf der Bühne bewegte Panoramen von Suez und Indien, Ballons, Feuerwerk, einen Zug mit Dampfpfeife, ein Dampfschiff, 800 Kostüme und 80 mechanische Schlangen.

In den billigeren Theatern, die nur 5 Francs verlangten, machte sich auf den Rängen das Volk von Paris lautstark bemerkbar. Auch einfache Vorstadtbühnen brachten jedoch neben Melodramen ab und zu einen Klassiker – und in der Pause wurden mitgebrachte Speisen verzehrt.[35] Zum Vergleich: Im schleswigschen Meldorf zeigte das Stadttheater in der Spielzeit 1908 38 Aufführungen. Darunter waren eine »Klassiker-Vorstellung«, zwei »Trauerspiele resp. Dramen«, sieben Lustspiele, sechs Schwänke, vier Possen, zwei Kinderaufführungen und 16 als »Kömodie, Volksstück, Charakterbild, Romantisches Schauspiel u.s.w. benamsete Bühnenwerke«.[36] Mischungen von »hoch« und »niedrig«, »klassisch« und »gewöhnlich«, »ernst« und »unterhaltend« kennzeichneten die Programme von Platzkonzerten und Leierkästen, von Spezialitätentheatern und *Music Halls*; sie fanden sich selbst auf Kirmessen, in Panoramen und Wachsfigurenkabinetten.

Bisher war von der Parallelität der Unterhaltungsbedürfnisse in Unter- und Oberschichten die Rede. Doch gab es vielfältige Berührungen, Wechselwirkungen und Überschneidungen. Sicher mietete kein Arbeiter eine Loge in der Pariser Oper für 25 000 Francs im Jahr; zweifellos mied ein Gentleman den *singing pub*. Insgesamt nahm im 19. Jahrhundert die soziale Abgrenzung der

Orte und Inszenierungen des Vergnügens zu; es wurden klassenspezifische Freizeitwelten auf- und ausgebaut. Aber der von Heinrich Mann 1908 verewigte Professor Rath, der den Reizen einer Tingeltangelsängerin verfällt, war nicht der einzige heimliche Grenzgänger. Populäre Bühnen und Rummelplätze, große Zirkusse und Panoramen zogen Besucher durchaus unterschiedlicher Herkunft an, und der Abstecher ins Reich der gewöhnlichen Vergnügungen hatte in den Oberschichten Tradition.[37] Die Leserschaft der Nataly von Eschstruth reichte vom Dienstmädchen bis zur Gräfin.

In vieler Hinsicht sind populäre Lustbarkeiten als »gesunkenes Kulturgut« bürgerlicher oder letztlich sogar adeliger Herkunft zu charakterisieren – Kolportageromane und Erotika ebenso wie Tier- und Völkerschauen, Pferdedressur und Platzkonzert. Aber zugleich verdankten sich zukunftsträchtige Neuerungen Künstlerinnen und Künstlern, die sich von unten, von den Bühnen der Provinz und der Vorstädte, heraufarbeiteten. Hier lernten Little Tich und Marie Lloyd, Paulus und Yvette Guilbert ihr Handwerk, um dann als Stars im Londoner »Palace«, dem Pariser »Moulin Rouge« oder dem Berliner »Wintergarten« gefeiert zu werden. Der Cancan machte zunächst Furore in den einfachen *Cafés concerts*, wo Näherinnen und Wäscherinnen ihre Einkünfte auf der Tanzbühne aufbesserten. Viele Größen der Unterhaltungsbranche erwarben sich einen Ruf vor Arbeiterinnen, Arbeitern und Handwerkern, ehe sie mit den dort bewährten Darbietungen die Amüsierkultur der Oberen Zehntausend prägten.

Abschließend ein Beispiel für die »gewöhnlichen« Züge bürgerlicher Vergnügung, das heute eher befremdlich wirkt. Daß uns die vielfach belegte Anziehungskraft der Pétomanen irritiert, verweist auch darauf, wie erfolgreich die Kulturgeschichte geschönt wurde. Pétomanen waren – so die zeitgenössische deutsche Bezeichnung – Furzkünstler. Ihre Auftritte auf Jahrmärkten sind noch um die Jahrhundertwende belegt. Sie bliesen Kerzen aus oder ließen bekannte Melodien ertönen – mit ungewohnter Klangfarbe, aber eindeutig identifizierbar und stets begeistert beklatscht. Unangefochtener Meister des Fachs war Joseph Pujol. 1892 gab er sein Debüt im »Moulin Rouge«, und binnen kurzem war er eine der

Attraktionen beim verwöhnten bürgerlichen Publikum. Deutlichster Ausdruck: seine Gage. Sie betrug, wenn man den Berichten glauben darf, das Zweieinhalbfache dessen, was die berühmte Schauspielerin Sarah Bernhardt für einen Auftritt erhielt.[38]

Saturday Night Fever

Im letzten Drittel des 19. Jahrhunderts wuchs das kommerzielle Freizeitangebot beinahe explosionsartig; dabei ging England in jeder Hinsicht voran. Immer mehr einfache Leute, insbesondere die städtische Arbeiterschaft, suchten Möglichkeiten, sich zu erholen und zu amüsieren. Nach 80 Stunden im Lärm und Gestank der Fabrik, angesichts enger, dunkler, kaum zu lüftender Wohnungen in einem trostlosen Umfeld, gaben schon ein Abstecher ins Grüne oder ein Wochenendspaziergang am Rande der Stadt neue Kraft für den Alltag. Wenn man es sich gar leisten konnte, im Ausflugslokal Kaffee zu kochen oder zu mitgebrachten Broten ein Bier zu trinken, während die Blasmusik spielte, dann öffnete sich kurzzeitig des Volkes wahrer Himmel. Das galt insbesondere für Arbeiterfrauen und Mütter, die sonst keine freie Minute kannten.

Aber längst nicht alle waren so bescheiden. Die Vorhut sogenannter »proletarischer Vergnügungssucht«, stets bereit, die neueste Lustbarkeit und den modernsten Nervenkitzel auszuprobieren, bildeten die jungen ledigen Arbeiterinnen und Arbeiter. Fixpunkt ihrer Freizeit war das Tanzvergnügen; nach einer nicht enden wollenden Arbeitswoche und mit der Aussicht auf ein ganzes Leben der Plackerei brannte das Saturday Night Fever in den 1890ern mit Sicherheit heißer als in den Discotheken der 1970er Jahre. Aus dem lokalen Brauch traditioneller Gruppentänze machte die Verstädterung ein individualisiertes Vergnügen. Mit dem Walzer hielt der Zweiertanz Einzug, es folgten Polka, Galopp und weitere schnelle und körperlich intime Tanzformen. Um die Jahrhundertwende setzten junge Leute Tango, »Schieber«, die körperbetonten amerikanischen »Wackeltänze«, *one-step* und *fox-trott*, auch in den Ballsälen der Vorstädte durch – und anschließend fanden wie eh und je die Paare zusammen (wobei die Frauen oft nur unter Druck einwilligten).

Nicht zuletzt wegen der Sexualmoral suchten Obrigkeiten und Sittlichkeitsorganisationen die angebliche »Tanzwut« einzudämmen. 1860 wurde im preußischen Regierungsbezirk Düsseldorf die »Abhaltung öffentlicher Tanzlustbarkeiten« geregelt. Landgemeinden und Städten unter 10 000 Einwohnern standen sieben Tanztage pro Jahr zu, größeren Städten neun; hinzu kamen einige wenige althergebrachte Gelegenheiten wie Schützenfeste und Jahrmärkte. Aber in jedem Einzelfall mußten die Wirte einen Antrag stellen; die Polizei genehmigte auch an den vorgesehenen Tagen Veranstaltungen nur, wenn sie Gewähr gegeben sah, daß es nicht zu Unordnung und Exzessen kommen würde.[39]

Das Tanzen, mit 10 bis 20 Pfennig Eintritt recht preiswert, war so nicht einzudämmen, ebensowenig mit einer in der Ruhrgebietsstadt Meiderich vom Bürgermeister ins Leben gerufenen »Commission zur Vermeidung öffentlicher Lustbarkeiten«.[40] Gleiches galt für die Kirchweihfeste; sie dienten in der zweiten Hälfte des 19. Jahrhunderts geradezu als Testmarkt für neue kommerzielle Unterhaltungsangebote. Auch für die Menschen in den sich industrialisierenden Regionen blieben sie Höhepunkte im Jahresrhythmus, allerdings unter drastisch verweltlichten Erwartungen.

Die Zahl der Feste sank, doch ihre Anziehungskraft stieg. 1860 wurden in den verschiedenen Stadtteilen von Düsseldorf noch 28 katholische Festtage mit einer Kirchweih gefeiert. In den 1880er Jahren lockten 16 Kirmessen – zeitlich gestaffelt zwischen Pfingsten und Oktober und mit der Straßenbahn gut erreichbar – die Düsseldorfer zum Besuch. Aus dem folgenden Jahrzehnt wird berichtet, daß während der großen Kirmes die meisten Betriebe montags und sogar dienstags geschlossen blieben. 1895 fanden zu diesem Anlaß im Bezirk mehr als 130 genehmigte Tanzveranstaltungen statt. Noch 1905/06 mußten 22 Fabriken der Stahl- und Eisenbranche während der Kirmes für einen oder mehrere Tage schließen, da nicht genügend Arbeiter erschienen.[41] Erst 1911 hatten die anhaltenden Proteste der Industrie- und Handelskammer einen gewissen Erfolg; mehrere Vorortkirmessen wurden auf einen

Drei-Tage-Termin zusammengelegt – zusätzlich zur viertägigen Hauptkirmes.

Als Arbeitern noch kein Urlaub zustand, boten Kirchweihfeste fast die einzige Gelegenheit, mit Verwandten aus anderen Orten zusammenzukommen. Man konnte gemeinsam an den Buden vorbeiflanieren, etwas Süßes schleckend der mechanischen Orgel lauschen, sein Glück beim Losverkäufer versuchen und seine Kraft beim »Hau den Lukas« zeigen, vielleicht mit jener reizvollen Mischung aus Staunen und Gruseln ein Abnormitätenkabinett besichtigen und noch ein Heftchen mit der Darstellung des tragischen Selbstmordes zweier Liebender erwerben. Die Reize verbanden sich mit dem Genuß verdienter Muße und dem Familientreffen zu einer großen Glückserfahrung. Auf diese Tage hin wurde gespart, um dann gastlich und großzügig sein zu können – selbst in schlechten Zeiten, wenn man dafür eine Zeitlang Hungerkost hinnehmen mußte.

Völlig anders als im gar nicht so seltenen Fall des Arbeiters, der sich und die Angehörigen durch unkontrolliertes Trinken zugrunde richtet, handelte es sich hier um eine bewußt gewählte und anscheinend von der ganzen Familie getragene Strategie. Arbeiter nahmen noch nach der Jahrhundertwende ihren blauen Montag, erschienen an den Kirmestagen nicht in der Fabrik oder wechselten die Stelle, um frei zu haben für das Vergnügen; auch hier sollte man nicht vorschnell von mangelnder Anpassung an das neue, industriell-kapitalistische Regime von Arbeit und Freizeit sprechen. Sicher war es ökonomisch nicht vernünftig, für zwei, drei Tage des Wohlfühlens zu hungern oder auf dringend benötigten Lohn zu verzichten. Aber ging es hier nicht um eine gewisse Balance im Dasein, um das Behaupten der Differenz, die den Menschen vom Arbeitstier unterschied? »Essen, Trinken, Fröhlichsein« – das war die althergebrachte Definition der lebenswerten Momente. Das Fröhlichsein veränderte sich mit den erreichbaren Angeboten, doch am Anspruch wurde festgehalten. Was den Jungen, Unverheirateten öfter möglich war, das mußten die Arbeiterfamilien auf einige Tage im Jahr konzentrieren.

Experimentierfelder der Vergnügungskultur boten die Großstädte. Hier waren die Palette der Angebote am farbigsten und die wechselseitigen Einflüsse am lebhaftesten. Paris zählte am Anfang der 1870er Jahre mehr als 180 *Cafés concerts* und 240 *Bals publics*.[42] Die städtischen Unterschichten besuchten die Etablissements der Vorstädte, vor deren Besuch die Reiseführer Touristen warnten. Lokale im Zentrum zogen ein höchst gemischtes Publikum an, Dandies, Studenten und abenteuerlustige Söhne der Bourgeoisie ebenso wie junge Angestellte, die ein wichtiges Ferment großstädtischen Nachtlebens wurden. »Anständige Damen« waren hier nicht zu finden, dafür Dienstboten und Kindermädchen, Näherinnen, Wäscherinnen, Verkäuferinnen, die sich auf der Suche nach Glück und ein wenig Glanz im Leben von zahlungskräftigen Freunden aushalten ließen – und dann natürlich die gewerbsmäßigen Prostituierten. Hier goutierte man die Herausforderung bürgerlicher Moral, zuweilen auch Gesellschaftskritik. Dieser Impuls fand später seinen Platz im anarchisch-avantgardistischen Cabaret von Bruand und der Mistinguett, während der kommerzielle Hauptstrom sich im Lauf der Jahrzehnte zunehmend aufs Groteske, Schlüpfrige und Nationalistische verengte.

Auch in bedeutenderen Städten der Provinz gab es schon ein Publikum, das populäre Lustbarkeiten großen Stils tragen konnte. Im nordfranzösischen Lille drängten sich in den 1880ern an manchen Feiertagen bis zu 12 000 Arbeiterinnen und Arbeiter in den Tanzpalast »Alcazar«.[43] Bescheidenere Etablissements breiteten sich auch in ländlichen Gegenden aus; in der Diözese Orléans wurden 1866 in 93 Kirchgemeinden 104 *salles de danse* gezählt.[44] Damit die neuen Paartänze und später die amerikanischen Modetänze sich ausbreiten konnten, mußten allerdings Tanzböden im ganz wörtlichen Sinn geschaffen werden: Gras und gestampfte Erde waren zu holprig für Schwung und Intimität von Polka und Schieber.

Die Konzentration auf die Linien hin zur Massenkultur des 20. Jahrhunderts vermittelt, das sei noch einmal unterstrichen, ein durchaus verzerrtes Bild vom Leben der einfachen Leute. Wo häusliche Pflichten und das Ausruhen der erschöpften Körper noch Freizeit ließen, dominierten weiterhin unspektakuläre Tätigkeiten. Druck und Rhythmus des Arbeitens wurden beantwortet

1 Eine der führenden Music Halls, das Londoner Palace Theater, um 1900

mit gelassener, die Uhr vergessender Eigenzeit. Man erging sich im Gespräch, lauschte Erzähltem oder Vorgelesenem, hing beim Blick aus dem Fenster oder bei einer Pfeife den eigenen Gedanken nach, machte einen Spaziergang um den Block, möglichst ins Grüne. Auch manche Eigenarbeit wie Stricken oder Garten- und Kleintierpflege konnte unter günstigen Bedingungen den Charakter entspannenden Umschaltens annehmen. Belletristische Lektüre war überwiegend Sache der Frauen (die Zeit dafür knapsten sie oft vom Schlaf ab) und zunehmend der Jugendlichen und Kinder; Männer schätzten neben Zeitungen erotische Witzblätter und Abenteuergeschichten. Die Frauen unterhielten sich im Hausflur, beim Waschen und Einkaufen, die Männer auf der Straße, über den Gartenzaun hinweg und vor allem in Verein und Kneipe. Noch bildeten für die Erwachsenen und Verheirateten (insbesondere für die Ehefrauen und Mütter) ausgelassene und aufwendigere Vergnügungen kostbare Einsprengsel im eher grauen Alltag, Höhepunkte des Arbeitsjahrs. Sie überschritten die Wasserscheide zur modernen Massenkultur erst, als Unterhaltung und Amüsement zum problemlos erreichbaren Angebot einer Kulturindustrie wurden.

Lernprozesse

Insgesamt fand bis zum Ende des 19. Jahrhunderts ein großer Lernprozeß statt. Viele Millionen Menschen versuchten, Arbeit und Freizeit neu zu gewichten und im Alltag auszubalancieren. Für die Zeitgenossen war es durchaus nicht selbstverständlich, daß Trunkenheit und Schlägereien zurückgingen. Doch es gelang mehrheitlich, Bedürfnisse nach Ausgelassenheit, Sich-Verausgaben und Rausch mit den Zwängen der Fabrik und der Wiederherstellung der Arbeitskraft zu vereinbaren. Die Familie gewann eine ständig wachsende Bedeutung in der Freizeit. Man gewöhnte sich daran, informierende und unterhaltende Druckerzeugnisse zu nutzen. Man wurde vertraut mit der Palette städtischer Angebote vom

Rummel bis zur Volksbibliothek, vom Park bis zur Eisenbahn ins Erholungsgebiet. Man lernte, die geweckten und sich ausdifferenzierenden Bedürfnisse im Zeit- und Geldbudget unterzubringen. Das bedeutete: sparen, planen, Wünsche als Kostenfaktoren behandeln, Erfahrungen von Verzicht und Ungerechtigkeit verarbeiten. Und doch unterwarf man die Lebensführung nicht völlig dem Prinzip berechnender Rationalität. Die Familienfinanzen durften nicht aus dem Gleichgewicht geraten, man mußte Kräfte sammeln für die Berufspflichten und auf das Ansehen achten – aber es ging letztlich um ein Erleben, das anderer Logik gehorchte, um eine Ahnung vom Glück, einen Hauch von Schönheit, die Spur des Möglichen.

Ein Minimum an »kleinem Luxus« gehörte traditionell zur Lebensweise städtischer und plebejischer Unterschichten. (Zichorien-)Kaffee, ein Stück Zuckerwerk oder ein buntes Tuch zur Kleidung markierten Selbstbehauptung in einer niederdrückenden Umwelt. Sie verankerten den unabdingbaren Anspruch auf Schönheit und Genuß in alltäglicher sinnlicher Erfahrung. So wurden auch kommerzielle Angebote für Vergnügung und Unterhaltung zu elementaren Lebensmitteln. Menschen, so scheint es, geben ihre Würde und damit sich selbst auf, wenn sie nicht jenseits des reinen Funktionierens einen Anspruch auf Glück und das ganz Andere aufrechthalten.

Gelernt wurden nicht nur individuelle Rezepte, allzu knapper Freizeit möglichst viel abzugewinnen. Ebenso wichtig und historisch durchaus erfolgreich war das kollektive Drängen auf kürzere Arbeitszeit. Schon von 1850 bis 1870 war bei 10 bis 15 % der Streiks in Deutschland eine Herabsetzung gefordert worden,[45] und 1889 beschloß der Gründungskongreß der II. Sozialistischen Internationale, fortan am 1. Mai für den 8-Stunden-Tag zu demonstrieren. Sozialdemokratische »Arbeiterchronometer« klagten das Recht auf individuell genutzte Freizeit ein mit der aufgeprägten Losung: »Wir wollen 8 Stunden zur Arbeit – 8 Stunden um uns auszubilden – 8 Stunden um uns auszuruhen.« Die geradezu begeisterte Unterstützung des Anliegens zeigte, daß Arbeiterinnen und Arbeiter mittlerweile entschiedene Vorstellungen vom Gleichgewicht zwischen Beruf, Freizeit und Vergnügen hatten. Es waren allerdings mehrheitlich nicht die Vorstellungen der sozialdemokratischen Parteien und der Gewerkschaftsaktivisten. Die verstanden sich als Kulturbewegung und wollten gewonnene Zeit vor allem für Bildung und Wissensaneignung nutzen.

Wenn die Massen nicht den hohen Zielen der Arbeiteraristokratie folgten, dann gingen sie also den Lockungen der Freizeit- und Vergnügungsunternehmer auf den Leim? Zweifellos kamen die Angebote der Tanzveranstalter und Schaubudenbesitzer, Kolportageverleger und *Music-Hall*-Betreiber den Erwartungen der einfachen Leute am nächsten, und sicher hatten sie großen Einfluß darauf, wie aus allgemeinen Wünschen konkrete Bedürfnisse wurden. Aber die entstehende Kulturindustrie war nur ein Anbieter neben anderen, Teil eines Feldes von Möglichkeiten, in dem Arbeiterinnen und Arbeiter ihre Entscheidungen trafen – und zwar überwiegend in einem realitätstüchtigen Kompromiß zwischen bescheidenen Träumen einerseits, den Zwängen des Lohnarbeiterdaseins andererseits.

Einige Historiker charakterisieren den Lernprozeß als Verbürgerlichung. Das Urteil geht aus vom Selbstbild des mittleren und unteren Bürgertums. Hier regierten Vernunft und Selbstbeherrschung, Hochschätzung von Ansehen und Familie, Streben nach Vervollkommnung durch Wissen und Bildung sowie rationales Erwerbsverhalten und innerweltliche Askese – zumindest sollte es so sein. Zweifellos eiferten kleine Gruppen der Arbeiterschaft bewußt diesem Vorbild nach; und gerade im Umgang der Lohnabhängigen mit Freizeit und Vergnügen ist unübersehbar, daß Selbstkontrolle, Achtbarkeit und Familienorientierung vorherrschend wurden.

Aber das war weder Ergebnis aufstiegsorientierter Nachahmung noch Resultat bürgerlicher Zivilisierungsanstrengungen. In schmerzhafter Selbsterziehung lernte man, die Anforderungen des Arbeitsmarkts und der eigenverantwortlichen Reproduktion mit Traditionen des Lebensgenusses und mit wachsenden Freizeitwünschen zu vereinen. Das ergab kein harmonisches Miteinander, sondern eine spannungsreiche Kombination unterschiedlicher Logiken; zu ihr gehörte quasi als Überdruckventil, ab und an »über die Stränge zu schlagen«.

Nicht Verbürgerlichung also, sondern Lernen, wie das Leben in der Lohnabhängigkeit am besten zu führen war. Rationeller Umgang mit Zeit und Arbeitskraft, Polarisierung zwischen dem öffentlichen Raum der (männlichen) Berufswelt und der intimen Sphäre der Familie (wo die Hausfrau für die emotionale Wiederaufladung sorgte), Selbstorganisation von Freizeitinteressen im Verein, Investition in Schul- und Fachwissen als Aufstiegsinstrument und sogar die Nutzung von Kunst und Wissenschaft zur kollektiven Selbstverständigung – derartige Muster erwiesen sich auch für Arbeiter als praktikabel und vorteilhaft, da das Bürgertum sie schon für industriell-kapitalische Arbeits- und Zeitverhältnisse entwickelt hatte. Nun bedienten sich auch Arbeiter und Arbeiterinnen, durchaus wählerisch und eigensinnig, aus diesem Musterbuch.

Es waren beileibe nicht nur Bürger, die sich mit Eifer der moralischen und kulturellen Hebung populärer Freizeit zuwandten. In England taten sich methodistische Gruppierungen hervor, zu deren Aktivisten auch Arbeiter und Handwerker zählten. Daneben gab es breite Reformaktivitäten aus dem Umfeld der radikalen und sozialistischen Bewegung. Gemeinsam war ihnen die Ernsthaftigkeit, mit der sie unter den arbeitenden Klassen für gottgefällige bzw. vernünftige Freizeit warben; gemeinsam waren die Hauptgegner: der Alkohol und kommerzielle Vergnügungen.

Äußerst konsequent vertrat die sozialistische Bewegung das Programm der Selbsterziehung. Persönlich verfügbare Zeit sollte nützlich verwendet werden: zum Wissenserwerb, für politisches Engagement, zur Begegnung mit großer Kultur. Die geistigen Güter, die die kapitalistische Gesellschaft den Arbeitern verweigerte, sollten sie in der Freizeit zumindest soweit aneignen, wie es der Emanzipationskampf des Proletariats verlangte. Bildungsprogramme und Volksbühnen standen für das Selbstverständnis der Arbeiterbewegung als Kulturbewegung.

Aus dieser Perspektive konnte die Vermehrung von Freizeitvereinen nur Kritik hervorrufen. Aber der Druck der Basis war stärker. Viele Arbeiter wollten unter Gleichgesinnten auf gesellige Weise Interessen pflegen; bürgerliche Vereine verweigerten ihnen oft die Aufnahme. Schon 1877 hatte sich in Gotha der Allgemeine Arbeiter-Sängerbund konstituiert, der im Jahr darauf unter dem Sozialistengesetz verboten wurde. 1893 wurde der Arbeiter-Turnerbund Deutschlands gegründet, 1895 in Wien der Wander- und Bergsteigerverein »Die Naturfreunde«, 1896 der Arbeiterradfahrerbund »Solidarität«. Ähnliche, wenn auch kleinere, Zusammenschlüsse in Nord- und Westeuropa folgten.

Zwar erfaßten die Sport- und Kulturorganisationen selbst in Deutschland nur eine Minderheit der Arbeiter, bis 1914 zwischen 600 000 und 700 000. Aber sie verkörperten das Anliegen, soziale Verbesserungen und im Arbeitsprozeß erworbene Fähigkeiten zu nutzen für eine bewußte, solidarische und anspruchsvolle Freizeit. Von bürgerlichen und religiösen Appellen zu individueller Hebung (*self-improvement* hieß es in England) unterschied sie das kollektive Streben nach einer gerechten Gesellschaft. Auf ihre Weise trugen sie bei zur Selbsterziehung des Publikums der entstehenden modernen Massenkultur.

Doch auch ohne sozialistischen Einfluß suchten Arbeiter und Arbeiterinnen einen eigenen Weg zwischen dem bürgerlichen Drängen auf »vernünftige Erholung« und den Gefahren selbstzerstörerischer Flucht in Rausch und Vergessen. Zum Beispiel wurden Versuche der Behörden, Tanzveranstaltungen zu verhindern, an Rhein und Ruhr mit Selbsthilfe beantwortet. Seit den 1860er Jahren, verstärkt nach 1900, entstanden Freizeit- und Geselligkeitsvereine. Ihr vorrangiges Nebenanliegen (nicht selten auch der kaum verhüllte Hauptzweck) war es, Feiern mit Tanz durchzuführen; Vereine brauchten nämlich keine polizeiliche Erlaubnis. Die Zahl derartiger Tanzlustbarkeiten war gegen Ende des Jahrhunderts um ein Mehrfaches höher als die der behördlich genehmigten.[46]

Vereine und selbstorganisierte Chöre, Orchester, Mannschaften eröffneten ein attraktives Betätigungsfeld – vor allem für männliche Arbeiter, Angestellte, Handwerker und kleine Gewerbetreibende. Ob unter bürgerlicher Führung stehend (wie viele Turn- und Gesangvereine), ob von Kirchen und religiösen Kreisen ins Leben gerufen oder Betriebsvereine, sie erlaubten den Unterschichten, moderne Freizeitkompetenz zu erwerben.

In den beiden Jahrzehnten vor dem Weltkrieg blühte das Vereinsleben auf. Zu erschwinglichen Beiträgen konnte man in einem vertrauten sozialen Umfeld einer reichhaltigen Palette von Interessen nachgehen und in lockerer Runde beisammensein. Turner und kirchliche Arbeiterbünde, karitative Frauengruppen und Kriegervereine banden nicht wenige Lohnabhängige staatstreu ein; sie mußten aber zunehmend Wünschen nach Unterhaltung und Geselligkeit, Sport, Ausflügen und Tanzabenden Rechnung tragen. Den größten Aufschwung nahmen jedoch reine Freizeitvereine: Kleintierzüchter und Angler, Sparer und Theatergruppen, Sänger und Instrumentalisten, Kleingärtner und Wanderer, Sammler und Schachspieler, Sportler und Karnevalisten.

In England gab es eine breite Tradition des Singens und Musizierens. Die daraus erwachsenen großen Chorgesellschaften schlossen zwar oft Frauen ein, grenzten aber die Arbeiterschaft weitgehend aus. Doch daneben wurden in den 1870ern rund 40 000 Blaskapellen von meist recht plebejischem Charakter gezählt; mit öffentlichen Konzerten und Wettbewerben sprachen sie ein außerordentlich großes Publikum an.[47] In der Mittelstadt Bradford zählte man 1900 30 Gesangvereine, 20 Blaskapellen, ein Amateurorchester, sechs Concertina-Bands und eine Gruppe von Glockenspielern.[48] Die »eigentlichen« Vereinsaktivitäten waren in der Hand der Männer; aber bei der Gestaltung der Stiftungsfeste und Tanzvergnügen redeten die Frauen ein gewichtiges Wort mit – ohne ihre Teilnahme hätten die Veranstaltungen ja schließlich den Zweck verfehlt.

Auch wenn Vereinstreffen oft in Gastwirtschaften abgehalten wurden – der zeitgenössische Vorwurf, es handele sich nur um Anlässe zum Alkoholkonsum, ging fehl. Trinken war inzwischen weitgehend Mittel der Geselligkeit; es diente hier nicht mehr zu Betäubung, Rausch, Vergessen. Vereine übernahmen einen Teil der Aufgaben, die das Netz der Großfamilie in der Periode der Wanderungen nicht mehr leisten konnte. Sie halfen bei der Eingewöhnung ins städtische Leben und Arbeiten. Auch wenn man sich entlang sprachlicher, religiöser und sozialer Trennlinien organisierte – unter Polen und Deutschen, Iren und Engländern, Provenzalen und Parisern, Katholiken und Protestanten, Sozialdemokraten und staatstreuen Taubenzüchtern –, so bildeten sich doch gemeinsame

Muster und Erwartungen für die Freizeit hart arbeitender Menschen in der Industriegesellschaft heraus.

Bei allen Unterschieden zwischen den eher auf respektable Familien zugeschnittenen Vereinen und den wilderen Vergnügungen der Jüngeren und Ledigen – moderne Nationen wuchsen nicht zuletzt in der Freizeit zusammen. Hier glichen sich Normen und Lebensvorstellungen an, fanden die einfachen Leute aus tradierten Bindungen und herkömmlichen Lebenswelten heraus den Übergang in die Massengesellschaft. Wie im Betrieb und in der Arbeiterbewegung, so kamen auch in der Freizeit Lohnabhängige verschiedenster Herkunft und Prägung in Kontakt. Sie wurden sich der Gemeinsamkeit in Gewohnheiten, Wünschen und Geschmack bewußt, die sie von der bürgerlichen Kultur trennte; sie entwickelten Selbständigkeit, Selbstachtung und Anerkennungsstreben. Die Demokratisierungsschübe nach dem Ende des Weltkriegs haben auch hier eine Wurzel.

Vor dem Aufbruch

Unterhaltung und Vergnügen kannten im 19. Jahrhundert keine nationalen Grenzen. Tonangebend war in vieler Hinsicht England. Von dort kamen Rugby, Fußball, Rasentennis, Turf für die Oberschichten Europas ebenso wie der kommerzielle Wettbewerbssport; hier wurden Maßstäbe gesetzt für Tourismus und Vergnügungsreisen, aber auch für Varietékünste. Die britische *Music Hall* war derart vorbildlich, daß die Franzosen in den 1870ern sogar die Bezeichnung übernahmen; Eindeutschungsversuche führten zur »Singspielhalle«. Unterhaltungskünstler traten in ganz Europa auf; internationales Renommee war die beste Empfehlung. Aus den USA kamen unzählige Anregungen sowie Tourneen von Minstreltruppen, von Barnums Circus oder Buffalo Bills Wildwestshow. Wien exportierte den Walzer, Polen die Polka, Argentinien den Tango und die amerikanischen Südstaaten *cakewalk* und *turkey trot*.

Die Beispiele wären beliebig zu erweitern. Austausch bot sich an, weil Sprache in den meisten Unterhaltungskünsten nachrangig ist. Gesten, Mimik, Situationskomik, Gewandtheit, Schaueffekte, Bühnentricks, sportliche Leistungen und Sensationen waren nicht ans Wort gebunden. Gleiches galt für zündende Melodien, für die Ohrwürmer der populären Lieder, Operettenschlager und Couplets. Johann Strauß' Wiener Walzer »An der schönen blauen Donau« wurde noch im Uraufführungsjahr 1867 vom Komponisten selbst in Berlin, zur Pariser Weltausstellung und in London dirigiert; in rund 20 verschiedenen Fassungen, für Piano, Gitarre, Männerchor und Kinderball, vertrieb sein Verleger die Noten auf allen Kontinenten.[49] Der 1898 erfolgreiche Berliner Gassenhauer »Komm Karline« war nach wenigen Wochen in Warschau als »Pójdz Paulinko« und in Paris als »Viens Poupoule« zu hören.[50]

Arbeitsamkeit und Leistungsorientierung, Zeitdisziplin und Regelmäßigkeit waren keine Erfindungen des 19. Jahrhunderts; in Klöstern und städtischen Gewerben, in Manufakturen und Arbeitshäusern, in Heimarbeit und Verlagsindustrie hatte man derartige Tugenden schon lange eingeübt. Doch erst kapitalistische Lohnarbeit und Verstädterung bewirkten den Umschlag zur modernen Freizeit. Für die Mehrheit der Bevölkerung waren nun Erwerbstätigkeit und arbeitsfreie Stunden deutlich geschieden. Es entstand ein (zunächst bescheidener) Fonds an verpflichtungsfreier Zeit und an Geldmitteln, über den die Menschen nach individueller Vorliebe verfügen konnten. Schule, Fabrik und städtisches Leben ließen einen neuen Typ junger Leute heranwachsen: stets offen für Neues, vielfältig ansprechbar, auf der Suche nach ästhetischer Erfahrung, Sensation und Abwechslung. Erfüllung ihrer Wünsche fanden sie und er im schnell sich ausweitenden Angebot der Unterhaltungs- und Freizeitbranche.

Ein neuer, berechnender Umgang mit der Lebenszeit setzte sich durch. Man möblierte die Städte mit öffentlichen Zeitmessern, in die Wohnungen zogen Wecker ein, und Taschenuhren avancierten zum Statussymbol gutverdienender Facharbeiter. Vergnügungssuchende verlangten nun in begrenzter Zeit, für knappes und schwer verdientes Geld, ein Maximum an Erlebnis.

Am Ende des 19. Jahrhunderts waren schon alle Akteure versammelt, die die Massenkultur und Freizeitwelt der industriellen Moderne prägen würden. Mit Ballhausbetreibern und Leitern von *Music-Hall*-Konzernen, Musik- und Kolportageverlegern, Organisatoren von Radrennen, Schaubudenbesitzern und Impresarios, Reiseveranstaltern und Theaterdirektoren war eine Schicht von Unternehmern entstanden, die die Gewohnheiten breiter Schichten zu bedienen und ihre Bedürfnisse anzuheizen wußten. Ihnen stand mit Akrobaten und Couplettextern, Chansonetten und Fußballprofis ein übergroßes Proletariat von Unterhaltungskünstlern zur Verfügung, die mit Kreativität und höchstem Einsatz ihre Chance suchten. In Großbritannien zählte man 1911 allein über 19 000 männliche und weibliche Schauspieler – viermal so viele wie drei Jahrzehnte zuvor.[51] Im Publikum fanden sich adelige und großbürgerliche Besucher ebenso wie Handwerker und Arbeiter.

Wohlhabende konnten sich Schönheit und Amüsement täglich leisten; Arbeiterfamilien träumten meist nur von den seltenen Gelegenheiten, Arbeitslast, Enge und Sorge für ein paar Stunden hinter sich zu lassen. Aber mit Lieblingsthemen und Wertmaßstäben lagen Arm und Reich gar nicht so weit auseinander; jedenfalls standen sie in dieser Hinsicht einander sehr viel näher als den bildungsorientierten und religiösen Kreisen aller Schichten. Politische Ziele und Weltanschauungen waren unvereinbar; doch wenn es um Freizeit und Unterhaltung ging, verband den autodidaktisch zum Funktionär aufgestiegenen Drucker mehr mit den für Volksbildung engagierten Lehrern, Kirchenmännern und Juristen als mit dem angelernten Arbeiter – und der wiederum hätte sich leichter mit dem Offizier oder Kaufmann verständigen können. Schließlich hatten auch staatliche Behörden Erfahrungen mit populären Vergnügungen und Künsten gesammelt. Zweifellos neigten sie eher zu Mißtrauen und Einschränkung; doch war ihnen nicht entgangen, daß hier auch Möglichkeiten zur nationalistischen und militaristischen Einflußnahme lagen.

Vor dem Weltkrieg noch fanden Film, populäre Literatur, technisch reproduzierte Unterhaltungsmusik und Schausport einen Platz im Alltag der städtischen Unterschichten. Die moderne Massenkultur begann ihren Siegeszug.

Fußball, Groschenheft und Kino

Vorreiter England

Unterhaltung und Vergnügen außerhalb des Hauses gewannen bis 1914 in städtischen Gebieten ein gewisses Maß an Alltäglichkeit. Die bescheidenen Geldmittel von Millionen summierten sich zu spürbarem Einfluß auf dem Markt für Massenkünste. Wachsende Nachfrage verband sich mit steigenden Qualitätsansprüchen; Alphabetisierung, Kompetenzen in Berufsarbeit und Haushaltsführung, die Vergleichsmöglichkeiten urbanen Lebens wirkten sich aus. Dem entsprachen Professionalisierung, höherer Kapitalbedarf und damit ökonomische Konzentration der Freizeitunternehmen. Verleger der Massenpresse und Betreiber großer Varietés legten – nicht zuletzt in den Augen der Behörden – das Image des Marktschreierischen und Zweifelhaften ab. Die Unterhaltungsindustrie bemühte sich um Anerkennung als unbedenklich, gar respektabel. Kommerzielle Vergnügung für die Unterschichten wurde zunehmend als Teil gesellschaftlicher Normalität anerkannt.

Vorreiter, oft auch Vorbild auf diesem Weg war das Land, das am weitesten fortgeschritten war zur industriellen Gesellschaft: Großbritannien. Seit der Mitte des 19. Jahrhunderts lebte dort mehr als die Hälfte der Bevölkerung in urbanisierten Gebieten; 1911 waren vier von fünf Engländern Städter. 1847 hatte das Parlament das erste Zehnstundengesetz verabschiedet; es lief auf eine tägliche Arbeitszeit von 12 Stunden mit anderthalb Stunden Pause hinaus. Wichtigstes Ergebnis der Auseinandersetzungen um lokale Feiertage und um den blauen Montag war die Festlegung dessen, was auf dem Kontinent respektvoll die »englische Woche« genannt wurde: der arbeitsfreie Samstagnachmittag. Der Sonntag stand unter strenger religiöser Kontrolle; außer den Kirchen durften nur, am Nachmittag, die Pubs öffnen. Doch am Samstag konnten Keime regelmäßigen Freizeitlebens Wurzeln schlagen.

Not und Elend blieben Massenerscheinungen; bürgerliche Beobachter schätzten noch zum Ende des Jahrhunderts, daß weit über ein Viertel der Engländer in Armut lebte.[52] Gut organisierte qualifizierte Arbeiter konnten jedoch seit der Mitte des Jahrhunderts höhere Einkommen erkämpfen. Die Reallöhne stiegen von 1860 bis 1875 um etwa 40 %, und 1900 lagen sie noch einmal um ein Drittel darüber.[53] Da im gleichen Zeitraum die Kinderzahlen zu sinken begannen, besserte sich die Lebenslage vieler Familien seit den 1880ern zusehends. Das Warenangebot wurde breiter; neue Güter und außereuropäische Nahrungsmittel zogen, auch durch Werbung bekanntgemacht, in die Haushalte ein.

Seit den 1820ern hatte man das Eisenbahnnetz ausgebaut. Die arbeitende Bevölkerung nutzte das neue Transportmittel in erster Linie für Vergnügungszwecke. Man unternahm Tagesreisen zu Jahrmärkten, zum Derby in Epsom oder zu einem Boxkampf. Dabei strömten schon Massen zusammen: 20 000 zu einem Cricketspiel in Nottingham im Jahr 1835, gar 100 000 zu den Ruderrennen in Tyneside in den 1840ern.[54] Zigtausende konnten für einen oder zwei Tage aus dem Umland anreisen. Das erlaubte das Überleben und die Modernisierung vieler Veranstaltungen, und es vergrößerte die Freizeitmöglichkeiten der einfachen Leute deutlich. Als 1903 der General der Heilsarmee, Charles Booth, das Leben der Armen in London beschrieb, da stellte er fest, daß sich der Horizont der Erwartungen erweitert habe. Zu den Fragen »Was sollen wir essen, was trinken, und womit sollen wir uns kleiden« sei eine neue hinzugekommen: »Wie können wir uns vergnügen?«[55]

Inbegriff populärer Freizeitansprüche wurde der 1871 gesetzlich festgelegte »Bankfeiertag« (*bank holiday*). Während die Mehrheit der Arbeiter sich – vertraglich oder durch Nichterscheinen – den halben Samstag und einige weitere freie Tage gesichert hatte, waren die einfachen Angestellten in Banken und Handel zu Freizeitparias geworden. Zur Mitte des 18. Jahrhunderts blieb die Bank von England an 47 Feiertagen geschlossen.[56] 100 Jahre später standen den Beschäftigten nur noch Karfreitag und ein Weihnachtsfeiertag zu. Für sie wurde der *bank holiday* als zusätzlicher Urlaub im Hochsommer geschaffen. Er geriet schnell zum nationalen Feiertag, an dem die Engländer aller Klassen sich ins Grüne aufmachten, wenn irgend möglich: an die See. 20 Jahre nach der Einführung fuhren 500000 Londoner aufs Land und an die Küste; 360000 strömten zu den Sehenswürdigkeiten und in die Parks der Hauptstadt.[57]

Der (Kurz-)Urlaub an der See war exemplarisch für ein verbreitetes Muster: Einfache Leute griffen Vergnügungen der Oberschichten auf und verwandelten das Vorbild in etwas völlig Neuartiges. Bade- und Kurorte für den Adel und für reiche Bürger waren wohl die ersten Freizeitzentren Europas. Schon seit dem 16. Jahrhundert schrieb man, römische Traditionen wieder aufnehmend, Quellen heilende Wirkung zu. Bald entwickelten sie sich zu gesellschaftlichen Treffpunkten, an denen exquisites Vergnügen vielleicht noch wichtiger war als Gesundung.

Im 18. Jahrhundert dann, mit dem Kult der Natur und des Natürlichen, entstanden auch an der Meeresküste Kurorte. Englische Ärzte empfahlen das Baden in der See gegen die verschiedensten Übel, von Lepra bis Gonorrhoe. 1750 löste Dr. Richard Russels »Dissertation on the Use of Seawater in the Diseases of the Glands« einen Run der begüterten Schichten zu den Küstenorten aus. Man badete ausgiebig und trank täglich mindestens einen halben Liter Meerwasser.[58] Kurorte wie Vichy, Marienbad, Baden-Baden, Lucca stiegen auf zu Treffpunkten der adeligen Gesellschaft Europas, zunehmend frequentiert auch von zu Reichtum gekommenen Bürgern. Um die Kuranlagen herum entstand ein ganzes Netz von Freizeit- und Vergnügungseinrichtungen: Theater, Ballsäle, Restaurants, Parks, Leihbibliotheken, Pferderennen, Clubs, Spieletablissements usw.

Eine belgische Quelle lieferte der englischen Sprache die Bezeichnung für Kurorte: Spa. Im frühen 19. Jahrhundert wurden Städte wie Bath, Brighton und Scarborough zu prunkvollen Sommer- und Freizeitresidenzen ausgebaut, voll von Möglichkeiten zur Zerstreuung und Abwechslung. Hier herrschte Exklusivität. Doch in küstennahen Regionen war es auch für die niederen Stände durchaus nicht ungewöhnlich, einmal im Jahr an die See zu reisen. Und Bürger und Mittelschichten bemühten sich eifrig, durch Übernahme vornehmer Badegewohnheiten Status und Stil zu demonstrieren – ein Dauerthema für Satiriker und für die Aristokraten, die immer neu räumlichen und sozialen Abstand zu schaffen suchten.

Die Möglichkeit, die Küste mit der Eisenbahn zu erreichen, erschwerte das Exklusivitätsstreben außerordentlich. Schon in den 1840ern sah man Gruppen von Arbeiterinnen und Arbeitern aus den Industriegebieten von Lancashire in ihrer besten Kleidung, begleitet von einem Orchester, an die Küste reisen – nicht selten vom Unternehmer organisiert und subventioniert.[59] Zwischen 1870 und 1914 wurde dann der Tagesaufenthalt oder Urlaub an der See zu einer nationalen Institution wie Porridge oder die Tasse Tee. Es gab Badeorte für den Adel, für die verschiedenen bürgerlichen Schichten und in zunehmendem Maße auch für das Proletariat. Plätze wie Blackpool wurden zu populären Freizeitzentren; 1883 zählte man 1 Million Besucher, 1914 4, 1939 7 und 1990 15 Millionen. In konzentrierter Form waren hier die jeweils neuesten Attraktionen versammelt – Laboratorien kommerziellen Vergnügens, an denen sich keimhaft schon alle Entwicklungen der Massenkultur des 20. Jahrhunderts ablesen lassen.

Es gab bildende und naturkundliche Einrichtungen. Aquarien präsentierten die Wunder des Lebens im Meer, und ein Boom biologischer Schriften sorgte dafür, daß Bürger begeistert Muscheln und Wasserpflanzen sammelten. Riesenräder und imposante Stahltürme symbolisierten Stolz auf Technik und Fortschritt; gleiches galt für die Eisenkonstruktionen der Piers, die zu einer Hauptattraktion avancierten. Aus Bootsanlegestellen wurden Promenaden über den Wogen, abends prachtvoll beleuchtet und zunehmend gesäumt von Verkaufsständen, Automaten, kleinen Bühnen und Fahrgeschäften. Mehr als 600 000 Besucher zahlten 1875 Eintritt für einen Bummel über die Westpier von Brighton.

Am Zielort von Bahnlinien entstanden ganze Freizeitstädte, Retortenprodukte wie später Las Vegas. Vergnügungszentren vereinten unter ihrem Dach Bühnen mit Varietéprogramm, Tierschauen, prunkvolle Tanzsäle, Eisbahnen und Attraktionen wie etwa ein unterirdisches Miniatur-Venedig mit Gondelverkehr. Viele Neuerungen kamen aus den USA, wo das Freizeitgeschäft schon in großem Maßstab von Unternehmern wie P. T. Barnum betrieben wurde: Achterbahnen zum Beispiel oder die Idee des »Vergnügungsstrandes« (*pleasure beach*). Es entstanden künstliche Welten aus dem Geist des Fortschrittsglaubens und der Technikfaszination. Elektrische Beleuchtung machte die Nacht zum Tage; farbige Illuminationen verzauberten Besucher, die zu Hause nur selten über Stromanschluß verfügten.

Promenade und Pier dienten als soziale Bühne, und wachsende Kreise beteiligten sich beim Bummel am Spiel des »sehen und gesehen werden«. Seit den 1860ern warben Textilhersteller für Segeljacken und Promenadenanzüge, die Kaufkraft und Modebewußtsein ihrer Träger sichtbar machten. 1888 brachte George Eastman unter dem Markennamen »Kodak« den ersten Fotoapparat mit Rollfilm heraus; er versprach: »Sie drücken ab, und wir machen den Rest.« Der Bürger konnte nun ohne technischen Aufwand selber die Familie beim Ausflug knipsen und im Bild herumzeigen, wo er gewesen war.

Der Prestige-Wettbewerb mittels Freizeit-Ausstattung blieb zunächst noch Privileg der Oberschichten. Die einfachen Leute genossen es, für kurze Zeit den dumpfen Quartieren, den schmutzigen Industriestädten und der Fabrikdisziplin zu entkommen, Wasser und Strand, Sonne und Seeluft zu spüren. Dahinter stand keine Ablehnung von Konsum und Kommerz – nur die Leere im Geldbeutel. Dabei gehörte es zu einem Ausflug an die See, etwa am *bank holiday*, an diesem Tag nicht wie sonst auf den Pfennig zu achten. Ein Eis und Sandspielzeug für die Kinder, ein Penny für Minstrelsänger oder Akrobaten, die am Strand ihre Künste darboten, und ein Souvenir von der See, das bis zum nächsten Jahr die Erinnerung an einen wunderschönen Tag lebendig hielt – das machte den gelungenen Ausflug erst komplett.

Gerade mit ihrem Ausnahmecharakter konnten die Vergnügungszentren neuen Gewohnheiten und Freizeitgütern den Weg bahnen. Hier probierten Arbeiterinnen und Arbeiter einmal aus, was im Alltag noch unvorstellbar schien: eine Fahrt auf dem gemieteten Fahrrad oder eine Segelpartie etwa. Solche Erfahrungen weckten Ansprüche auf Vergnügungen der oberen Schichten. Dabei ging es nicht um Nachahmung, auch nicht vorrangig um den

Schein sozialen Aufstiegs; man suchte vielmehr Zugang zu exklusiven Tätigkeiten, weil man hereingeschmeckt und sie für reizvoll befunden hatte.

Etwas anders verhielt es sich mit der »Versportlichung« der Briten in der zweiten Hälfte des 19. Jahrhunderts. Sie war weitgehend von oben beabsichtigt, sollte die angeblich von Roheit und Trunk bestimmte Arbeiterfreizeit zivilisieren und die Volksgesundheit heben. Begeisterung für körperliche Leistungen und Wettkämpfe gehörte zur populären Tradition. Nun schien insbesondere der Fußball nach neuen, an den Eliteschulen (*public schools*) von Rugby, Harrow und Eton entwickelten Regeln geeignet, rohes, kraftbetontes Massengetümmel zu veredeln. Mit seiner Hilfe war bürgerlicher Sportsgeist einzuüben: Selbstdisziplin und Durchsetzungsvermögen, Mannschaftsgeist und Härte gegen sich selbst. Mit dieser Absicht gründeten Pfarrer, fußballbegeisterte *public-school*-Absolventen und Unternehmer seit den 1870ern Vereine für Arbeiter und Jugendliche; an den Schulen wurde der Sportunterricht für die Jungen ausgebaut. Der Erfolg war überwältigend. Oft bedurfte es des Anstoßes von oben nicht – bald war Fußball *der* nationale und zugleich proletarische Sport.

Bis in die Sprache hinein ist unverkennbar, daß zivilisierter Sport – *fair play* – in Großbritannien als Modell für soziales Verhalten dient. Darin kann man ein Ergebnis der Erziehungsstrategie sehen. Allerdings änderte der Fußball dabei seinen Charakter. Den Dribbelkünsten, die an Eliteschulen und Universitäten kultiviert wurden, setzten die Industriearbeiter Körpereinsatz und Ausdauer, Arbeitsteilung und effektives Paßspiel entgegen. 1883 errang erstmals eine Mannschaft den Cup, die nicht aus *public-school*-Absolventen bestand. »Blackburn Olympics« besiegte die »Old Etonians« mit 1:0 und wurde bei der Heimkehr von einer Arbeitermenge samt Blaskapellen empfangen. Bis zum Krieg gewannen dann überwiegend Vereine aus dem nordenglischen Industriegebiet den Pokal. Die Bürger hingegen zogen sich aus dem organisierten Fußball wieder zurück in die Reservate der *public schools* und der Hochschulen.

Einen wesentlichen Grund hierfür bildete die Kommerzialisierung des Sports; sie war von der Entwicklung zur Massenattraktion nicht zu trennen. Das Muster läßt sich in ganz Europa während der folgenden Jahrzehnte beobachten, wo immer eine Sportart zum Publikumsmagneten taugte. Beim ersten Cupfinale 1872 wurden 2000 Zuschauer gezählt, 1888 27000, 1895 schon 45000 und 1913 im Stadion von Crystal Palace 120000. Wesentlichen Anteil daran hatte die populäre Presse; sie nutzte das Interesse am Spiel und steigerte im Wettbewerb um die aktuellsten und aufregendsten Meldungen die Auflagen. So wurden Fußball und Fußballer zu erstrangigen nationalen Themen.

Die Vermarktung der Rasenartisten stand dem Aufschwung des Jedermannsports nicht im Wege. Den Jungen genügten die Straße und ein aus Lumpen hergestellter Ball, um den Vorbildern nachzueifern und die Kräfte zu messen. Den Erwachsenen machten es zunehmende Freizeit (insbesondere am Samstagnachmittag), bessere Ernährung und die Förderung des Sports möglich, mit Nachbarn und Kollegen ihrer Leidenschaft nachzugehen. In den 12000 Vereinen der »Football Association« waren 1914 schätzungsweise 750000 Spieler organisiert, hinzu kamen unzählige Betriebs-, Schul- und Pfarrmannschaften.[60] Auch die Freizeitkicker wurden mit wachsenden Familienbudgets anspruchsvoller – und die einschlägigen Hersteller dienten ihnen schon zur Jahrhundertwende ein breites Sortiment an: Fußballschuhe und Trikots, Lederbälle und Sportlernahrung.

Das Zuschauerinteresse machte den Sport geschäftlich interessant. Als der Verein »Aston Villa« 1874 zum ersten Mal Eintritt nahm, kamen 5 Shilling und 2 Pence zusammen; zur dritten Pokalrunde 1913 strömten 660000 Zuschauer und zahlten insgesamt 23000 Pfund![61] Mit den Einnahmen konnten erfolgreiche Vereine ihre Anlagen finanzieren, vor allem jedoch bessere Spieler an sich binden: Der Professionalismus begann. Zunächst gab es nur ein Zubrot für die Kicker, die einem normalen Beruf nachgingen; doch 1909 wurden schon etwa 6000 Halb- und Vollprofis gezählt. Die Gehälter waren keineswegs fürstlich; aber ein doppeltes Facharbeitereinkommen konnte schon locken, die Härte der körperlichen Arbeit mit dem Berufsspielerdasein zu vertauschen.

Aristokratie und Großbürgertum konnten sportliche Exklusivität auf ihren Yachten, beim Autorennen, Fliegen und bei der

Jagd bewahren. Das Bürgertum zog sich vom Fußball zurück auf Reiten, Rudern, Segeln, Bergsteigen. Besondere Bedeutung erlangte Tennis. Man konnte das Spiel nicht nur ungestört auf den Plätzen der gepflegten Vorstädte betreiben. Es eignete sich hervorragend zum Knüpfen der sozialen Netze, von denen Einfluß und Geschäftserfolg abhingen. Tennis wurde der erste Sport, in dem Frauen eine gewisse Gleichstellung erlangten. Es gab kaum eine bessere Möglichkeit der Bekanntschafts- und Heiratspolitik als die Verabredung zum Match – so räumte man(n) ihnen dieses Feld ein. Bei der zweiten Olympiade in Paris im Jahr 1900 durften sich erstmals Frauen beteiligen – im Tennis und Golf. 1908 kam das Bogenschießen hinzu, 1912 das Schwimmen.

Mit der Übernahme durch breite Schichten hatte der Fußball völlig den Charakter gewechselt. »Demokratisierung« ist selten die richtige Kennzeichnung für Entwicklungen der Populärkultur. Verbreiterter Zugang wurde häufig beantwortet mit einer Differenzierung nach Aufwand und Prestige, um den sozialen Abstand wiederherzustellen; das galt für die Trennung zwischen Groschenzeitung und nationaler Meinungspresse wie für den Unterschied zwischen Stadttheaterabo und Festspielbesuch. Aber im Fall des Fußballs war es anders. Anhänger des Gentleman- und Amateur-Ideals verachteten den kommerzialisierten Schausport als plebejisch; öffentlich angeprangert wurden das angeblich rohe Publikum sowie Prügeleien und Ausschreitungen am Rand der Spiele. Die führenden Vereine handelten als Geschäftsunternehmen und rekrutierten ihre Mannschaften aus dem Arbeitermilieu. Eine Millionenschar von Freizeitspielern jeden Alters nahm sich herausragende Artisten, »Stars«, zum Vorbild; sie konnten die Leistungen der Spitzenkräfte aus eigener Praxis beurteilen. Dieser proletarisierte Sport wurde nun um die Jahrhundertwende von Freunden wie Gegnern anerkannt als Nationalspiel der Briten. Der Aufstieg fiel zusammen mit wachsendem sozialem Selbstbewußtsein und energischer Interessenvertretung der Arbeiterschaft; die Durchsetzung des verschrienen und abgewerteten Fußballs gehörte zum Ringen um Anerkennung und Gleichstellung.

Allerdings blieben in der Welt des populären Sports Männer weitgehend unter sich. Das war anders im Feld jener Kunst, die wohl als erste ein wirkliches Massenpublikum eroberte: die unterhaltende Belletristik. Auch hier war Großbritannien der Entwicklung auf dem Kontinent weit voraus. Romane zu lesen, galt schon seit dem 18. Jahrhundert als zweifelhaftes Vorrecht der Frauen, von der Gräfin bis zum Dienstmädchen. Englische Verleger kamen auf die Idee, die Werke in leichter erschwingliche Teilbände zu zerlegen. Fortschritte der Drucktechnik erlaubten dann, ganze Reihen beliebter Lesestoffe in Heften für einen, einen halben oder gar einen Viertelpenny auf den Markt zu bringen. Seit den 1830ern florierten die *penny dreadfuls*, die sich mit Schauer- und Schicksalsromanen an ein einfaches Publikum wandten. Ein Schlager der 1840er war T. P. Prests »A String of Pearls«. Sweeney Todd, der Friseur mit dem tödlichen Rasiermesser, der seine Opfer zu wohlschmeckenden Pasteten verarbeitet, wurde zur stehenden Figur, von Autoren des populären Genres immer wieder verwurstet. Daneben fanden preiswerte Ausgaben von »Oliver Twist« und »Robinson Crusoe«, »Onkel Toms Hütte« und Miltons »Paradise Lost« Leser bis in die Arbeiterschaft hinein.

Puritanischer Religiosität wie kapitalistischer Berufsethik war das Lesen erfundener, phantastischer Geschichten grundsätzlich verdächtig. Bürgerliche Männer wurden auf diesem Terrain nie richtig heimisch, und Arbeiter, die sich der schönen Literatur zuwandten, suchten eher »Handfestes«. Aber sie wollten sich gleichfalls entspannen und anregen, und so trat die Geschlechterlinie in der Lektüre deutlich hervor. Abenteuer, oft im kolonialistischen Geist, vor allem aber Verbrecher-, Kriminal- und Detektivgeschichten wurden zur männlichen Gattung. Conan Doyles Sherlock Holmes eroberte in den 1890er Jahren das bürgerliche Publikum Europas. Für weniger anspruchsvolle Leser gab es die Abenteuer des legendären Straßenräubers Dick Turpin in endlosen Folgen. Von Männern für Männer geschrieben waren schließlich auch populäre technische Utopien und militaristische Erzählungen aus dem Soldatenmilieu.

Im Laufe des 19. Jahrhunderts trat eine weitere Gruppe Lesehungriger auf den Plan, die Kirchenmänner und Erzieher mit größtem Mißtrauen betrachteten: Heranwachsende. In England hatte man nach 1850 mit der Herausgabe von Jungen- und Mädchenzeitschriften begonnen; sie beanspruchten, eine erzieherische Alternative zur schrecklichen Penny-Literatur zu bieten. »The Boys of England« beispielsweise soll in den 1870ern wöchentlich eine Viertelmillion Hefte verkauft haben, von denen jedes im Schnitt neun Leser fand.[62] Die spannende Lektüre in Fortsetzungen erwies sich jedoch eher als Ergänzung der *penny dreadfuls* denn als moralisches Werkzeug gegen sie. Zum Ende des Jahrhunderts schließlich waren sie völlig von imperialistischem Geist durchdrungen.

Mädchenzeitschriften hatten keinen vergleichbaren Erfolg. Offenbar partizipierten die Töchter der Mittel- und Unterschicht, wenn ihnen die Arbeit im Haushalt und die Einübung weiblicher Fertigkeiten wie Sticken und Klavierspielen noch Zeit ließ, an der Lektüre der Mütter, der Dienstmädchen und wohl auch der Brüder.

Lesen war die am weitesten verbreitete, auch in der Arbeiterschaft regelmäßig gepflegte Form der Kunstaneignung. 1885 erschienen mehr als 60 Zeitschriften und Heftreihen, die wöchentlich oder monatlich Erzählungen brachten, nicht wenige davon mit sechsstelligen Auflagen. Ein Verlag gab an, pro Woche 7 Millionen Penny-Erzählungen zu verkaufen.[63] Die vom Zeichner C. H. Ross erfundene Figur »Ally Sloper« war in den 1890ern derart populär, daß Schirme, Spazierstöcke, Pfeifen, Uhren, Spielzeug und Süßigkeiten danach benannt wurden und reißenden Absatz fanden. Sogar auf die Bühne wurde Ally Sloper gestellt[64] – konsequente Vermarktung einer Medienfigur lange vor Mickey Mouse und Asterix!

Frauen und Halbwüchsige aller Schichten bestimmten um 1900 die Nachfrage nach Massenliteratur. Das Erfolgsrezept hat sich seither kaum verändert: eine Mixtur aus erfundenen und »wahren Geschichten«, Sentiment und Sensation, Liebe und Grauen, Wundern der Technik und der Natur, Abgründen der Seele und Lockung des Verbrechens, Magischem und Übernatürlichem, dazu praktischen und religiösen Ratschlägen. Die Bestandteile gab es bereits getrennt; neue Unterhaltungsblätter zum Pennypreis vereinigten sie.

Die »seriöse« Zeitungspresse blieb davon nicht unbeeindruckt.

Neben Organe bürgerlicher Meinungsbildung traten Produkte, die sich der Sprache des breiten Publikums anpaßten. An den Themen wurde der *human touch* herausgearbeitet, und Unterhaltungswert stieg auf zum Maßstab für den Druck von Nachrichten. Um 1900 las mindestens jeder sechste erwachsene Engländer eine Tageszeitung und jeder dritte ein Wochenendblatt. 1920 nahm schon die Hälfte der Männer und Frauen die tägliche Presse zur Hand, und auf vier Personen entfielen fünf Sonntagsausgaben.[65] So wurde ein gewisser politischer Informationsstand Allgemeingut. Zugleich paßten sich die Redaktionen der Nachfrage an; die Leser schätzten »harte Fakten«, die sie auf eigene Erfahrungen und Vorstellungen beziehen konnten.

Kunst als Markenartikel

Andere Länder Europas folgten in vieler Hinsicht der englischen Entwicklung; nicht selten nahm man sie auch direkt zum Vorbild. Etwa seit den 1890er Jahren konnten Lohnabhängige in den industrialisierten Staaten ihre arbeitsfreie Zeit und ihr verfügbares Einkommen deutlich vergrößern sowie die Qualität von Wohnung und Ernährung verbessern. In Nord- und Mitteleuropa, insbesondere in den protestantischen Gebieten, war der Analphabetismus praktisch beseitigt; als nächste Stufe stand die Literarisierung an, der Übergang zur regelmäßigen genußvollen Lektüre fiktionaler Texte. Schulbildung, Arbeitserfahrungen, das städtische Leben und das Hereinwachsen in die Rolle des Verbrauchers hatten ein waches, neugieriges und selbstbewußt urteilendes Publikum entstehen lassen, das Entspannung und ästhetische Erfahrung suchte. Noch stellten außerhäusliche Freizeitvergnügen für die große Mehrheit (abgesehen von den britischen Industrieregionen) besondere Ereignisse dar; aber punktuelle Erlebnisse sowie Berichte über die Freizeit der Wohlhabenden schufen einen weitgespannten Horizont von Hoffnungen und Wünschen.

Um die Jahrhundertwende befanden sich die populären Künste

im Übergang von der Manufaktur zur industriellen Produktion; Einzelstücke (die selbstverständlich nach Erfolgsrezepten gestaltet waren) wurden abgelöst durch standardisierte Markenartikel. Das veränderte z.B. den Charakter der Unterhaltungsliteratur entscheidend. Die populären Romane von Sue und Marlitt, Dumas und M. E. Braddon, aber auch die Produkte der weniger bekannten Autorinnen und Autoren für Feuilleton, Familienblätter und Romanhefte waren bei aller Marktorientierung noch handgemachte Einzelstücke. Erst standardisierte Produkte wie Heftreihen mit durchgehenden Hauptfiguren machten Literatur zum Markenartikel. Die Serie wurde hergestellt, beworben, vertrieben und wegen ihrer gleichbleibenden Eigenschaften geschätzt wie Liptons Tee, ein Pernod oder Liebigs Fleischextrakt. Dieser Charakter kennzeichnete Geschichten aus dem britischen Schulmilieu mit Identifikationsfiguren wie Billy Bunter und den Famous Five ebenso wie Detektivserien nach dem Vorbild des US-Erfolgs Nick Carter. Helden waren nicht nur Männer wie Sexton Blake (seit 1893 erschienen die Episoden um den »Sherlock Holmes für Büroboten«, wie er abwertend genannt wurde) und der geniale Verbrecher Fantomâs (seit 1911). 1907 kam »Wanda von Brannburg. Deutschlands Meister-Detectivin« auf den Markt, und sie blieb nicht die einzige Kriminalistin.

In Frankreich vertraten vor allem frühe Comicserien (*bandes dessinées*) für Kinder den neuen Typ von Kunstwaren. »Bécassine« (1905) und »L'espiègle Lili« (1909) sprachen Mädchen an. Louis Fortons 1908 erschienene »Pieds-Nickelés« stiegen mit ihren anarchisch-grotesken Abenteuern schnell zu Lieblingshelden Halbwüchsiger auf. Markenartikel waren auch die modernen Presseerzeugnisse, die mit allen Raffinessen an den Mann und die Frau gebracht wurden: Es gab Wettbewerbe und Preisausschreiben, kostenlose Versicherungen usw. Ein Familienmagazin wie »Pearson's Weekly«, 1890 gegründet, hatte nach sieben Jahren eine Auflage von 1,25 Millionen; »Tit-Bits«, die unmittelbare Konkurrenz, druckte 700000 Exemplare und bot neben Reisevorschlägen und Wissen in Quizform Texte von großen Autoren der Zeit.[66] »Le Petit Parisien« verkaufte 1902 1 Million Stück – das waren nun wirklich Massenprodukte. Die Titelseite des Pariser

Blatts vom 18. Oktober 1903 enthielt zwei Spalten mit der Ankündigung eines Preisausschreibens, eine Spalte über Fortschritte der Landwirtschaft, eine halbe Spalte über den Besuch des italienischen Königspaares (mit dem ersten Foto in einer französischen Tageszeitung), eine Spalte über einen Doppelmord, einen Kasten mit Schlagzeilen zu den Tagesereignissen und im unteren Drittel, »unter dem Strich«, den Fortsetzungsroman »Der Verlobte aus Lothringen« von Jules Marie.

Die Verleger verfolgten die Vorlieben des breiten Publikums sehr genau. Alfred Harmsworth, der spätere Lord Northcliffe, gründete 1896 die »Daily Mail«; ebenso wie in Lord Beaverbrooks »Daily Express« wurde hier die *human interest story* kultiviert, der Unterhaltungswert von Meldungen über die »persönliche Seite« der Ereignisse. Man begann, Zielgruppen zu suchen und an besondere Produkte zu binden. 1891 brachte Northcliffe eine illustrierte Wochenschrift speziell für Frauen heraus, »Forget-me-not«; das erfolgreiche Blatt bahnte einem ganzen Genre den Weg.[67]

Einen festen Platz im Alltag hatte bereits lange vor dem Weltkrieg die Unterhaltungsmusik. Klaviere sowie eine Gattin oder Tochter, die zu spielen und zu singen wußte, gab es nicht nur in bürgerlichen Haushalten; auch Gewerbetreibende, Beamte, Angestellte und in England sogar Teile der Arbeiteraristokratie sparten verbissen, um sich das Symbol häuslicher Kultur zu leisten. Man schätzt, daß gegen Ende des 19. Jahrhunderts in jedem vierten britischen Haushalt ein Piano stand. Notenblätter mit Klavierfassungen beliebter Stücke wie Tekla Badarzewskas »Gebet einer Jungfrau« (1851) und mit Liedern wie Jules Egghards »Oh, ma chère Styrie« (»Des Steirers Heimweh«) konnten auf dem europäischen Markt sechs- und siebenstellige Auflagen erreichen.[68]

Die Tanzmusik geriet schon um 1900 in den Kreislauf von Moden, die vor allem aus den USA importiert wurden. Militärorchester spielten bei unzähligen Auftritten in Paraden, auf Plätzen und in Parks nicht nur Marschmusik, sondern auch beliebte Melodien von Wagner bis zum »Tiger-Rag«. Kapellen gehörten einfach zu Ausflugsrestaurants und Vergnügungsparks. Jede bessere Wirtschaft hatte ihr Orchestrion oder mechanisches Klavier, und in vielen Cafés spielte eine kleine Formation Salonmusik. Auf den Straßen und in Hinterhöfen trugen Sänger und Drehorgelspieler populäre Lieder vor; sie verkauften Textblätter, die das Nachsingen allein und in geselliger Runde ermöglichten. In den 1880ern zählte die Düsseldorfer Polizei allein 64 registrierte Leierkastenmänner.[69] Ein zeitgenössischer Text schildert die Musik im Hinterhof als kleine Idylle:

»Ein altes Männchen drückt sich durch die große Tür. [...] Dann sieht er an den Mauern hoch, forschend, abschätzend. Hm, hm! das kann heute, am Sonnabend vormittag, eine schlechte Sache werden. Bedächtig nimmt er einen Packen hoch, den er neben sich gestellt hatte. [...] Etwas Buntes, Glitzerndes kommt heraus. Der Alte fingert daran herum – ›Drunten im Unterland, da ist's halt fein!‹ Er singt mit dünner, müder Stimme zu den Tönen seiner Harmonika.

An den Fenstern wird's jetzt lebendig. Überall recken sich Köpfe heraus. Aus den Küchenfenstern der Vorderwohnungen [...] die Dienstmädchen. Hinten Frauen und Kinder [...] Oben ein ganzes Bündel Mädchenköpfe aus einer Nähstube. Unten beim Tischler pfeift der Geselle: ›Mein Herz, das ist ein Bienenhaus.‹ Alle singen mit: ›Ich bete an die Macht der Liebe.‹ Man ist überall still und lauscht andächtig. Nun fliegen auch die eingewickelten Honorare herunter. In der Nähstube wird gesammelt. [...] Der Alte gibt noch eine forsche Polka zu. Die kleinen Mädels [...] – sie gehen noch nicht einmal in die Schule – wiegen sich erst unwillkürlich im Takt. Dann mit einem Male wirbeln die kleinen Dinger herum. Ihre Röckchen flattern. Ihre Röcke flattern auch zu dem Grammophon, das ein Mann spielen läßt, der zugleich mit Armen und Beinen noch Pauke, Schelle und Trommel schlägt. Solch sonderbarer Musiker wird auch oft zu den Hoffesten gebeten, die in vielen Häusern der Arbeiterviertel an einem Sommersonntag die ganze Kinderwelt und die lieben Eltern eines Hauses [...] auf dem Hofe versammeln.«[70]

Phonograph und Grammophon waren die ersten Kommunikationsapparate, die vorrangig zur privaten Unterhaltung genutzt wurden. Sie verwandelten Musik in eine technisch reproduzierte und individuell beliebig oft konsumierbare Ware. Neben den

Wohlhabenden waren es vor dem Weltkrieg überwiegend Wirte und Kinobesitzer, die das neue Medium nutzten; aber 1913 wurde schon in sozialdemokratischen Publikationen für Grammophone geworben, die sich auch der Arbeiter leisten könne.[71] Bei Preisen von 50 Mark aufwärts für ein passables Gerät und mindestens 1,50 Mark für eine beidseitig bespielte Platte handelte es sich um ein recht kostspieliges Vergnügen. Immerhin produzierte die Deutsche Grammophon-Gesellschaft 1908 6,2 Millionen Schallplatten, und 1913 verkaufte Pathé täglich 9000 Platten und 500 Pathéphone-Plattenspieler.[72] Im Programm waren zunächst Märsche und Lieder. Da die mechanische Aufnahmetechnik Stimmen sehr viel besser klingen ließ als Instrumente, bot man dem kulturbewußten Publikum große Opernstars; seit 1902 sang Caruso für das neue Medium, bald auch Schaljapin. Doch insgesamt dominierte wohl das *Music-Hall*-Genre. Von Platten, die mehr als den Tagesverdienst eines Arbeiters kosteten, erklangen die Stimmen von Marie Lloyd und Harry Fragson, dem »Caruso der Music Hall«, das populäre Duett »A Sister to Assist 'Er« und das sentimentale Lied »Home Sweet Home«, gesungen von der Opernsängerin Tetrazzini.[73]

Leichte Musik aller Genres hatte seit den späten 1890er Jahren Konjunktur. Revuen der Spitzen-Varietés, musikalische Possen, Operetten und Musical Comedies lieferten die Schlager; zusammen mit Couplets, Comic Songs und Chansons wurden sie vom Tingeltangel bis zum Hinterhof verbreitet und waren ganz wörtlich in aller Munde. 1911 beklagte ein deutscher Kritiker die Belästigung durch »musikalischen Schund«, der von mechanischen Musikinstrumenten verbreitet werde. »Die Grammophone vor allen Dingen wirken als wahre Pest. Solch ein Ungeheuer wird [...] mit Vorliebe auf dem Balkon aufgestellt und grölt diese widerwärtigen Tingeltangelmelodien mit den ekelhaften Texten in die Umwelt hinein. Die Kinderohren schon werden damit vergiftet...«[74]

Auch hier befinden wir uns, wie auf dem Gebiet der Lesestoffe, an der Schwelle zur modernen Massenkultur. Auch hier setzten Frauen und Heranwachsende als Publikum Akzente – nicht selten mit dem frechen Witz großstädtischer Unterschichten. Sie sangen Unterhaltungslieder und pflegten dabei »wilde« Formen der Aneignung: Umdichten und Parodieren der Texte, Singen »am falschen Ort« usw. Insbesondere die ausgeprägt erotische Komponente von »Gassenhauern« und Schlagern gab immer wieder Anlaß, nach der Polizei zu rufen. Couplets wie »Wenn meine Frau sich auszieht« mußten und sollten herausfordern. 1901 sorgte der »Pflaumenwalzer« in Deutschland für große Aufregung. Der Refrain lautete: »Denn an dem Baume, da hängt 'ne Pflaume, die möcht ich gerne hab'n. Am andern Baume hängt noch 'ne Pflaume, die möcht ich auch gern hab'n. So nimm se, Du se Dir se, so nimm se, Dir se doch. Die eine hat 'ne Made, die Andre hat ein Loch! Ein Loch, ein ganz großes Loch, ein Loch! Ein ganz großes Loch! ein Loch! ein Loch! ein Loch!« Zum Text kamen »illustrierende« Postkarten heraus, sie wurden von Straßenhändlern mit anzüglichen Anpreisungen vertrieben, und schließlich schritt der Staatsanwalt ein.[75]

Einschüchterungsversuche wurden begleitet von erfolgreichen Versuchen, die Massenkünste für Chauvinismus und Militarismus einzuspannen. Eines der populärsten Chansons in Frankreich war über lange Zeit »Le fils de l'Allemand« (1882). Die stolze Französin weigert sich, das hungernde Söhnchen des deutschen Soldaten mit ihrer Muttermilch zu nähren: »Va, passe ton chemin, ma mamelle est française.«[76]

Stoff für moderne Mythen

In vielem beeinflußt durch englische Beispiele, entwickelte sich der Sport auf dem Kontinent zu einem wesentlichen Feld der Massenkultur – als Spektakel und Unterhaltungsware wie auch als Medium körpergebundener Suche nach Emanzipation und Selbsterfahrung. Unerläßliche Hilfestellung leistete dabei die populäre Presse. Das Thema nahm wachsenden Raum in den Tageszeitungen ein, und es entstanden Blätter, die sich ausschließlich dem Sport widmeten. 1881 gab es in Frankreich 21 Sportzeitungen und -zeitschriften, 1900 hatte sich ihre Zahl mehr als verdoppelt.[77]

Ohne die Berichterstattung für eine breite (männliche) Leserschaft hätte der Schausport nicht zur Massenattraktion aufblühen können. Die Presse berichtete über einen neuen Zweig des Freizeitgeschäfts – und sie trieb die Entwicklung selbst voran.

Im Schausport konnte man die kapitalistische Moderne noch einmal als Abenteuer erfahren. Nicht allein die Schönheit und Geschicklichkeit, die Kraft und Ausdauer der Sportler, die Faszination der Geschwindigkeit, der Einsatz von Motoren und die Strapazen für Mensch und Material zogen die Massen von zahlenden Zuschauern und Käufern der Sportberichte an. Als publikumswirksam erwiesen sich Sportarten und Veranstaltungen, die die Leistung in Gramm, Zentimeter und Sekunde maßen; hier ging es um Wettkampf pur, um Sieg oder Niederlage, um das Durchsetzen des Besten gegen alle anderen. Das hatte eine ganz prosaische Seite: Nur wo es Wettbewerbe gab, konnte auch gewettet werden – und der Einsatz selbst bescheidener Summen erhöhte offenbar den Reiz für Arm und Reich, intensivierte die Anteilnahme am Sportereignis. Die Deutschen standen hier allerdings weit zurück hinter Franzosen und Engländern.

Darüber hinaus zeigte das Konkurrenzprinzip noch einmal seine egalisierende Wirkung; es ermöglichte Mobilität und Aufstieg. Im Gegensatz zu alten ständischen und neuen monopolistischen Verkrustungen zählte hier nur die Leistung im Kampf Mann gegen Mann, Mannschaft gegen Mannschaft. Mit Kraft, Zähigkeit, Übersicht und dem nötigen Glück konnte der Weg nach oben beschritten werden – und nicht wenigen Arbeiter- und Kleinbürgerkindern gelang das. Erfolgreiche Boxer und Ringer, Radfahrer und Fußballer wurden zu Identifikationsfiguren für den »Mann auf der Straße«, Verkörperungen des demokratischen Leistungsprinzips.

Die »Heroen« nahmen Leiden und Strapazen auf sich, die heute kaum mehr vorstellbar sind. 1909 kämpften in Paris zwei afroamerikanische Boxer, Sam MacVea und Joe Jeanette, gegeneinander – über 49 Runden![78] Die erste Tour de France 1903 führte über 2428 km, über Schotterstraßen und unbefestigte Paßhöhen – in nur sechs Etappen! Gefahren wurde also auch nachts, in den ersten Jahren begleitet vom Fanatismus der Zuschauer und vom erbitterten Kampf der Hersteller gegeneinander; es gab Anschläge auf die Fahrer und Entführungen.

Dies war der Stoff, aus dem moderne Mythen gemacht wurden, die nationalen Mythen vom unbesiegbaren, zähen und schnellen Franzosen und die kommerziellen Mythen vom überlegenen Material der Reifen- und Fahrradhersteller. Verbreitet wurden sie von der Sportzeitschrift »L'Auto« (der Name stand für die Aura von Tempo und Technik, die mit dem Schausport verbunden wurde). Ihr Verleger hatte die Tour ins Leben gerufen, und mit schneller und umfassender Berichterstattung über das nationale Ereignis stach er die Konkurrenz aus; im Jahr 1914 verkaufte »L'Auto« 40 Millionen Exemplare.[79]

Das kommerzielle, von den Medien popularisierte Schaugeschäft half, den Weg zum Breiten- und Freizeitsport zu bahnen. Dabei stritten wie in England unterschiedliche, ja gegensätzliche Auffassungen miteinander. Seit den 1870ern griffen die Oberschichten Deutschlands und Frankreichs britische Mannschaftssportarten auf. 1882 gründeten Schüler exklusiver Pariser Gymnasien den »Racing Club de France«, ein Jahr darauf »Stade Français«. Fußball, Rugby und Rudern schienen geeignet zur Erziehung einer modernen Elite voller Initiative, Durchsetzungskraft und Kollektivgeist. Vorkämpfer einer neuen Führungsschicht, die nach englischem Vorbild den Gegensatz von Adel und Bourgeoisie überwinden sollte, war Baron de Coubertin. 1894 pries er den englischen Import voll Begeisterung. »Ja, Unternehmungsgeist! Den wird der Fußball Ihnen geben, davon bin ich überzeugt. [...] Er wird verhindern, daß sich Ihr Ehrgeiz auf ein Ressort beschränkt, daß Ihr Leben zur bürokratischen Beamtenlaufbahn erstarrt. Denn sehen Sie doch nur, welche Welt Ihren Energien offensteht! Wenn Sie demnächst ein großer Geschäftsmann sind, ein bedeutender Journalist, ein kühner Forschungsreisender, ein kluger Industrieller, dann werden Ihre Geschäftsniederlassung im fernen Ausland, die von Ihnen betriebene Nachrichtenagentur, das von Ihnen bereiste fremde Territorium, das von Ihnen neu herausgebrachte Produkt ebensoviele Siege für Frankreich sein. [...] Diese Aufgaben verlangen einen Mann mit Unternehmungsgeist, einen guten Fußballspieler, der keine Angst vor einer Rempelei hat, immer beweglich, von rascher Entscheidung und kaltem Blut.«[80] Doch angesichts der schnellen Ausbreitung des Sports und seiner Kommerzialisierung war die erstrebte Exklusivität nicht aufrechtzuerhalten. Coubertin mußte für sein elitäres Amateur-Ideal ein anderes Feld suchen: die olympische Idee und die 1896 in Athen eröffneten Olympischen Spiele.

In Deutschland kam Widerstand gegen den Sport in erster Linie aus der bürgerlichen Turnbewegung. Die Turner, zunächst engagiert im Kampf für deutsche Einheit und Demokratie, waren nach der Reichsgründung 1871 ins nationalistische, zunehmend chauvinistische Fahrwasser abgeglitten. Sie lehnten den Import aus England ab, weil er alles mit sich zu bringen schien, was mit ihrem Verständnis von deutscher Kultur unvereinbar war: Sport war individualistisch, leistungs- und konkurrenzorientiert; Fußball und Rugby, so sahen es die Kritiker, förderten vulgäre, ungebändigte Körperlichkeit, sie waren verbunden mit den schlimmsten Auswüchsen des Geschäftsgeistes und dem unkontrollierten Überschwang von Massen. Turnen unterwarf den Körper einem ideell geleiteten Bildungsprozeß; der einzelne sollte nicht Höchstleistungen nachjagen, sondern sich durch Disziplin und Kameradschaft der nationalen Gemeinschaft einfügen. Die nach der Jahrhundertwende geprägte Formel von der »Pflicht zur Gesundheit« brachte die Auffassung von »Körperkultur« auf den Punkt, die dem einzelnen kein Recht auf selbstbestimmte und genußvolle Betätigung zugestand. Als einzige Legitimation galten Kraft und Gesundheit des Volkskörpers; ihm diente deutsches Turnen.

In Frankreich war nach der Niederlage gegen Deutschland 1871 das Turnen ebenfalls unter chauvinistischen Vorzeichen ausgebaut worden; man wollte vom siegreichen Gegner lernen für eine erfolgreiche Revanche. Bis 1914 boten Turnen und Gymnastik in beiden Ländern (wie auch in der Schweiz, Österreich, Böhmen, Dänemark und Schweden) den breitesten Einstieg ins Sporttreiben. Die »Union des Sociétés Françaises de Gymnastique« zählte vor dem Weltkrieg 350 000 Mitglieder; auch in vielen der 1600 katholischen Sportclubs und der 2000 Wehrertüchtigungsvereine turnte man. Die »Deutsche Turnerschaft« wuchs von 1880 bis 1914 um mehr als das Sechsfache auf 1,25 Millionen Mitglieder an,[81] in

2 Fußball-Übungen an einem französischen Gymnasium, um 1890

ihrer großen Mehrheit Angehörige der Mittelschichten und Gewerbetreibende, Handwerker und Angestellte.

Voller Begeisterung für Kaiser, Reich und deutsche Stärke, betrachteten sie Arbeiter ausgesprochen mißtrauisch und nahmen nur wenige in ihre Vereine auf. Immerhin 187000 schlossen sich daraufhin den sozialdemokratischen Arbeiterturnvereinen an. Weitere 50000 organisierte Arbeiterwanderer und -bergsteiger, 20000 Arbeiterathleten, 10000 Schwimmer und Ruderer sowie 150000 Arbeiterradfahrer[82] suchten vor dem Weltkrieg körperlichen Ausgleich, Naturerfahrung und Geselligkeit. Es waren überwiegend qualifizierte Männer in halbwegs gesicherten Verhältnissen, doch sie erlaubten Frauen eine größere Beteiligung als die bürgerlichen Turner. Ein Problem hatten sie allerdings mit ihnen gemein: Die Ausrichtung auf Gesundheit und Disziplin, die Ablehnung von Individualsport und Rekordjagd führte immer häufiger zum Konflikt mit Jüngeren, die sich dem Fußball, der Leichtathletik und dem Wettkampfbetrieb zuwandten.

Wichtige Impulse für eine selbstbestimmte, individuell geplante, körperbetonte Freizeit in der Natur gab die Verwandlung des Fahrrads vom exotischen Sportgerät in ein sicheres und bequemes Gebrauchsgut. Nach der Jahrhundertwende fielen die Preise in Frankreich auf 100 Francs; die Anzahl der Räder stieg von 130000 1893 auf ca. 3,5 Millionen 1914.[83] Für Arbeiter war das Rad immer noch ein Luxus (*la petite reine*), und es wurde, wenn überhaupt, viel eher auf dem Arbeitsweg als zur Wochenendpartie genutzt. Aber die Möglichkeit, nach freier Entscheidung einen Ausflug aus der Stadt zu machen, wirkte ansteckend.

Dabei gingen bürgerliche Schichten voran. Hier hatte auch »das schwache Geschlecht« eine Chance auf gleichberechtigte öffentliche Beteiligung. Gegen alle Anfeindungen zeigten Radfahrerinnen, daß Frauen in zweckmäßiger Kleidung, selbst in Hosen, weder Mannweiber noch männerverschlingende Ungeheuer waren. Im Gegenteil, ihr selbstbewußtes und elegantes Auftreten half, Selbständigkeit im öffentlichen Raum zu erringen. Die Werbung stilisierte die Radfahrerin schon vor dem Weltkrieg zum Symbol moderner, vorbildlicher Weiblichkeit.

Längst nicht alle Turner teilten das ideologische Sendungsbe-

3 *Eine schicke Pariser Radlerin, um 1900*

wußtsein ihrer Führung, und ähnlich erging es, unter anderen Vorzeichen, dem Arbeitersport. Viele suchten einfach Geselligkeit, Übung und Erfahrung physischer Fähigkeiten, Anerkennung für herausragende Leistungen. Den Körper für sich selbst und die Mannschaft auszubilden, die eigenen Kräfte und Grenzen zu erleben – solche Tendenzen zur Individualisierung gediehen am besten in den modernen Sportarten. Mittelfristig untergruben sie kollektivistische Vereinnahmungsversuche. Aber auch die ideologische Überhöhung des Sports zum Modell einer offenen Gesellschaft sollten wir nicht mit dem Selbstverständnis der Aktiven gleichsetzen.

In der Öffentlichkeit wurden Sportereignisse allerdings zunehmend mit sozialen und politischen Spannungen aufgeladen. 1910 verteidigte der erste schwarze Weltmeister im Schwergewichtsboxen, Jack Johnson, seinen 1908 errungenen Titel erfolgreich gegen »die weiße Hoffnung« Jim Jeffries. Filme vom Kampf gingen um die Welt und entfachten Diskussionen über »die Rassenfrage«. Und im 1871 an Deutschland gefallenen Lothringen wurde die Ankunft der Tour de France in Metz 1906 genutzt, um durch Absingen der »Marseillaise« die Bindung an Frankreich zu demonstrieren.[84]

Eigene sportliche Aktivität blieb vor dem Weltkrieg auf eine Minderheit beschränkt; sie drückte meist soziale Privilegien und ideologische Zugehörigkeit aus. Nicht zuletzt die Werbung für und mit körperbetonter Freizeit, für Fahrräder und mit dem Prestigewert von Sportarten, nährte den Anspruch, an derartigen Tätigkeiten und an dem damit verbundenen Ansehen teilzuhaben. Geschäftsinteressen halfen, dem Ideal der Sportlichkeit Bahn zu brechen. Vorbehalte gegen leichtere, weniger verhüllende Freizeitkleidung schwanden. Fußball wurde das Spiel der Jungen auf Straßen und Höfen. In den Großstädten entstanden Stadien, Radrennbahnen und Sporthallen. Deren sozial weit gespanntes Publikum war sichtbar getrennt nach Stehplätzen und Logen, aber vereint in Begeisterung. Der expressionistische Schriftsteller Georg Kaiser fing die Atmosphäre beim Berliner Sechstagerennen ein: »Der erste Rang rast. Der Kerl hat den Kontakt geschaffen. Die Beherrschung ist zum Teufel. Die Fräcke beben. Die Hemden reißen. Knöpfe prasseln in alle Richtungen. Bärte verschoben von zersprengten Lippen, Gebisse klappern. Oben und mitten und unten vermischt. Ein Heulen aus allen Ringen – unterschiedslos. Unterschiedslos. Das ist erreicht!«[85]

Ähnliche Begeisterung lösten sensationelle Spektakel wie Autorennen und Flugtage aus, und die wiederholten Unfälle steigerten den Reiz noch. Da konnte dann wie zur Ankunft des Zeppelin auf dem Tempelhofer Feld in Berlin 1909 auch schon mal eine Viertelmillion Menschen zusammenströmen. Als Show-Ereignis inszeniert, vereinten die Helden der Technik (es gab auch Heldinnen, wie die Luftfahrtpionierin Käthe Paulus) das Volk von den allerhöchsten Kreisen bis zur Arbeiterschaft in Bewunderung. Ebenso erfolgreich war W. F. Cody, der sich mit seiner Buffalo-Bill-Show als Held der Zivilisation präsentierte. 1887 trat er zum Regierungsjubiläum von Queen Victoria erstmals mit seinen Reitern und Indianern, Kunstschützen (darunter die legendäre Annie Oakley) und Spielszenen von der Eroberung des Wilden Westens in Europa auf; damals erwiesen ihm noch vier weitere gekrönte Häupter die Ehre eines Besuchs und allerhöchster Anerkennung. 1889 und 1892 besuchte er Frankreich, Spanien, Italien und Österreich-Ungarn. Bei seinem letzten Europaaufenthalt von 1902 bis 1906 war er derart bekannt, daß beispielsweise zwei Vorstellungen am 31. August 1906 in Saarbrücken 16000 Besucher anzogen, zu Preisen von 1 bis 3 Mark.[86]

Zivilisierung des Vergnügens

Es war schon die Rede von Lernen und Selbsterziehung als Charakteristika der Entwicklung zur modernen Massenkultur. Das wurde nach 1900 noch deutlicher. Die Wohnverhältnisse der einfachen Leute verbesserten sich, und so konnte, vor allem an den Wochenenden, häusliche Freizeit kultiviert werden. Morgens auszuschlafen und ohne Hetze zu frühstücken, einen Spaziergang mit den Kindern zu machen, in Ruhe das Sonntagsmahl zu genießen, mit der Zigarre und einer Flasche Bier oder auch bei einem Gläschen Likör in der Zeitung zu blättern oder ein Romanheft zu lesen, in den bestverdienenden Arbeiterkreisen vielleicht gar eine Grammophonplatte aufzulegen – das war schon ein großes Stück vom Glück.

Zugleich ging man häufiger außerhäuslichen Vergnügungen nach. Das zeigt die Zunahme ganzjährig arbeitender Unterhaltungseinrichtungen, die sich an ein kleinbürgerliches und proletarisches Publikum richteten: Spezialitätentheater und Varietés, *Music Halls* und Ausflugslokale mit Unterhaltungsprogramm, Rummelplätze, Vergnügungsparks und Panoptika. Jede größere Stadt besaß derartige Einrichtungen, und sie waren nicht selten für ein Publikum von 1000 und mehr Besuchern ausgelegt. Je nach Lage und Ausstattung sprachen sie unterschiedliche Gruppen an: die wohlhabenden Oberschichten, eine wachsende Mittelschicht vom Bürger bis zur respektablen Arbeiterfamilie, und in den Tingeltangels und Cafés der Vorstädte die Unterschichten. Nicht länger mehr beherrschten Kleinunternehmer diesen Markt; mit dem Umfang des Geschäfts und des Kapitalaufwands wurden Konzentration und Konzernbildung unübersehbar.

Die Betreiber größerer Etablissements waren um ihr Ansehen besorgt, und so förderten sie die Zivilisierung populärer Vergnügungen. Sie mußten der kirchlichen Kritik und den Behörden gegenüber glaubhaft machen, daß sie weder moralisch noch politisch Anstößiges boten. Vielmehr gehe es um harmlose, entspannende und patriotische Unterhaltung für die ganze Familie, die Lastern wie Trunk, Spiel und Prostitution den Boden entziehe.

Was die politischen Botschaften betraf, so gab es wirklich kaum Grund zur Sorge. Ansonsten aber war eine heikle Gratwanderung zu vollbringen. Diszipliniert werden mußten Künstlerinnen und Künstler, die in ihren Liedern, Sketchen, Pantomimen usw. »dem Affen zu viel Zucker gaben« und um des Publikumserfolges willen das Zweideutige fast oder völlig eindeutig vorführten. Mit dem wachsenden Respektabilitätsstreben kamen auch aus der Arbeiterschaft Proteste gegen Obszönitäten und Derbheiten; zusammen mit gleichgerichteten Bemühungen von Unterhaltungsunternehmern drängten sie Vulgäres und Rohes, aber auch Spontaneität und Einmischung des Publikums zurück. *Music Halls* und Varietés verwandelten sich gegen die Jahrhundertwende zunehmend in seriöse Unterhaltungstheater. Tische, an denen gegessen und getrunken wurde, wichen fester Bestuhlung; das brachte mehr Plätze und mehr Ordnung. Die Säle wurden aufwendiger ausgestattet und orientierten sich an der Theaterarchitektur. Das einfache Publikum bekam die Rolle des gesitteten, disziplinierten Konsumenten zugewiesen.

Druck von oben allein hätte den Wandel nicht durchsetzen können. Lernprozesse innerhalb der Arbeiterschaft, die in besser gesicherte Verhältnisse hineinwuchs, ließen eigene Normen für Respektabilität und Ordnung entstehen. Familie, Heim, Verläßlichkeit und soziale Anerkennung im Milieu stiegen auf zu wichtigen Orientierungen für die Lebensführung. »Wilde« Vergnügungen wurden zur Domäne der Jungen, Unverheirateten und von Gruppen, auf die die »anständige« Arbeiterfamilie herabsah. Diese Achtbarkeit war durchaus nicht identisch mit dem Schein der Wohlanständigkeit, den man im Kleinbürgertum und den Mittelschichten demonstrierte. Die soziale und mentale Kluft zwischen den Klassen bestand fort; proletarische Respektabilität gab Selbstvertrauen gegenüber dem Bürgertum.

Wie es ein unbestreitbares Eigeninteresse an kontrolliertem Umgang mit dem Alkohol gab, so speiste sich auch die Selbstzivilisierung des Vergnügens aus Erfahrungen, aus der Entwicklung neuer Fähigkeiten und Ansprüche. Zunächst bedienten populäre Unterhaltungsorte eine bunte Mischung von Bedürfnissen, meist nach dem Modell der Gastwirtschaft mit Bühnenprogramm. Nun konnte man Essen und Trinken auslagern (zumindest in die Foyers der neuen Varietés), weil man über mehr Zeit verfügte und die häuslichen Bedingungen sich verbessert hatten. Das ermöglichte, ebenso wie Rauchverbote und ein sinkender Geräuschpegel im Saal, sich stärker den künstlerischen Angeboten zuzuwenden; sie konnten aufmerksamer, mit mehr Achtung für die Feinheiten, begutachtet werden. Der Preis dafür war der Verzicht auf Einmischung, auf witzige Zwischenrufe und auf das Mitsingen beliebter Nummern. Das Publikum begann sich in ein Konglomerat aus einzelnen Besuchern zu verwandeln. Aus der alltäglichen

Atmosphäre herausgehoben, gewann Unterhaltung einen Hauch von Kunstgenuß. Die Differenz zur bürgerlichen Kunst-Religion blieb jedoch. Man zog eine Grenze zu den rauhen Vergnügungen früherer Jahre. Doch wurden keineswegs alle Spuren von »wilder« Aneignung, von kollektiver Einmischung und Spontaneität ausgelöscht. Die Gebrauchswertorientierung derer, die »Spaß haben« wollten, behauptete sich gegen die bürgerliche Ästhetik des in sich selbst wertvollen Kunstwerks.

Die respektable Arbeiterschaft näherte sich Unterhaltungsgewohnheiten des Kleinbürgertums und der neuen Angestellten- und Beamtengruppen an. Angebote eines »mittleren Geschmacks«, wie Bourdieu ihn genannt hat, erreichten nun ein breites Publikum, betuchte Nachtschwärmer ebenso wie Proletarier. Der 1891 in Manchester eröffnete »Palace of Varieties« teilte seine 3000 Plätze in vier Preisstufen; der Sitz auf dem Rang kostete 1 Shilling, eine Loge mehr als das Zwanzigfache.[87]

Die Programme mischten unterschiedlichste Künste, Reize und Sensationen. Das »Olympia-Theater« in Dortmund beispielsweise bot am 31. Mai 1903:

1. Vivat Saltimbanques, Marsch
2. Ouvertüre zur Oper »Martha«
3. Ein Abend in der Dortmunder Olympia, Walzer
4. Marvelli's – Acrobaten
5. Nuscha Melitta, Soubrette
6. Henry Kaiser, Gentleman-Jongleur
7. Harrison-Sextett, Damen-Gesangs- und Tanz-Ensemble
8. Ernst Perzina mit seinen 7 Acrobaten-Affen

Nach der Pause ging es weiter mit

9. Le Regiment de Sambre et Meuse, Marche française
10. Troupe Schenk, Gymnastische Productionen an den rotierenden Ringen
11. The Woodwards, Sportact
12. Goltz-Trio, Productionen an rollenden Kugeln und Drahtseilact
13. Karl Maxstadt, Original-Humorist

14. Aga, Die schwebende Jungfrau
15. Lebende Photographien
16. Mit dem Kommandostab, Marsch.[88]

Noch war der Film als Abschlußnummer integriert. Wenige Jahre darauf begann die jüngste Kunst den Aufstieg zum Leitmedium einer Populärkultur, die die Träume vom Gesamtkunstwerk auf ihre Weise verwirklichen sollte. In den Programmen der Varietés, an den städtischen Vergnügungsorten und Ausflugszentren war kurz nach 1900 schon das gesamte Panorama moderner Massenkünste angelegt. Auch jene, die nur selten in den Genuß kamen – ja vielleicht gerade sie –, hatten die Glücksversprechen, vom Abschalten nach täglicher Hetze bis zur Verausgabung in wilden Tänzen, in den Horizont ihrer Wünsche aufgenommen.

Diejenigen, die von den populären Künsten intensiv Gebrauch machten, bildeten in der Unterschicht zwar noch eine Minderheit, aber ihr Lebensstil schien vielen erstrebenswert. Ein Beobachter der sozialen Verhältnisse in den englischen Industrieregionen berichtete 1914 von einer »höchst angesehenen Witwe, Mutter erwachsener Söhne, die regelmäßig ins Kinematographentheater geht, manchmal auch in die *Music Hall*, fünfmal pro Woche. Wie ich höre, gibt es viele, die das tun.«[89] Unter der arbeitenden Jugend war mittlerweile eine Generation herangewachsen, die die neuen Möglichkeiten schon regelmäßig, ja routiniert nutzte. Ein 15jähriger Maschinenschlosser antwortete 1912 bei einer Befragung in Mannheim: »Ich besuche fast alles. Montags geht's ins Kino, Dienstag bleibt's zu Haus, Mittwoch geht's ins Theater, Freitags hab ich Turnen um ½ 10 Uhr nachmittags, Sonntags gehe ich mit meinem Nachbarmädchen in den Wald spazieren.«[90]

In dieser Situation eröffneten Film und Kino eindeutig und endgültig das Zeitalter der Massenkultur. Das Leben in Bewegung getreu abgebildet zu sehen – diese technische Leistung zog in ganz Europa Oberschicht wie Analphabeten gleichermaßen in ihren Bann. Seit 1900 war der Film eine herausragende Attraktion auf Jahrmärkten und Rummelplätzen, in Varietés, Zirkussen und Gastwirtschaften. Wanderkinos besuchten auch die Provinz, und bald hatten große Teile der Bevölkerung schon einmal die Faszination »lebender Photographien« verspürt.

Nach 1905 wurde der Film dann seßhaft; in den Städten öffneten feste, ganzjährig betriebene Kinos. Zunächst handelte es sich um ziemlich primitive Etablissements, oft mit Leinwand, Projektor und Stühlen bestückte Ladenräume. Aber nach nur 10 Jahren zählte man in Europa über 10000 Kinos (Tab. 2), darunter nicht wenige, die zu Recht selbstbewußt als »Palast« firmierten, mit mehreren tausend Sitzplätzen in luxuriöser Architektur auf der Höhe des zeitgenössischen Geschmacks. Man schätzte, daß 1914 in Frankreich auf 30000 Einwohner ein Kino kam, in Deutschland auf 18000, in Italien auf 10000, in England auf 8000 und in Belgien auf 7000.[91] Die Preise waren niedrig; bis zum Krieg kostete in der Vorstadt ein einfacher »Kintopp« 10 bis 20 Pfennig oder 1 bis 2 Penny Eintritt, und Kinder zahlten die Hälfte. Der Kinobesuch wurde in der deutschen und englischen Arbeiterschaft zur regelmäßigen Freizeittätigkeit; im französischen Publikum dominierten noch die Kleinbürger.

Weshalb ist hier erstmals uneingeschränkt von moderner Massenkunst zu sprechen? Längst nicht alles, was der Film bot, war neu; aber die Gesamtheit seiner Züge machte ihn einzigartig. Das gilt in erster Linie für die Reichweite. Populäre Lesestoffe oder Melodien konnten zwar schon nach 1850 Hunderttausende erreichen; aber die Verbreitung zog sich über längere Zeit hin und erreichte nur kleinere Gruppen der Unterschichten. Der Film machte bis zum Weltkrieg mit Dutzenden oder Hunderten von Kopien das Massenpublikum zur Norm – und zwar praktisch auf einen

Schlag. Erfolgsproduktionen wie die ab 1910 aufkommenden »sozialen Dramen« mit Stars wie Asta Nielsen und Henny Porten erreichten innerhalb weniger Wochen ein Millionenpublikum; sie dienten damit als Mittel kultureller Kommunikation im nationalen, weithin schon internationalen Maßstab. In den Städten wurde es schnell zur alltäglichen, nicht selten regelmäßig ausgeübten Gewohnheit, ins Kino zu gehen. In Mannheim zählte man 1912 pro Woche mehr als 50 000 Besucher bei einer Einwohnerzahl von gut 200 000,[92] und in England sollen es 1916 wöchentlich 20 Millionen gewesen sein.[93]

Film und Kino lieferten einen Fundus an Themen, Bildern, Phantasien – Gemeinsamkeiten, die die Menschen der Massengesellschaft verbanden. Und das von Anfang an international; der Stummfilm schuf sofort einen Weltmarkt. In England und Deutschland deckte die einheimische Produktion nicht einmal ein Fünftel des Bedarfs, während französische Unternehmen über einige Jahre in den Kinos aller Kontinente dominierten.

Natur- und Dokumentarfilme hatten ihr Publikum; die aktuelle Berichterstattung über Katastrophen, Kriege, Sensationen zog Massen an. Aber seine eigentliche Faszination und gesellschaftliche Prägekraft entfaltete das Medium mit dem Erzählen erfundener Geschichten – als Kunst sui generis, als Massenkunst. Sicher läßt sich Filmgeschichte nach den Maßstäben der traditionellen Ästhetik schreiben: Komplexität der Bezüge, philosophischer Gehalt, ständige Innovation der eingesetzten Mittel, Selbstreflexion des Mediums usw. Aber Faktor der Gesellschaftsgeschichte, Gestalter der geistigen und sinnlichen Wahrnehmungsinstrumente der Menschen wurde der Film, soweit er die Regeln einer populären Kunst kreativ entwickelte; soweit er sich einstellte auf ein abgespanntes, buntgemischtes Publikum, das aus der Hektik, Reizflut und Enge des modernen Lebens heraus das ganz Andere suchte: sinnliche Erregung und starke Gefühle, unbekanntes Milieu und exotische Umgebung, Abenteuer und Spannung, bewegte Handlung und einprägsame Bilder, Witz, Komik und Drastik, nicht zuletzt die Bekräftigung elementarer Prinzipien von menschlichem Anstand und Gerechtigkeit.

Mit dem Film hielt eine Kunst Einzug *in den Alltag* der Lohnabhängigen. Das Kino ermöglichte praktisch jederzeit die ästhetische Erfahrung, sich phantasie-, empfindungs- und gedankenvoll auseinanderzusetzen mit Möglichkeiten des Menschlichen. Dazu war das neugeborene Medium besonders geeignet. Selbst Kolportageroman und Bühnenschwank, Volkstheater und Varieté übten noch einen gewissen Schwelleneffekt aus; mit ihnen verband sich für die Unterschichten die Vorstellung eines wenn nicht höheren, so doch vom alltäglichen Dasein getrennten Bereichs. Anders der Film: Das Lesen der Botschaften aus Sequenzen bewegter Bilder mußten alle lernen, Gebildete wie einfache Leute. Und der frühe Film trug, mit den Worten Siegfried Kracauers, »die Züge eines Gassenjungen und war ein verwahrlostes Geschöpf, das sich in der Unterschicht der Gesellschaft herumtrieb. Viele Leute, die es ins Kino zog, waren niemals im Theater gewesen, andere hingegen wurden von der Bühne weg zur Leinwand gelockt. Um 1910 hatte das Theater der Provinzstadt Hildesheim den Ausfall von 50 % der Besucher zu verzeichnen, die zuvor gewöhnlich die billigsten Plätze lösten. Varieté und Zirkus klagten über ähnlichen Besucherschwund. Die Kinos, Attraktion für junge Arbeiter, Ladenmädchen, Arbeitslose, Bummelanten und für Typen, die sozial nicht einzustufen waren, standen in ziemlich schlechtem Ruf. Sie boten den Armen ein Obdach und den Liebenden eine Zuflucht.«[94]

Man hat den frühen Film, der sich auf die Schaulust der Vielen einließ, treffend als »Kino der Attraktionen« charakterisiert.[95] Die Programme aus 10 und mehr unterschiedlichen Nummern setzten mit Grotesken und humoristischen Szenen, mit Tierkämpfen und Räubergeschichten, mit Rührstücken und einem Filmerklärer, der die lebenden Bilder erläuterte, Traditionen populärer Unterhaltung fort. Anknüpfend an Bänkelsang, Varieté und *Music Hall*, konnte der Film zur Massenkunst werden, von Anfang an verbunden mit Gewohnheiten und Vorlieben der einfachen Leute. Sein Erfolg bis weit in die Oberschicht hinein wurde davon nicht aufgehalten. Um 1910 entstanden in Deutschland aufwendigere, gar luxuriöse Filmtheater, die mit Erfolg ein gutsituiertes Publikum anzogen. Der Kinobesuch und das Gespräch über Filme wurden noch vor 1914 in Teilen des gehobenen städtischen Bürgertums, unter Künstlern und Intellektuellen legitim, ja geradezu Ausweis modernen Lebensstils.

Allerdings bildeten sich höchst unterschiedliche Aneignungsweisen heraus. Der »Kintopp« im Arbeiterviertel war primitiv eingerichtet und voll verbrauchter Luft, allenfalls mit einem Grammophon oder einem elektrischen Klavier ausgestattet, und die Bildqualität war schlecht. Das Publikum vom Säugling bis zum Zuhälter aß und trank, Pärchen schmusten während der Vorführung; man unterhielt sich, kommentierte lautstark und wollte zunächst nicht einmal auf das Rauchen verzichten. Bürgerliche Filmpaläste hingegen imitierten Theaterarchitektur, boten ganze Orchester auf, gestalteten Premieren zu gesellschaftlichen Ereignissen und verlangten Preise, die für Exklusivität sorgten. Die Programme klammerten allzu Derbes oder Blutrünstiges aus und betonten den Kunstanspruch – aber faktisch wurde weithin dasselbe gezeigt wie im »Pantoffelkino« der einfachen Viertel, das man zwanglos in Alltagskleidung besuchte. Der Komiker Max Linder und die Heroinen Henny Porten und Asta Nielsen waren Stars, die Arm und Reich zu Tränen rührten.

Ob allerdings die verschiedenen Zuschauerkreise wirklich dasselbe sahen, muß man bezweifeln. Der Film als Erfahrung entsteht erst im Kopf; die Betrachtenden konstruieren ihn aus dem Gezeigten nach Mustern des Deutens und Empfindens, die sie aus ihrer Lebenswelt mitbringen. Da können Interpretationen und Bewertungen derselben Geschichte, derselben Bilder durchaus gegensätzlich ausfallen.

Wenn man das nicht vergißt, ist es dennoch sinnvoll, von Massenkultur zu sprechen. Schon vor dem Weltkrieg wurde die Filmproduktion ökonomisch konzentriert und technisch rationalisiert. Film war eine Ware, serienmäßig hergestellt zur Erzielung maximaler Gewinne. Das Kapital der größten französischen Firma, Pathé, die den Weltmarkt anführte, betrug 1900 2 Millionen Francs, 1913 30 Millionen; zwischen 1908 und 1910 erhielten die Aktionäre eine Dividende von 90 %.[96] Derartige Unternehmen suchten ständig nach Rezepten, die den Geschmack eines breiten, möglichst nicht durch Klassenschranken begrenzten Publikums trafen. Wo man eine Erfolgsformel zu haben glaubte, wurden die

Produkte standardisiert, um den Aufwand möglichst niedrig zu halten und Studios und Kopierfabriken wirklich industriell zu nutzen.

Es ist erstaunlich, wie schnell Publikum, Regisseure und Unternehmer lernten, die Möglichkeiten der neuen Kunst zu entfalten. Die Dynamik des expandierenden Markts und das »Kinofieber« der von den bewegten Bildern Faszinierten wirkten zusammen. Die zunehmende Produktion von Filmen mit konventionell realistischer Erzählhaltung beeinflußte den Geschmack; aber auch ästhetischer Vergleich und dadurch gewandelte Ansprüche des Publikums führten dazu, daß schon vor 1914 der abendfüllende Spielfilm am höchsten in der Gunst der Zuschauer stand.

Im Kino saßen überwiegend Menschen, die im gesellschaftlichen Machtgefüge die schwächeren Positionen innehatten; sie kamen aus abhängig beschäftigten und kleinbürgerlichen Schichten, und unter ihnen dominierten wiederum Heranwachsende und Frauen. Sie vor allem prägten Inhalte und Nutzungsweisen von Film und Kino. Sie suchten Räume, in denen sie körperlich und geistig Abstand gewannen zu den bedrückenden Anforderungen ihrer Umwelt, und Träume von einem anderen, entgrenzten Dasein – Räume und Träume, die nicht selten psychische Überlebensmittel wurden.

Die »Züge eines Gassenjungen« legte der Film bald ab. Doch blieben ihm das Stigma der Trivialität und ein Hauch von Widersetzlichkeit gegen ein Realitätsprinzip, das auf das Sichabfinden mit Elend, Unterdrückung, Leere des Daseins hinauslief. Die erste moderne Massenkunst steht so exemplarisch für die populären Vergnügungen, die Millionen Menschen im weiteren Gang des Jahrhunderts gebrauchen lernten als Quellen alltagsnaher ästhetischer Erfahrung.

Beispielhaft war der Film auch in anderer Hinsicht. Die vorherrschende Ablehnung seitens der Eliten schloß die zynische, herrschaftsdienliche Nutzung seiner Beliebtheit keineswegs aus. Gemessen an den Massenauflagen chauvinistischer Literatur, blieb der für den internationalen Markt produzierte Unterhaltungsfilm der Vorkriegszeit überwiegend frei von nationalistischen Botschaften. Nach dem Kriegsbeginn 1914 jedoch benutzten alle beteiligten

Parteien das neue Medium als Propagandawaffe. Die vorgebliche Authentizität der Kamera belegte Sieghaftigkeit und moralische Überlegenheit der eigenen Sache; mit der Macht der Bilder schürte man Haß und Angst vor dem Feind.

Aber selbst in dieser mörderischen Funktion blieb der gleichmacherische, Autoritätshierarchien abflachende Effekt erhalten. Vor der Leinwand fanden sich – immer häufiger auch im selben Raum – Menschen unterschiedlichster Herkunft zusammen, erheitert und gerührt durch dieselben Bilder. Das Gezeigte entsprach, das wußten alle, nicht den Bildungsnormen der Eliten, sondern ästhetischen Gewohnheiten der einfachen Leute. Ihre Eintrittsgroschen und ihre Zahl gaben ihnen erstmals kulturellen Einfluß. Und auch wenn viele Streifen die Reichen und Mächtigen verklärten – das Kameraauge löste Unnahbarkeit und Geheimnis der Herrschenden auf. Einer, dem früh die entheiligende, ernüchternde Macht der filmischen Repräsentation bewußt wurde, war der Schriftsteller Berthold Viertel. 1910 nahm er in Wien an einer Kinovorführung teil, die der deutsche und der österreichische Kaiser besuchten.

»Sie sahen dort sich selber zu. Sie sahen ein getreues Abbild ihrer selbst, welches zu sprechen, zu grüßen oder zu lachen schien. Und das Publikum im Bilde applaudierte. Und das Publikum im Zuschauerraum applaudierte auch. Und die Monarchen im Bilde dankten. Und die wirklichen Monarchen dankten in der Wirklichkeit. Aber plötzlich riß ein Film und es ward dunkel. – Bei dieser Stelle des Berichts lief es mir kalt über den Rücken. Wie? ging dieser Riß auch durch die Wirklichen? Und mit Entsetzen fragte ich mich: ja, wer ist denn hier der Wirkliche?

Ich bringe es nicht mehr aus dem Bewußtsein, dieses furchtbare Doppelgängertum der Repräsentation. Der ausgewählte Eine, der einfach dadurch, daß er geht und spricht und grüßt, und zwar möglichst typisch geht und spricht und grüßt, den Völkern ihre Existenz zur Evidenz bringen soll – doppelt? Darf man die Gnade so frevelhaft vervielfältigen? Ist es nicht zu viel für einen Moment, zwei, nein, vier Könige? Dort oben, im Bilde, erfüllt einer seine hohe Pflicht, und unten, im Zuschauerraum, sitzt derselbe einfach als Mensch, der sich am Konterfei seiner Würde menschlich ergötzt? Oder erfüllt er dadurch wieder nur seine Pflicht? Wo beginnt, wo endet die Repräsentation? Und das Volk, hier zweimal vorhanden, und darum zweimal glücklich, seinem eigenen Jubel zujubelnd, sein naives Volk-Sein im Spiegel begrüßend. Ist das nicht gefährlich? Könnte das Volk nicht erschrecken, als ob es sein eigenes Gespenst erblickte?«[97]

Die Gewalt der Bilder der wirklich Mächtigen ließ nach – zugleich wuchs die Macht der Bilder, zu definieren, was wirklich und wichtig sei.

Radio, Jazz und Amerikanismus

Zwielicht

Die 20er und auch die 30er Jahre waren, das ist durchaus keine Banalität, die Jahre nach dem Großen Krieg. Das Grauen der Schützengräben und des Massentötens, Hungerwinter und ständige Angst um geliebte Menschen waren traumatisierende Erfahrungen gewesen. Und Elend, gewaltsame Erschütterung und Verlust gewohnter Sicherheiten bis zur Verarmung durch Inflation kennzeichneten auch die Nachkriegszeit bis weit in die 20er Jahre hinein. Das nährte politische und geistige Radikalisierung, aber auch eine gesteigerte Suche nach Vergnügen. Der Wille, angesichts einer ungewissen Zukunft das Heute zu genießen, bildete eine Konstante städtischen Lebens.

Man hat die Zeit zwischen den Weltkriegen als Krisenjahre der Klassischen Moderne bezeichnet.[98] Im Blick auf die Massenkultur ist das eine treffende Charakteristik. Populäre Künste und Amüsements bildeten keine entrückte Traumwelt jenseits der Gesellschaft. Im Gegenteil: Schlagworte wie »Tanzfieber« und »Amerikanisierung«, »Nigger-Jazz« und »Kulturbolschewismus« zeigten, daß der Unterhaltungssektor zum Kampffeld zwischen den Kräften der Demokratisierung und der Gegenmoderne wurde. Populäre Kultur eignete sich hervorragend zur gezielten Polarisierung; Erwartungen und Ängste angesichts tiefgreifender Veränderungen, traumatischer Erfahrungen und einschneidender Verunsicherungen fanden hier konzentrierten Ausdruck. Das war keine Besonderheit Deutschlands, aber dort wurde es bis zum bitteren Ende durchexerziert.

Wir können hier nicht erörtern, warum der Modernisierungsschub nach 1918 als Überforderung erfahren wurde und wieso die Gegner der Demokratie daraus politisches Kapital zu schlagen vermochten. Für unser Thema sind zwei Gesichtspunkte wichtig. Erstens war Massenkultur, wie schon angesprochen, ein städtisches Phänomen. Und in den 20er und 30er Jahren trennte eine außerordentlich tiefe Kluft urbane Lebensauffassungen von ländlich-vorindustriellen Verhaltensmustern. Ob es um Familie und Glauben ging, um Sexualität und Frauenrolle, um kindlichen Gehorsam und Autorität, um die Bedeutung des Herkommens und die Aufgabe von Kunst – Denkweisen und Praktiken hätten nicht gegensätzlicher sein können. Noch hatten Massenmedien und Mobilität ihre ausgleichende Wirkung nicht entfaltet. In den Metropolen, allen voran Paris und Berlin, entfaltete sich ein scheinbar grenzenloses Vergnügungsleben. Die Zeitgenossen fühlten sich in einem üppigen Garten der Massenkünste voll fremder Düfte, nie gesehener Farben, unbekannter Arten und sinnlich prangender Blüten. Vielen erschien dies als Gegenwelt und Herausforderung der bescheidenen, vertrauten und nützlichen Pflanzenwelt heimischer Äcker, denen man in aufreibender Arbeit das tägliche Brot abgewann. Die Großstadt als Sündenbabel – das Deutungsmuster drängte sich nach jahrzehntelanger Gegenüberstellung von »gesunder Scholle« und »lebensfeindlichem Asphalt« geradezu auf.

Zweitens zählte die Blüte der Populärkultur selbst zu den sozialen und politischen Umbrüchen, die die Gesellschaften West- und Nordeuropas nach 1918 so tiefgreifend veränderten. Man darf sich durch Statistiken nicht täuschen lassen. Wenn ein Freizeitgut oder eine Unterhaltungsform die weiteste Verbreitung gefunden haben, dann geht ihre Bedeutung für die Menschen bereits zurück. Der Umgang mit dem allgemein Verfügbaren ist Routine; was noch seltener und schwerer zugänglich ist, beschäftigt mehr und bewegt tiefer. In dieser Hinsicht hatten Kino, Radio, Schausport und Ausflüge zwischen den Kriegen weitaus größeres Gewicht als später. Massenkünste waren noch umgeben von einer Aura des Neuen und Gewagten, Abenteuerlichen und Wunderbaren, die wir abgebrühten Nachgeborenen kaum mehr nachvollziehen können.

Der Anspruch auf erlebnisreiche Freizeit wurde in den 20ern und 30ern Gemeingut. 1918/19 hatten viele Staaten den 8-Stunden-Tag zum Gesetz erhoben – überfälliges Zugeständnis an die Massen, die mit ihren Opfern den Großen Krieg getragen hatten, und verheißungsvolle Ouvertüre, so hofften viele, einer besseren Zukunft mit mehr Zeit für Familie und persönliche Erfüllung. »Golden« wurden die 20er Jahre nur für wenige. Dennoch dehnten sich die Felder aus, auf denen Menschen unterschiedlichster Stellung gemeinsam ihren Freizeitinteressen nachgingen. Bislang Exklusives wurde breiter zugänglich, und auch in den »besseren Kreisen« schätzte man die Reize von Film oder Boxsport.

Es entwickelten sich Züge im Vergnügungsbetrieb, die viele Zeitgenossen als fieberhaft und extrem ichbezogen, ja hemmungslos empfanden. Häufig in bösartiger Verzerrung angeprangert, nährten sie wiederum konservatives Ressentiment und die verzweifelte Wut derer, die durch eine gewaltsame Wendung zurück den Konflikten der Moderne zu entkommen hofften. Nicht wenige der von Ruhm wie Skandal umwitterten Ereignisse nehmen, so sah es Adorno, »in ihrem zwielichtigen Verhalten zur Anarchie heute sich so aus, als wäre es ihre Hauptfunktion gewesen, dem Nationalsozialismus die Parolen zuzuspielen, die ihm dann zum Kulturterror dienten: als hätte die geflissentlich hervorgekehrte Unordnung schon nach jener Ordnung gegiert, die dann der Hitler über Europa brachte«.[99] Massenkultur eröffnete keinen Fluchtort jenseits der Gesellschaftskrisen. Im Gegenteil: In aufgeheizter Atmosphäre wurden die populären Künste zu Realsymbolen; an ihnen ließen sich Für und Wider der umstrittenen Moderne anschaulich belegen. So wirkten wahrscheinlich Ausbruchsversuche wie wilde Tänze und Starbegeisterung, Körperkult und Sexualisierung mit an der Steigerung der Widersprüche, die sich schließlich in Saalschlachten und Diktatur, Krieg und Völkermord entluden.

Stimmungsmanagement

Man wollte sich vergnügen nach dem Krieg und trotz der Krisen, sich spüren und zumindest für Stunden in gehobene Stimmung versetzen. Das war für Wohlhabende leichter zu verwirklichen als für abhängig Beschäftigte, deren Realeinkommen bis in die 30er Jahre meist nur um den Vorkriegsstand schwankten. Doch Film und Unterhaltungsmusik, Radio und Schallplatten konnten unterschiedlichste Bedürfnisse erfüllen; und viele lernten, sie zum Stimmungsmanagement einzusetzen, zur gezielten Beeinflussung der emotionalen Befindlichkeit. Eine englische Phonozeitschrift stellte das 1923 als Vorzug des neuen Mediums heraus: »Einer der Hauptvorteile des Grammophons liegt darin, daß es für jede Stimmung die richtige Musik bietet.« [100]

Neue Rhythmen und Tänze, meist Importe aus USA, schienen eine langersehnte Freiheit der Körper zu bringen. »Tanzfieber« erfaßte neureiche Kriegsgewinnler ebenso wie junge Arbeiterinnen und Arbeiter, und Vergnügungspaläste prunkten wie Kirchen der neuen weltlichen Religion. Zwischen 1918 und 1925 wurden in Großbritannien 11000 Tanzsäle und Nachtclubs eröffnet.[101] Es waren die Jahre des »Jass«. Kapellen, die sich oft nur durch völlige Unkenntnis des amerikanischen Jazz, durch noch weniger Skrupel sowie durch phantasievolle Lärminstrumente auszeichneten, machten der Salonmusik den Garaus. Ein deutscher Musikkritiker bilanzierte: »Tanzmusiker und Orchester verbrannten schämig ihre alten Noten, besorgten sich rote Fräcke, färbten sich die Gesichter schwarz, zogen gelbe Strümpfe und blaue Schuhe an, kauften sich Kindertrompeten, Kuhglocken, Gitarren und Zündplätzchenpistolen und ließen sich frohgemut [...] als Original-Yazz- oder Shimmy-band zu Hunderten engagieren. Treulichst wurde die Devise befolgt: Keine Destille ohne Yazz-band! Und das Publikum kam zu Tausenden.« [102]

Eine Mode löste die andere ab. Dem Foxtrott folgten Onestep, Shimmy, Charleston – Gegenentwürfe zum klassischen Gesellschaftstanz. Es ging um physische Verausgabung und Exzentrik, um ausgefallene Bewegungen und um ein sexuell aufgeladenes Körperempfinden; das entsprach der eigenen Stimmungslage wie den Vorstellungen von primitiver, urwüchsiger »Nigger-Musik«. Um 1925 zählte man in Deutschland mehr als 30000 Tanzkapellen [103] – von Gruppen, die mit Radau und Spektakel in der Vorstadt aufspielten, bis zu internationalen Bands, die in exklusiven Hotels gepflegten orchestralen Jazz boten.

Gerade einfache Kapellen sahen sich allerdings bedroht durch die preiswerte Alternative des Grammophons (vgl. Tab. 3). Für die Mehrheit war es noch unerschwinglich. Doch kann man annehmen, daß zur Mitte der 1930er Jahre rund 2 Millionen deutsche Haushalte über einen Plattenspieler verfügten, darunter auch Arbeiter und Angestellte. In England wurden Geräte für 4, ja sogar für 2 Pfund angeboten. Der Durchschnittswochenlohn lag um 2,80 Pfund, aber Ratenkauf war verbreitet und machte manches möglich. Und ein Bahnangestellter mit einem Jahreseinkommen von 220 Pfund konnte sich durchaus ein Grammophon leisten.[104]

1925 begann die Produktion von Schallplatten, die über ein elektrisches Mikrophon (nicht, wie bisher, mechanisch) aufgenommen wurden. Sie boten eine sehr viel höhere Klangqualität. In einem guten Monat des Jahres 1926 verkaufte allein eine britische Firma 2 Millionen Platten.[105] Im Sortiment dominierten wohl die teureren Aufnahmen mit anspruchsvollen Kompositionen: Klassik, Oper, Operette, vorgetragen von internationalen Gesangsstars wie Marie Jedlitzka und Lotte Lehmann, Benjamino Gigli und Richard Tauber. Doch der Anteil von Unterhaltungsmusik und Schlagern stieg schnell; die Käuferschaft erweiterte sich. In den 1930ern vertrieben in England Kaufhäuser populäre Titel für einen halben Shilling.[106]

Mit zeitbezogenen und respektlosen Texten, witzig-spritziger Musik und professioneller Interpretation setzten viele Schlager der 20er Jahre Maßstäbe, die seither selten erreicht wurden. In Frankreich feierten Chansonkünstler wie die Mistinguett und Maurice Chevalier Triumphe, in Deutschland boten Fritzi Massary oder die Comedian Harmonists Unterhaltung auf höchstem Niveau. Den größten Erfolg hatten jedoch nicht Titel, die sich in Rhythmik und Instrumentation an den Jazz anlehnten, sondern gefühlige, schmalzig und »exotisch« arrangierte, oft noch nach den »Höhen der Kunst« schielende Operettenarien und Lieder. Von der Edelschnulze »Valencia« wurden zwischen 1927 und 1929 weltweit 22 Millionen Platten verkauft.[107] In Deutschland war nach zeitgenössischen Angaben bis 1929 das Bananenlied (»Yes, we have no bananas« / »Ausgerechnet Bananen«) 3millionenmal, »Ich hab' mein Herz in Heidelberg verloren« 1millionmal verkauft worden.[108]

Langsam emanzipierte sich die populäre Musik von Bühne und Brettl, Operette und Revue(film). Die Erfolge von Charles Trenet, Edith Piaf und Tino Rossi, von Al Bowley oder US-»Crooner« Bing Crosby in den 30er Jahren basierten auf Radio und Schallplatte.

Das private Grammophon ermöglichte, Musik nach eigener Wahl einzusetzen: für Familienabende und Tanzfeste, zum Kunstgenuß und zur Demonstration modernen Lebensstils, ganz ausgeprägt zum Schaffen und Beeinflussen von Stimmungen. Zu Hause verbrachte Zeit wurde reizvoller. Eine 15jährige Berliner Verkäuferin berichtete 1930: »Wenn ich im Wohnzimmer Staub wische, so drehe ich oft unser Grammophon auf. Die Arbeit wird dadurch unterstützt. Man geht mit viel mehr Freude an diese Arbeit.« Und ein 17jähriger Werkzeugmacher brachte die Praxis des Stimmungsmanagements auf den Punkt: »[...] ich spiele mir ein paar Schallplatten auf unserm Grammophon vor. Das mach ich fast jeden Abend. Die Musik ist nämlich für mich eine Abwechslung. Die schlechten Gedanken, die man den ganzen Tag über gehabt hat, vergißt man, und man bekommt frischen Mut.«[109]

Man begann, mit tragbaren Geräten und entsprechender Plattenauswahl Gruppenstile öffentlich vorzuführen: beim Picknick, im Park, am Badesee usw. Populäre Musik wurde zum Bestandteil persönlicher Alltagsgestaltung und zum Zeichen, mit dem einzelne und Gruppen sich darstellten. »Wenn man in ein Bad gekommen ist«, erinnert sich ein Wiener an seine Jugend in den 1930ern, »hat man hinter jedem Busch ein Koffer-Grammophon gesehen. [...] Man konnt' auch zum Beispiel Rudern gehen, und beim Segeln war das genauso. Die Platten waren so schwer, daß man auch bei heftigem Seegang eine Schallplatte gespielt hat.«[110]

Den Trend, Musik zum Lebensmittel zu machen, beförderte auch *das* neue Massenmedium der Zwischenkriegszeit: der Rundfunk. Diese Nutzung war allerdings bei der Einführung keineswegs vorgesehen. Das neue Medium regte autoritäre und zentralistische Visionen an. Mit der Möglichkeit, von einem Punkt aus gleichzeitig die ganze Nation anzusprechen, war offensichtlich ein erstrangiges Machtinstrument entstanden. Am 9. November 1918 hatten revolutionäre Soldaten in Berlin eine »Zentralfunkleitung« gebildet, die alle militärischen Funkeinrichtungen dem Arbeiter- und Soldatenrat unterstellen und ein staatsunabhängiges Nachrichtennetz aufbauen sollte.[111] Auf konservativer Seite wirkte der »Funkerspuk« als Menetekel: Die neue Sendetechnik mußte unter staatliche Kontrolle gebracht werden. Zigtausende Arbeiter hatten aus dem Krieg funktechnische Kenntnisse mitgebracht. Konnten sie nicht Empfänger zu Sendern umbauen? Vielleicht trug diese Sorge dazu bei, daß die Planer zunächst an kollektive, halböffentliche Nutzungsformen wie städtische Hörstuben und Saalrundfunk dachten.[112]

Hinter solchen Ideen standen ungebrochene Volksbildungshoffnungen; Konzertsaal und Vortragsauditorium lieferten Muster für die Nutzung des neuen Mediums. Und aus dieser Sicht war die privatkapitalistische Organisation des Rundfunks wie in den USA mit seinem Einsatz als seriöses kulturelles Instrument unvereinbar. So fand man in Westeuropa vor allem nichtkommerzielle, mehr oder minder regierungsnahe und politisch kontrollierte, jedenfalls staatstragende Konstruktionen. Im Dezember 1923 bestimmte der deutsche Reichspostminister Höfle als Aufgabe des »Unterhaltungs-Rundfunks«: Er solle ermöglichen, »an große Kreise der Öffentlichkeit nach Bedarf amtliche Nachrichten auf bequeme Weise zu übermitteln; durch letzteres ist ein Weg beschritten, der für die Staatssicherheit von Bedeutung werden kann. Rücksichten der Staatssicherheit fordern, daß eine Überwachung darüber besteht, daß nur solche Landesbewohner Apparate im Besitz und im Betrieb haben, die nach den gesetzlichen Bestimmungen Funkstellen betreiben dürfen, und ferner, daß die Inhaber von Funkempfangsgeräten auch nur das aufnehmen, was für sie bestimmt ist.«[113] Rundfunk nicht als dezentrales Netzwerk zur Kommunikation in der Gesellschaft, sondern als von oben programmiertes Einbahnstraßenmedium war das Ziel.

Das individualistische Modell eines Volkes von zu Hause sitzenden Rundfunkhörern hatte Erfolg. Sicher nicht nur, weil es der Industrie einen Millionenmarkt für Geräte erschloß; derart preiswerte Empfänger waren in den frühen 20ern noch nicht absehbar.

Kollektivistische Angebote wie die Hörstube gingen vorbei am Bedürfnis nach ungezwungener Unterhaltung ohne soziale Kontrolle. Und auch für Volkserzieher wie den deutschen Rundfunkkommissar Hans Bredow war die Idee einer »neuen Heimkultur« reizvoll; das Radio könne – gerade im Blick auf die Arbeiterschaft – helfen, die Familie zu stärken, »die heranwachsenden Kinder zu Hause und von den verderblichen Einflüssen der Straße und der Kaschemmen fernzuhalten«. – »Die jagende Unrast der Großstadt entweicht, das Haus wird zum Heim, auch für Kunstgenuß und Belehrung.« [114]

Die Männer (es waren wirklich kaum Frauen beteiligt), die das Programm entwarfen, gehörten überwiegend dem gebildeten Bürgertum an. Das breite Publikum war in ihrem Denken meist nur durch Vorurteile über die »ordinären Vergnügungsansprüche kulturell amorpher großstädtischer Massen« [115] repräsentiert. Vor allem lehnten sie die Vorstellung ab, Werte und Geschmack könnten von Mehrheiten beurteilt werden. Nicht wenigen war das Medium selbst verdächtig. Der bequeme Konsum über das Ohr lenke von Lektüre und Kunst ab und fördere ein gefährliches Nebenbeihören. Rundfunk galt als gleichmacherisch; er schaffe riesige passive Hörerschaften.

Wenn das Radio ein »Kulturfaktor« (Bredow) sein sollte, dann als Gegenkraft zur Massenkultur, als Mittel zur Hebung des Niveaus. Man mußte das Volk mit Werken bekannt und vertraut machen, die ihm bisher verschlossen waren. »Der Rundfunk sollte [...] anregen: durch Unterhaltung anregen. Und weiter dann durch Anregung vermitteln und durch Vermittlung, wenn es sein muß, auch erziehen.« [116] Ein Detail mag das Selbstverständnis veranschaulichen: Bei der BBC saßen die Sprecher im Abendanzug vor dem Mikrophon.[117] Und nicht wenige Hörer vervollständigten die Inszenierung von »Kultur«. Noch 1935 teilte ein deutscher Radiobesitzer mit: »Man zieht sich abends zum Hören von Rundfunkkonzerten oder Opern schön an und trinkt manchmal Wein dabei, um das festliche Fluidum zu schaffen.« [118]

Ende 1922 hatte in Frankreich der erste Sender den regelmäßigen Betrieb aufgenommen. 1923 begann man in England, Deutschland und Belgien mit Rundfunkprogrammen im nationalen Maßstab; kleinere Stationen gab es in fast allen Ländern Europas (vgl. Tab. 4). 1933 verfügte jeder vierte deutsche Haushalt, in den Großstädten jeder zweite, über ein Gerät; der Anteil der Arbeiter lag immerhin bei 25 %.[119] In England entsprachen zur Mitte der 30er Jahre die Hörer schon in etwa dem Querschnitt der Bevölkerung, 1939 waren knapp drei Viertel der Haushalte versorgt.[120]

Das britische »Radio Year Book« für 1925 formulierte anschaulich, welche unvergleichliche Erfahrung der Empfang vermitteln konnte. »Nachdem wir das Rundfunkgerät aus dem Laden geholt haben, kommt der spannende Moment, wenn es in Betrieb genommen wird und die Familie mit Musik beglückt. Das ist, wie der Hochzeitstag und die erste Fahrt mit dem Fahrrad, ein Erlebnis, wie es sie in dieser unromantischen Zeit nur selten gibt.«[121]

In den Anfangsjahren bildete der Rundfunk vor allem eine technische Attraktion. Empfang und Wiedergabe waren von geringer Qualität. Die Zahl der aus Baukästen selbst montierten Geräte überwog die der fertig gekauften bei weitem; so suchte man auch die Rundfunkgebühr zu umgehen, die mit 2 Mark monatlich in Deutschland für viele Haushalte jenseits des Bezahlbaren lag. Die Sendequalität verbesserte sich jedoch schnell, und die Bedienung der Apparate verlangte bald keine technischen Vorkenntnisse mehr. Am Ende der 20er Jahre war aus dem Bastler-Hobby eine Freizeitaktivität geworden. Der Übergang vom Kopfhörer zum Lautsprecher machte dies augen- und ohrenfällig. Eine männliche Domäne verwandelte sich in ein Medium, das tagsüber vor allem Hausfrauen erreichte; dem mußten die Programme Rechnung tragen. Und auch bei der Wahl der Sendung für den Abend hatte das Wort der – gut informierten – Frauen Gewicht.[122]

Je mehr Menschen ohne höhere Bildung, die schwer arbeiteten und um ein anständiges Durchkommen kämpften, in den Einzugsbereich des Rundfunks gerieten, desto stärker kam das Erziehungskonzept unter Druck. Zwar haben Radio und Schallplatte dazu beigetragen, das Publikum und das öffentliche Interesse für klassische Musik zu vergrößern; die 1895 begründeten Londoner Promenadenkonzerte, die »Proms«, gewannen wesentlich an Popularität, nachdem die BBC 1927 mit regelmäßigen Übertragungen begann.[123] Doch empfanden viele Hörer die Betonung kultureller Lernangebote als arrogante Mißachtung ihres Geschmacks. Nun wurde aus der Sicht der Industrie das Programm ja fast kostenlos ins Haus geliefert, um Verbreitung und Verkauf von Empfängern voranzubringen; ein Sender, der Massen potentieller Käufer vor den Kopf stieß, handelte nicht im Sinn der Unternehmen. So forderte 1935 die »Radio Manufacturers Association« die BBC in einem Memorandum auf, ein attraktiveres Programm zu machen. 80 % der Hörer wünschten populäre Unterhaltung, nur 20 % seien an Hochkultur interessiert. Die BBC setze ihre Schwerpunkte jedoch genau umgekehrt.[124]

Auch die in öffentlicher Verantwortung betriebenen Stationen mußten im Lauf der Zeit stärker auf die Wünsche des breiten Publikums eingehen. Zwar hatte Musik stets den größten Teil der Sendezeit bestritten, rund zwei Drittel;[125] damit wollte man politische Konflikte vermeiden. Doch handelte es sich neben Klassik, Chören, Opern und Operetten überwiegend um konventionelle Tanzmusik, nicht um aktuelle Schlager. Bei der BBC stiegen der Anteil sogenannter leichter Unterhaltung (Sendungen mit *Music-Hall-* und Revuecharakter, Star-Entertainer) und die Zahl der Reportagen, aber das Programm unterschied sich doch deutlich von dem der kommerziellen Konkurrenz, die aus Nordfrankreich hereinstrahlte. Deren treueste Hörer kamen aus den niedrigsten Einkommensgruppen; sie verlangten am stärksten nach Unterhaltungssendungen. Befragungen ergaben um die Mitte der 30er Jahre, daß englische Radiobesitzer im Schnitt vier Stunden pro Tag hörten. Die Hälfte ließ keine Sendung mit »leichter Unterhaltung« aus; dieses Genre war neben Theaterübertragungen mit Abstand das beliebteste. 40 % gaben an, nie einen bildenden Vortrag einzuschalten, 20 % lehnten jeglichen Vortrag ab.[126]

Am Ende der 30er Jahre war der Rundfunk das Medium geworden, auf das man die meiste Zeit verwandte. In den eigenen vier Wänden gab das Radio den Ton an. Hausfrauen nutzten es ausgedehnt, und für die große Mehrheit, die sich am Abend nicht zur Lektüre hinsetzte, verwandelte es die zu Hause verbrachten Stunden eindeutig in Freizeit. Wichtige Neuerungen waren die Übertragung von Großereignissen (meist aus dem Sport), die von den Regierenden weidlich genutzte Möglichkeit, alle Bürger anzusprechen, und die Rundfunkwerbung, mit der einige französische Privatsender sich finanzierten. Innovative Gattungen wie Hörspiel und Feature erreichten nur kleine Gruppen, die das künstlerisch gestaltete und bildende Wort schätzten. Die Mehrheit wünschte Unterhaltung, und da lieferten Varieté, populäres Theater und Konzert noch immer die Muster. Die Programme legten einen Musikteppich aus, doch Hörern ohne Bildungsanspruch trat der Sender weiterhin als Kulturinstitut entgegen. Noch nicht der Konkurrenz und den Marktmechanismen ausgesetzt, blieben der deutsche und britische Rundfunk eher konservative Elemente im Panorama der Massenkultur.

Ganz anders der Film. Erschwinglicher Eintrittspreis, formloser Zugang und schneller Wechsel der Programme machten ihn zu *dem* Freizeitvergnügen der einfachen Leute. Das zunächst verachtete Medium behauptete sich; die Zeitungen führten regelmäßige Kritiken ein.[127] Auch »Gebildete« begannen anzuerkennen, daß man sich im Kino gut unterhalten könne und daß der Film große Kunstwerke hervorbrachte. Doch insgesamt blieb das populäre Genre für viele im Zwielicht einer »illegitimen Kunst« (Bourdieu). Noch 1930 bezeichnete der Schriftsteller Georges Duhamel in dem Bestseller »Scènes de la vie future« das Kino als »Vergnügen für betrunkene Heloten«.[128]

Historisch gilt jedoch: Wie keine andere Kunst bearbeitete der Film Ängste und Hoffnungen der Zeit massenwirksam, führte sie den Menschen vor Augen und forderte zur Auseinandersetzung auf. Komödien und Ausstattungsstücke, Liebesgeschichten und Abenteuer waren wichtig für das persönliche Stimmungsmanagement. Aber ein bedeutender Teil der europäischen Produktion bearbeitete Erfahrungen und Probleme der Gegenwart, und das war dem Publikum nicht weniger wichtig. Meisterwerke wie Durchschnittsproduktionen trugen bei zur Selbstverständigung in einer sozial und politisch zerrissenen, suchenden Zeit. Die großartigen »Russenfilme« von Eisenstein und Pudowkin, kritische Werke über den Krieg wie G. W. Pabsts »Westfront 1918«, Lewis Milestones Remarque-Verfilmung »Im Westen nichts Neues« und Jean Renoirs »Die große Illusion« polarisierten das Publikum, riefen die Zensur auf den Plan und gaben Anlaß zur Auseinandersetzung über politische Grundfragen. Chaplins »Goldrausch«, Dreyers »Passion der Heiligen Johanna«, René Clairs »Unter den Dächern von Paris« und Disneys Mickey-Mouse-Streifen begeisterten das Publikum in Arbeitervierteln und Erstaufführungstheatern gleichermaßen. Künstler wie Gracie Fields und Greta Garbo, Jean Gabin und Hans Albers brachten Figuren auf die Leinwand, die Menschen aller Schichten Orientierung und Kraft geben konnten.

Der Zustrom in die Filmtheater war da unmißverständlich (vgl. Tab. 5). 1924 schätzte man in Deutschland über 2 Millionen Besuche täglich, im Jahr 1938 in Frankreich insgesamt 250 Millionen. 1939 zählte die englische Kinoindustrie 23 Millionen Kunden pro Woche, und fast zwei Drittel davon zog es mehr als einmal wöchentlich vor die Leinwand. Der Film stand jetzt eindeutig an der Spitze der städtischen Freizeitvergnügungen. In Paris beispielsweise brachten 1939 die Kinos 72 % aller Einnahmen aus dem Schaugewerbe (1925: 31 %).[129]

Der Übergang zum Tonfilm am Ende der 20er Jahre erweiterte die Möglichkeiten außerordentlich. Text, Stimme und Geräusch als Ausdrucksmittel sowie eine durchkomponierte Filmmusik schufen praktisch eine neue Kunst. Die Hereinnahme der Sprache beförderte die Ausbildung nationaler Filmkulturen. Den größten Zuspruch fanden zunächst Schlager- und Revuefilme; die Leinwand machte die Stars der populären Musik und aufwendig ausgestatteter Shows für alle zugänglich.

Im Gegensatz zu den Annahmen intellektueller Kritiker wie auch der Arbeiterbewegung wußte das Publikum sehr genau, daß es nicht qua Kino seinen Problemen entfliehen konnte. Wo deren Lösung aber Kraft und Möglichkeiten überstieg, da konnten Abschalten und Träumen zu Überlebensmitteln werden – keine Instrumente zur Schaffung einer gerechten, menschenfreundlichen Welt, das ist wahr, aber ebensowenig Drogen zur Verewigung der Verhältnisse, die dem entgegenstanden. Der Arbeiterautor Bruno Schönlank hat seine Distanz, aber auch die Faszination des Films für die an einen grauen Alltag Gefesselten beschrieben. Dabei erlag er selbst der Ausstrahlung der Bilder; in seinen Versen gab er ihnen die Farbe, die sie – vor der Erfindung von Technicolor – nur in seiner Phantasie annehmen konnten.

»Bogenlampen gießen durch die Nacht
Wogen Lichtes. Gierig trinken
Sie die Häuser, daß die Fenster blinken
Wie eine schimmernde Wacht.

Grelle Plakate locken und schrein
Über die Straße. Aus dem Gedränge
Einer hastigen, schiebenden Menge
Treten Gruppen in's Kino ein.

Fabrikarbeiter, von der Fron
Des Tages müd. Verkäuferinnen
Nähmädchen, die sich goldne Märchen spinnen
Vom Glück und treuer Liebe Lohn.

Was gibt die straffe Leinwand nicht zu schauen!
Breite Wälder und Prärien,
Büffelherden, die vor flinken Jägern fliehn
Und dunkler Wolken Wetterbrauen.

Und weithin schimmerndes Meer ...
Drüber hin
Den ecksten Sehnsuchtswünschen gleich
Silbermöwen blitzen

Und grüne Wellen hoch an Dampferflanken spritzen
Die stolze Furchen ziehn
In unbekannter Menschen schönes Reich.

Auch Schauerdramen, blutrünstig erlogen
Und süßliche Szenen, den Reichen geweiht,
Die um eine arme Schöne gefreit
Und sie nicht *betrogen.*

Hübsche Mädchen folgen unverwandt
Den Bildern und saugen ein die Lügen.
Sie lassen sich so gern betrügen
Von dem, was ihre Seele bannt.

Glanztrunken gehn sie zögernd dann nach Haus
Und sehn in dunkler Kammer noch ein Licht,
Das sonnenhell durch ihre Träume bricht ...
Der graue Alltag löscht es wieder aus.«[130]

Dem Bericht einer jungen Textilarbeiterin für ihre Gewerkschaft merkt man an, daß sie die Vorbehalte gegen Zerstreuung kannte. Aber sie bestand auf ihrem persönlichen Rezept, den Alltag zu bewältigen. »Dann sahen wir uns einen Lustfilm mit Pat und Patachon an und lachten uns das Herz frei. *Mag sagen wer da will, daß das Kino Kitsch ist, Sorgenbrecher ist es jedenfalls und ich lache ja so gerne.*«[131]

Eine deutliche Mehrheit des Kinopublikums war weiblich (wie, nebenbei bemerkt, die Mehrheit der Theater- und Konzertbesucher und der Leser von Belletristik auch). Das mochte damit zusammenhängen, daß Hausfrauen ihre Zeit freier einteilen konnten, aber auch mit der Kompensation eines unerfüllten, weil von Entscheidung und Verantwortung ausgeschlossenen Daseins und mit einer den Frauen zugewiesenen Zuständigkeit fürs gefühlig Ästhetische. Daß sie ein vorwiegend weibliches Publikum bewegten, förderte jedenfalls die Abwertung der Massenkünste seitens einer ungebrochen männlichen Phalanx von Kritikern und Vordenkern aller Couleur.

Neben den modernen Vergnügungen hielten sich eher traditionelle wie Jahrmarkt und Rummelplatz. Technische Attraktionen wurden häufig aus den USA übernommen, so etwa aufwendige, den Nerven- und Sinneskitzel steigernde Achterbahnen. Man schätzt, daß in der Zwischenkriegszeit jährlich 80 Millionen Deutsche rund 10000 Jahrmärkte und Volksfeste besuchten.[132]

Das städtische Unterhaltungsleben wurde zunehmend von Angestellten geprägt. Ihre Zahl stieg im Deutschen Reich von 0,9 Millionen 1895 auf 3,8 Millionen 1925 und 4,7 Millionen 1939; dabei verdoppelte sich der Anteil der Frauen von 20 auf 40%. In Großbritannien zählte man 1938 3,8 Millionen.[133] Den abhängig Beschäftigten in Dienstleistung, Handel und Büro fiel es schwer, ihren gesellschaftlichen Platz zu bestimmen. Als neue Schicht hatten sie keine eigene Tradition. Sie suchten sich nach unten, vom Proletariat, abzugrenzen – gerade, weil ihre wirtschaftliche Lage viel gemein hatte. Als besonders geeignet zur kulturellen Unterscheidung erwiesen sich moderne Freizeitpraktiken: Grammophon und Revue, Wochenendausflug und Lichtspielpalast. Das Leitbild gehobenen Amüsements führte insbesondere jüngere Angestellte in die großstädtischen »Pläsierkasernen« – so bezeichnete Siegfried Kracauer aufwendige Berliner Vergnügungsetablissements wie das »Haus Vaterland«. Ihre Ausstattung suggerierte Luxus, große Welt und Exotik, und sie versprachen Abwechslung vom eintönigen Arbeitsalltag.

Die verschiedenen Sektoren populärer Freizeit traten in Wechselwirkung miteinander. Die Sportberichterstattung der Presse schuf den Erwartungshorizont, in dem Veranstaltungen zur Attraktion wurden – und umgekehrt: Schnelle und hautnahe Information über das Sportgeschehen wurde zum Mittel im Kampf um Zeitungskäufer. Der Aufbau von Stars lieferte der Unterhaltungsindustrie Markenzeichen, um ihre Produkte aus der Masse des Gleichartigen herauszuheben. Die Medien hatten mit dem Starkult ein neues Feld, aus dem es unbegrenzt Sensationelles und Pikantes zu berichten (oder einfach zu erfinden) gab. Filmschauspieler und Sportler versuchten sich als Sänger (Max Schmeling, »Das Herz eines Boxers«), Schlager nahmen die Begeisterung für Hollywoodgrößen auf die Schippe (»Meine Schwester liebt den Buster«), Revuekünstler machten im Tonfilm Karriere, Berühmtheiten der Unterhaltungsbranche warben für Konsumgüter – es entstand eine dicht vernetzte, auf dieselben Werte verpflichtete Populärkultur als System.

Deren Angebote wurden bis zum Ende der 30er Jahre gleichbedeutend mit erlebnisreicher Freizeit. Sie erreichten Gruppen, die in Armut lebten, ebenso wie das wohlhabende Bürgertum und selbst wachsende Teile der Bildungsschichten. In England entfielen auf 100 Haushalte 75 Radiogeräte sowie 95 Tages- und 130 Sonntagszeitungen.[134] Zwar wurden hier die Klassengrenzen noch sehr viel schärfer markiert als in Deutschland. Die regelmäßigen Besucher der *flea-pits*, der Flohbuden, wie man die billigen Filmtheater sarkastisch nannte, kamen vor allem aus der Arbeiterschaft. Doch auch in den gepflegten Vororten der Mittelschicht entstanden Kinopaläste, und sie präsentierten sich als Kathedralen der Moderne.

4 *Odeon Filmpalast, Woolwich, 1937*

Wendung zum Körper

Nimmt man die Welt vor 1914 zum Maßstab, dann scheint das neue Lebensgefühl der Zwischenkriegsjahre seinen deutlichsten Ausdruck gefunden zu haben in Entwicklungen, die unmittelbar den Körper betrafen. In wilden Tänzen zeigten Männer und Frauen einen expressiven Umgang mit ihrer Leiblichkeit. Man legte Körperpanzer ab, von der gesteiften Hemdbrust bis zum Korsett. Alltagskleidung gab mehr Bewegungsfreiheit und mußte weniger verhüllen. Mit kürzeren Röcken und Bubikopf demonstrierten Frauen Selbstbewußtsein und ein Bekenntnis zum Praktischen. In Freizeit und Sport wurden Zeichen des Wandels gesetzt.

Was vor dem Großen Krieg in bürgerlichen Reformbewegungen gekeimt war, wuchs nun in die Breite. Rückblickend hat Stefan Zweig beschrieben, welche Bedeutung die neue Erfahrung von Körper und Natur für das Lebensgefühl einer ganzen Generation gewann: »[...] die Menschen selbst wurden schöner und gesünder dank des Sports, der besseren Ernährung, der verkürzten Arbeitszeit und der innigeren Bindung an die Natur. Der Winter [...] war auf den Bergen entdeckt worden als eine Kelter gefilterter Sonne, als Nektar für die Lungen, als Wollust der blutdurchjagten Haut. Und die Berge, die Seen, das Meer lagen nicht mehr so fernab wie einst. Das Fahrrad, das Automobil, die elektrischen Bahnen hatten die Distanzen verkleinert und der Welt ein neues Raumgefühl gegeben. [...] gerade im Schwimmbad konnte man die Verwandlung deutlich gewahren; während in meinen Jugendjahren ein wirklich wohlgewachsener Mann auffiel innerhalb der Dickhälse, Schmerbäuche und eingefallenen Brüste, wetteiferten jetzt miteinander turnerisch gelenkige, von Sonne gebräunte, von Sport gestraffte Gestalten [...] Jungsein, Frischsein und nicht mehr Würdigtun wurde die Parole. Die Frauen warfen die Korsetts weg, die ihnen die Brüste eingeengt, sie verzichteten auf die Sonnenschirme und Schleier, weil sie Luft und Sonne nicht mehr scheuten, sie kürzten die Röcke, um besser beim Tennis die Beine regen zu können, und zeigten keine Scham, die wohlgewachsenen sichtbar werden zu lassen. Die Mode wurde immer natürlicher, [...] man versteckte sich nicht mehr voreinander. Die Welt war [...] freier geworden.«[135]

Man widmete dem Körper große Aufmerksamkeit und lud ihn ideologisch auf mit Werten wie Gesundheit, Natürlichkeit, Schönheit, Leistungsfähigkeit. Die schnelle Ausdehnung von Breiten- und Schausport, der Drang in die Natur und die Blüte der (Frei-) Körperkultur gehören in diesen Zusammenhang. Massen einfacher Leute erfreuten sich nun im Verein oder beim Sonntagsausflug an Bewegung und selbstgewählter Anstrengung, an Sonne und frischer Luft. Dabei suchten sie zunächst einmal ganz elementare Befriedigungen: Ausgleich für Berufsbelastungen und Stadtatmosphäre, Gelegenheit zum Spüren der Glieder, zu Wettbewerb und Anerkennung, auch zu offenerer Begegnung der Geschlechter. Man genoß, wenn wohl auch meist unbewußt, den Abbau »viktorianischer« Leibfeindlichkeit. Aber die öffentliche Rede über Körper und Sport ordnete die Praktiken doch in Bedeutungssysteme ein, denen sich die einzelnen nicht entziehen konnten. Eindrucksvolle Inszenierungen des Körpers und der Körper als Bedeutungsträger, auf Massenveranstaltungen wie in der Fotografie, wirkten in dieselbe Richtung. Das galt allerdings für die Engländer mit ihrem relativ individualistischen Verständnis von Sport und sozialer Organisation am wenigsten.

Betrachtet man die öffentliche Bilderwelt – Illustriertenfotos und Werbung, Spiel- und Dokumentarfilme, Traktate und Vorträge, pädagogische Lehren und Sportberichterstattung, Aufmärsche und Massensportveranstaltungen, Turnfeste und Weihespiele –, dann stritten zwei Tendenzen um die Oberhand. Zum einen ging es um den individuellen Spaß an Bewegung und sinnlichem Empfinden, um das Erproben und Steigern der eigenen Leistungsfähigkeit, um Wettkampf und Sieg der Besten. Zum anderen ging es um Stärkung und kultische Feier eines kollektiven Körpers: der Volksgemeinschaft, einer zum Krieg bereiten Jugend, der nordischen Rasse, eines neuen, befreiten Menschengeschlechts oder einer zum revolutionären Kampf bereiten Klasse.

Die Deutungen konnten bis zum Gegensatz auseinandertreten, aber auch in vielen Variationen verknüpft werden. Selbst die Mythen vom Aufgehen in einem starken kollektiven Leib sind nicht über einen Leisten zu schlagen. Welten trennten Freikörperkultur, die der Zuchtwahl der nordischen Rasse dienen sollte, und militaristische Körperertüchtigung vom sozialistischen Zukunftsideal einer solidarischen Gemeinschaft von Ausbeutung und Prüderie befreiter Männer und Frauen – und diese Differenz wurde auch praktisch sichtbar. Umgekehrt allerdings konnte individuelle Sportbegeisterung nicht frei bleiben von ideologischen Motiven: Selbstfeier der fortschreitenden Moderne, Hygienisierung als Eigenwert, Verklärung von Konkurrenz und Aufstiegswillen, Kult des starken einzelnen als Sieger im Kampf ums Dasein. Der gesunde Körper gehörte zur rationell organisierten Fabrik und zur leistungsoptimierten Gesellschaft – der kranke und geschädigte wurde Makel und Problem.

Die Menschen, die am Wochenende »aus grauer Städte Mauern« ins Grüne, in die Natur strömten, empfanden selbstverständlich nicht in solchen Kategorien. Wenige dachten an den Druck, sich eine gepflegte, Leistung versprechende Erscheinung zuzulegen, um sich auf dem Arbeitsmarkt zu behaupten; sie machten sich keine Sorgen über die Industrialisierung des Lebens, die der rhythmischen Stadtflucht zugrunde lag. Sie nutzten die sozialen Verbesserungen, die sie nach dem Weltkrieg errungen hatten. Zwar war die Norm des 8-Stunden-Tages von Unternehmern vielfach durchlöchert worden. Und vor dem Hintergrund von Entlassungen und wirtschaftlicher Stagnation schätzten viele Beschäftigte eine sichere Stellung und guten Lohn höher als weitere Arbeitszeitverkürzungen, die den Konsum eher eingeschränkt hätten. Andererseits konnten auch Kurzarbeit und selbst Arbeitslosigkeit – gezwungen und pervertiert – die frei verfügbare Zeit vergrößern.

Immerhin: Eine wachsende Zahl von Betrieben schloß samstags früher. »Das Wochenende« – ersehnte, konzentrierte Freizeit – wurde zur sozialen Institution. Schlager (»Wochenend und Sonnenschein«) und Werbung (1927 organisierte das Berliner Messe-Amt die Ausstellung »Das Wochenende«) waren gleichermaßen beteiligt an der neuen Rhythmisierung des Alltags. In Großbritannien und Deutschland erhielten größere Gruppen von Arbeitern und Angestellten einen bezahlten Jahresurlaub bis zu einer Woche

(1938 hatten allerdings 60 % der englischen Beschäftigten noch keinen Anspruch darauf).[136] Wandernd, mit dem Faltboot, mit der Bahn und in Bussen suchte man ruhige Flecken oder beliebte Ausflugsziele auf. Wer einen Fotoapparat besaß, konnte die Erinnerung an schöne Tage festhalten und damit graue Abende aufhellen. Kleinbildkameras, mit denen man wirklich Schnappschüsse machen konnte, begannen sich nach 1925 durchzusetzen, allen voran die legendäre Leica; doch dauerte es noch lange, bis sich Freizeitfotografen die teuren Apparate leisten konnten.

Das Fahrrad, das den Arbeitsweg erleichterte, ermöglichte auch den Ausflug ins Grüne. In Frankreich verdoppelte sich die Zahl der angemeldeten Räder von 1914 bis 1926 auf 7 Millionen, um dann mit der Freizeitpolitik der Volksfrontregierung bis 1938 auf 9 Millionen zu steigen. Bis 1939 fanden sich 200 000 Radsportler in der »Union Vélocipédique de France« zusammen, und man schätzt, daß ein Viertel oder gar ein Drittel der Bevölkerung die Strecke säumte, wenn die Heroen der Landstraße auf der Tour de France unterwegs waren.[137]

Individuelle sportlich-spielerische Freizeit, organisierter Wettbewerb der Amateure in Vereinen und Ligen sowie kommerzieller Schausport mögen für verschiedene Prinzipien stehen. Historisch behinderten sie sich nicht, sondern wuchsen parallel. Eigene Aktivität ließ das Interesse an den Leistungen der professionellen Spitzenkönner wachsen – und Anregungen in umgekehrter Richtung gab es wohl auch. Wie beim Radfahren, so zeigte sich das im Fußball. Schon 1923 zählte der »Deutsche Fußballbund« 1 Million Mitglieder. 1929 gab es über 7000 Vereine, deren Mannschaften mehr als 520 000 Begegnungen austrugen.[138] Auf der Straße und in der Schule war Fußball unangefochtener Favorit der männlichen Jugend; zu den Spitzenspielen der Oberliga kamen regelmäßig Zehntausende. Wer nicht selber ins Stadion ging, wurde über die Presse ausführlich informiert und konnte seit der Mitte der 20er Jahre Reportagen im Radio verfolgen. Erfolgreiche Vereine machten das Spiel zum Geschäft; schon die beiden Frankfurter Lokalderbys zwischen der Eintracht und dem FSV brachten 1927 Einnahmen von 70 000 Reichsmark. Dafür leistete man sich hochbezahlte englische Trainer, holte Spieler aus dem ganzen Reich, ja schon aus dem Ausland zusammen und zahlte trotz offiziellen Verbots den Spitzenkräften wachsende Summen.[139]

In England hatten Fußballbegeisterung und Fußballgeschäft allerdings schon eine andere Größenordnung erreicht. 1923 fand das erste Pokalendspiel im neuerbauten Wembley-Stadion mit 126 000 Plätzen statt. Es kamen doppelt so viele Besucher. Sie kletterten über die Zäune, und als das Spiel endlich begann, säumten sie dichtgedrängt die Seitenlinien. Eine zusätzliche Attraktion boten Fußballwetten: Spannung, das Sammeln und Bewerten von Informationen und den Traum vom schlagartigen Ende aller Geldsorgen. Zur Mitte der 30er Jahre spielten etwa 10 Millionen Engländer im Toto; sie gaben jährlich rund 30 Millionen Pfund aus und beschäftigten damit 30 000 Angestellte.[140]

Wachsenden Zulauf fanden aber nicht nur Sportarten, die mit Tempo und Rekordjagd lockten. Es blühten auch traditionelle proletarische Kraft- und Kampfsportarten wie Schwerathletik und Ringen. Als sensationelle Schauereignisse faszinierten gerade körperliche, auch blutige, Auseinandersetzungen Mann gegen Mann. Begierig, so scheint es, nahm die Moderne solche archaischen Züge auf. Internationale Meisterschaftskämpfe im Profi-Boxen, insbesondere im Schwergewicht, stellten alles in den Schatten; Männer wie Georges Carpentier, Jack Dempsey und Max Schmeling wurden in der Presse wie von Intellektuellen zu beinahe mythischen Figuren überhöht.

Einflußreich blieben die Organisationen der traditionellen, meist militaristisch und völkisch eingefärbten »Körperertüchtigung«: Turner, Schützen, nationalistische und antisemitische Verbände. In Frankreich ist hier auch die katholische Sportbewegung zu nennen.[141] Die Mitglieder wuchsen allerdings häufig über die Zugehörigkeit zu einem bestimmten Milieu in die Vereine herein und machten sich durchaus nicht immer die Verbandsideologie zu eigen. Das gilt ebenfalls für den Arbeitersport, der 1930 in Deutschland rund 700 000 Anhänger organisierte und in Frankreich 1938 gut 100 000.[142] Inszenierung kollektiver Stärke und persönliche Suche nach neuen Erlebnissen, Begeisterung für internationale Solidarität und Spaß an geselliger Freizeit, Selbsterfahrung und Streben nach Anerkennung vermischten sich hier.

Auffällig für die Zeitgenossen war der Platz, den Frauen sich dabei eroberten. Spitzensportlerinnen erschienen immer noch als Fremde in einer Männerdomäne; aber im Breitensport, beim Turnen und in der körperbetonten Erholung begann man sich an das weibliche Element zu gewöhnen. Frauen stellten zwar 1930 nur ein Siebtel der rund 6,5 Millionen Sportverbandsmitglieder in Deutschland; doch im Vergleich zur Vorkriegszeit hatte sich ihre Zahl verachtfacht, ihr Anteil immerhin verdreifacht.[143]

Breitensport wie kommerzieller Schausport hatten allerdings ihren Schwerpunkt in städtischen Regionen, und sie erfaßten eher die neuen angestellten und beamteten Mittelschichten als die körperlich Arbeitenden. Auf dem Land und in der Kleinstadt begeisterte sich nur eine Minderheit für Sechstagerennen und Schwergewichtschampions, Fußballderbys und Motorsport. Mittelpunkt der arbeitsfreien Zeit waren für die Männer immer noch Pub, Wirtshaus und Café. Dort setzte man sich zum Domino, zum Karten- oder Brettspiel zusammen und traf sich zum Kegeln, Boccia oder Pelote. Arbeiter auf dem Land taten sich allerdings zunehmend in Handball- und Fußballvereinen zusammen.

Wie eine menschenverachtende Diktatur die Ambivalenz von Versportlichung und Kult des starken, gesunden Körpers ausnutzen konnte, das zeigte die Berliner Olympiade 1936.[144] Hitler und Goebbels ergriffen die Gelegenheit, dem In- und Ausland eine überwältigende Inszenierung vorzuführen. Antikische Idealisierung und nationalsozialistische Symbolik, sportliche Leistung und rassistischer Überlegenheitswahn, Wettkampf und Mythisierung des Krieges verbanden sich zur perfekt kalkulierten Schau. Das von Carl Diem entworfene Festspiel zur Eröffnungsfeier begann spielerisch und tänzerisch; es steigerte sich zum kriegerischen Zweikampf und gipfelte in »Heldentod« und »Totenklage«. Während Flakscheinwerfer den schon bei NS-Parteitagen bewährten »Lichtdom« auf den Nachthimmel projizierten, beschwor die Choreographie der Sportler-Jünglinge den »Geist von Langemarck«, verklärte den »Opfertod fürs Vaterland«.

Leni Riefenstahls Olympiafilm wurde international begeistert aufgenommen. Eindrucksvolle Bildsequenzen überhöhten Körper und Wettkampf zu Zeichen dafür, daß im »Dritten Reich« der

Mythos von Schönheit, Gesundheit und Stärke Wirklichkeit geworden sei. Zu Beginn treten aus »Wolkenfetzen, Morgenlicht und Tempelruinen [...] Statuen hervor, hellenische Göttergestalten und Olympiakämpfer, die sich – als wollten sie aus jahrhundertelangem Schlaf erwachen – in germanische Diskus- und Speerwerfer verwandeln. [...] Im Reigen und mit schwungvollem Reifenspiel tanzen junge Frauen nackt über die Leinwand, umspielt von Wolken und Wind, Sonne, Sand und Dünengras. Je mehr sich der Fackelläufer dem Ort des olympischen Geschehens nähert, desto deutlicher werden die politischen Zeichen. In wechselnden Überblendungen erscheinen Hakenkreuz und Deutschland-Schriftzug, Olympiaglocke und Olympiastadion, Menschenmassen und Hitler-Profil.«[145]

Die Nationalsozialisten steigerten Tendenzen des Massen- und Schausports, die man überall in Europa erkennen konnte: chauvinistische Aufladung; Arrangement der Massenkörper zum Ornament, das die Überlegenheit von Rationalisierung und Disziplin verkündete; Stilisierung des Leibs zum Zeichen einer Gesundheit, die Aussonderung des Schwachen und Kranken verlangte. Zugleich mußte die NS-Inszenierung leugnen und unterdrücken, was selbst in Berlin 1936 in Gestalt eines schwarzen Amerikaners, des vierfachen Olympiasiegers Jesse Owens, unübersehbar war: Sport als Feld gesellschaftlicher Öffnung und Demokratisierung, als Chance, den Anspruch auf Gleichbehandlung diskriminierter Gruppen weithin sichtbar zu machen.

Macht, Zensur und Eigensinn

Ökonomisch entsprach dem Aufblühen der Populärkultur ein Monopolisierungsprozeß. Es entstanden mächtige Anbieter, die die Märkte dominierten und ihren Produkten mit Hilfe anderer Medien (die nicht selten zum selben Konzern gehörten) Aufmerksamkeit verschaffen konnten. Mit der Reichweite der Unternehmen wuchs die Verlockung, neben geschäftlichem Erfolg auch Meinungen und Politiker zu »machen«. So verfolgten die britischen Pressezaren Northcliffe und Beaverbrook, deren Massenblätter teilweise eine Auflage von mehr als 2 Millionen täglich erreichten, eine ausgesprochen konservative Linie. Ebenso verstand der Deutschnationale Alfred Hugenberg die Medien als »Kanal zum Gehirn der Masse«.[146] Sein Einfluß reichte von eigenen Zeitungen über Presse- und Artikeldienste, die formell selbständige Provinzblätter mit fertigen Matern versorgten, bis zum Filmriesen Ufa mit 134 eigenen Kinos, einem mächtigen Filmvertrieb und einer jährlichen Produktion von rund 30 Streifen.

Gerade das Beispiel Ufa warnt allerdings vor Kurzschlüssen. Der hochspezialisierte Apparat der Filmproduktion gehorchte nicht dem Kommando eines Mehrheitsaktionärs. Nach der ökonomischen Übernahme des Unternehmens 1927 konnte die Hugenberg-Mannschaft zwar anordnen, daß alle Plakate nun schwarzweißrot gerahmt wurden. Sie konnte in jeden Vertrag den Passus aufnehmen, »daß wir berechtigt sind, den Film nach Fertigstellung in der uns richtig erscheinenden Weise zu schneiden bzw. zu ändern«. So wurde versucht, Karl Grunes Opus »Am Rande der Welt« durch Schnitte, Umstellungen und veränderte Untertitel die pazifistische Aussage zu nehmen.[147] Aber wirkungsvolle Populärkunst jedweder weltanschaulichen Ausrichtung war nicht auf Anweisung zu schaffen. Die geistigen Produzenten, eingespielte Teams, kämpften um ihre Ideen; selbstbewußt vertraten sie ihre Auffassung vom qualitätsvollen *und* kommerziell erfolgreichen Film.

1930 verfilmte Hugenbergs Ufa mit dem »Blauen Engel« einen Roman von Heinrich Mann, einer Symbolfigur republikanischen Geistes. Der Autor war mit dem Ergebnis einverstanden, die völkische Presse schäumte. Klaus Kreimeier schreibt dazu in seiner Geschichte der Ufa: »Noch einmal bewies Deutschlands großes Filmunternehmen, daß merkantiler Energie eine qualitätsstiftende Kraft innewohnt und kapitalistischem Kalkül eine ungewollte politische Dialektik entspringen kann. Eine Dialektik, die [...] an die Glanzzeit des Ufa-Pluralismus und des demokratischen Warenhauses erinnerte. Längst schon fest in deutschnationaler Hand, reagierte der Konzern noch immer reizbar auf die Impulse aus dem politischen und psychologischen Chaos der Zeit. Hinzu kam der ernorme Qualitätsanspruch, der mit den in dieser Produktion versammelten Elitekräften postuliert wurde [...] [damit] griff die Ufa nach dem internationalen Erfolg und konnte sich schon aus diesem Grund keine reaktionären Scheuklappen leisten.«[148]

Unter Hugenberg wurde die Produktion reaktionär ausgerichtet; das war in den Kriegsstreifen und der »Fridericus«-Serie nicht zu übersehen. Aber wir sollten die politische Macht und ihren Mißbrauch nicht in erster Linie im Spielfilm suchen. Die meisten Medien des Konzerns sprachen Klartext; mit Nachrichtenmanipulation und Meinungsmache bekämpften sie die Republik offen. 1929 drehte die Ufa ein Drittel weniger Spielfilme als im Vorjahr – doch die Wochenschauproduktion stieg von 100 auf 160.[149]

Am deutlichsten war die politische Ausrichtung bei den Tageszeitungen. Die Leser lernten, Blätter nach der Orientierung des jeweiligen Pressehauses einzuordnen. Wachsende Abhängigkeit von Anzeigenaufträgen und das Eigeninteresse der Zeitungsunternehmer ließen wenig Raum für Stimmen, die das System privater Produktionsmittel und privater Gewinnerzielung zu gefährden schienen. In diesem Sinn zeigte die kapitalistische Kulturindustrie eine politisch konservative Tendenz. Ansonsten aber galt insbesondere für die populären Künste: Als Waren mußten sie Gewinn bringen; da zählte, was ein möglichst großes Publikum zum Kauf lockte.

In der Massenpresse dominierten zunehmend Bilder und eine sensationelle Aufmachung der Ereignisse; Sätze wurden kürzer und die Sprache alltagsnäher. Obenan standen Themen mit Unterhaltungs- und Lebenshilfecharakter: Sex and Crime, Sport und Stars aus dem Showgeschäft, Skandale und Wunder, Liebes- und Gesundheitsratschläge. Von der Frauenzeitschrift, die sich um Schönheit, Mode, Haushalt drehte, bis zum Sportblatt begann sich das Spektrum der Spezialzeitschriften für Alltag und Freizeit auszufalten. Die populäre Tagespresse präsentierte sich gern als Sprachrohr des »kleinen Mannes« und spielte auf der Klaviatur der Vorurteile der »schweigenden Mehrheit«. Ihre problematischste Neigung war: Sie kultivierte die Politikdistanz derer, die empfanden, daß sie gegenüber »denen da oben« ohnehin immer den kürzeren zogen.

Zugleich spielten die Millionen einzelner, aus denen sich das große Publikum zusammensetzte, ihre eigene, aktive Rolle. Sie wählten aus; ihr Geschmack, ihre Begeisterung und damit die Kassenerfolge waren nicht im vorhinein kalkulierbar. Größe und Kapitalumfang ermöglichten es den Kulturkonzernen, überraschend geäußerte neue Wünsche schnell und erfolgreich in ihr Angebot aufzunehmen – nicht Geschmacksdiktate oder Reklameallmacht.[150]

Der Begriff »Massenkultur« verdeckte schon in der Zwischenkriegszeit die Differenzierung der Angebotspalette. Krimis hatten ein anderes Publikum als Liebesgeschichten; die Fans von populärer Blasmusik und Schnulzen lebten nicht in derselben geistigen Welt wie die von Jazz und Charleston; längst nicht alle Fußballanhänger verfolgten die Sechstagerennen. Auch die künstlerische Entwicklung war gekennzeichnet durch Wachstum von Vielfalt und Fähigkeiten. Manager und Kreative der Kulturindustrie sammelten Erfahrungen und perfektionierten ihre ästhetischen Strategien. Der Film beispielsweise war vor dem Weltkrieg noch weithin Produkt eines allgewaltigen Regisseurs, dem einige Gehilfen mit Allroundkompetenz zur Seite standen. Nun wurde er zum Gemeinschaftswerk einer Vielzahl künstlerischer Fachleute: für Kameraführung, Ausstattung, Kostüme, Drehbuch, Dialoge, Spezialeffekte, später für Musik und Farbgebung. Hier wie in der Unterhaltungsmusik (die populäre Literatur kam ästhetisch kaum über den Stand zur Mitte des 19. Jahrhunderts hinaus) stiegen Reichtum und Differenzierung der eingesetzten Mittel unverkennbar.

Je mehr Vergleichsmaterial das Publikum hatte, desto höher wurden seine Ansprüche und desto treffender das Urteil, ob ein Werk der Populärkultur »gut gemacht« sei. Faktisch stand es um die ästhetische Qualität ebenso wie im Feld der »Hochkunst«. Wir finden ein Kontinuum zwischen schlecht und gut, zwischen schablonenhafter Dutzendware und dem schnell als meisterlich akzeptierten Geniestreich.

Viele Arbeiten der 20er und 30er Jahre haben ihren Schöpfern einen Platz im Pantheon der Filmkunst gesichert; sie zählen heute zum Erbe der Menschheit. Bedeutende Regisseure wurden schon damals als überragende einzelne anerkannt, allen voran der in der *Music-Hall*-Tradition stehende Shakespeare des 20. Jahrhunderts, Charles Chaplin. Doch sollten wir nicht den Kritikern folgen, die Werke vom Geruch der Massenkultur zu befreien suchten, indem sie sie zur »großen Kunst« adelten. Herausragende Regisseure wie Abel Gance und Ernst Lubitsch, Detlef Sierck und Josef von Sternberg, Alfred Hitchcock und Marcel Carné wollten allesamt (auch) unterhalten. Sie waren ästhetische Neuerer und verfügten über die Fähigkeit, einen komplexen, modernen Herstellungsapparat für ihre Ideen einzusetzen. Auf höchstem Niveau leisteten sie, was andere populäre Filme, Erzählungen, Schlager, Chansons und Werbeformeln in einer weniger innovativen künstlerischen Sprache taten: Sie fingen Stimmungen, Gedanken, Hoffnungen und Ängste ein, die »in der Luft lagen« und die Menschen umtrieben. Erfahrungen, Wünsche und Sorgen setzten sie um in Bilder, Geschichten, Montagen, die die Zeitgenossen als Material zur Selbstverständigung und Selbstversicherung aufgriffen.

Politisch links, sozialistisch oder radikaldemokratisch engagierte Produktionen bildeten im Film oder Chanson Ausnahmen, in anderen populären Genres waren sie kaum zu finden. Brechts antikapitalistischer »Dreigroschenfilm« ging den Geldgebern zu weit und kam nicht zustande. Werke wie Slatan Dudows »Kuhle Wampe« oder Jean Renoirs Volksfront-Opus »Das Leben gehört uns« (»La vie est à nous«) entstanden aus sozialen Bewegungen; damit war auch ihre Reichweite begrenzt.

Die Zensur von Spielfilmen und Populärliteratur traf weit überwiegend Darstellungen, die man für obszön, brutalisierend oder kriminalitätsfördernd hielt; mit dem Argument des Jugenschutzes wurden vor allem in Deutschland viele Streifen für Heranwachsende gesperrt. Offene politische Zensur war selten, wenngleich wirkungsvoll. Frankreich ließ keine sowjetischen Filme zu. Fritz Langs »Metropolis« wurde in Großbritannien als sozialistisch verboten – das offenbart die Maßstäbe des Selbstkontrollgremiums der Filmindustrie. Klassengegensätze und soziale Spannungen sollten möglichst von der Leinwand ferngehalten, allenfalls in gefühliger und extrem harmonisierender Weise behandelt werden.

Diese Vorzensur, die sich selbst als unpolitisch verstand, traf ohne Zweifel vor allem gesellschaftskritische und mit der Arbeiterbewegung sympathisierende Produktionen. Ihre Wirkungsmöglichkeiten wurden meist schon im Vorfeld von Zensurentscheidungen durch konservativen Einfluß, durch Druck von Armee, Kirchen, Unternehmerverbänden, Justiz usw. eingeschränkt. Strikt politische Verbote waren selten, öffentlich umkämpft und oft nur regional wirksam. Letztendlich konnten den Deutschen vor 1933 weder Eisensteins revolutionärer »Panzerkreuzer Potemkin« noch Milestones pazifistisches Werk »Im Westen nichts Neues« dauerhaft vorenthalten werden.[151]

Doch bildete offene und aktuell politische Parteinahme eindeutig die Ausnahme. Auch die vielen konservativ getönten Werke traten nicht offen als solche auf, und sie folgten damit einer allgemeinen Tendenz. Kommerzielle Populärkunst neigte stets zum Bewegen im Mainstream, zu »Ausgewogenheit« und Abmilderung statt Zuspitzung. Sie spiegelte und verdichtete vor allem den mehrheitlichen Hang zum Gewohnten und Bewährten, gesellschaftliche Bedürfnisse nach Sicherheit und »Normalität« – und in diesem Sinn war sie grundlegend konservativ. Je mehr Kapital man in eine Produktion – Revue, Schlager(star), Film(star), Illustrierte, Roman(heftserie) usw. – investierte, desto größer war die Sorge, durch ästhetisch Ungewohntes oder thematisch Provokantes Teile des Publikums zu verschrecken.

Die Differenzen zwischen den Genres in dieser Hinsicht widerspiegelten, daß sie jeweils auf unterschiedliche Käuferkreise zugeschnitten wurden. Die standardisierte populäre Literatur zeigte das konservative Muster in Reinform. Wie keine andere Gattung bestätigte sie die »Natürlichkeit« patriarchalischer Geschlechterbeziehungen und nationalistischer Weltsicht. Romantisierung des Ländlich-Vormodernen und ein autoritäres Gesellschaftsmodell, Militarismus und das Recht des Stärkeren, Fügung ins Schicksal und Ablehnung von Politik wurden hier kaum je in Frage gestellt. Film und Schlager hingegen sprachen offenbar das aufgeschlossene städtische Publikum an; sie boten Raum für Geist und Verhaltensformen einer entschieden pluralen, demokratischen Gesellschaft. Sie konnten damit auch Stoff liefern für Klärungen und Umorientierungen in einer Krisenzeit.

Sicher: Schlager, Heftgeschichten, Filme, Varietésketche boten nur Material. Die Menschen entwarfen daraus für sich einen Sinn – in ihrem Kopf, aufgrund der Erfahrungen ihrer Biographie und mit den Wahrnehmungswerkzeugen und Weltdeutungen, die sie im Lauf des Lebens erworben hatten. 1932 wurden Jugendliche in Manchester befragt, was sie von der Darstellung der Oberschicht im Film hielten. Kaum einer zeigte Bewunderung oder den Wunsch, auch so im Wohlstand zu leben. Die Mehrzahl äußerte Kommentare wie: Derartige Streifen seien »völlig unwahr«, die Oberen seien »alle Heuchler« und »arrogant«; sie führten »ein faules und langweiliges Leben« und man ziehe seinesgleichen vor.[152] Auch wenn manches nach Verklärung der eigenen Misere klingt – das war sicher nicht, was die Filmhersteller beabsichtigt hatten. Das Beispiel soll allerdings nicht unterstellen, die Tendenz der Vorgaben sei folgenlos geblieben. Die anziehende Darstellung des Soldatisch-Militärischen in allen Genres der Massenkunst förderte sicher keineswegs pazifistische Haltungen.

Oft jedoch waren die Botschaften durchaus mehrdeutig. Die Zwischenkriegszeit erlebte den Höhepunkt des Filmstar-Kults. Die Medien präsentierten die Hollywood-Diven als exzentrische Luxusgeschöpfe, und neben weiblicher Aufopferung sahen die Drehbücher für sie vor allem die Rolle des Vamps, der männermordenden und existenzzerstörenden sinnlichen Verführerin, der Intrigantin und Verkörperung des Bösen vor. Aus heutiger Sicht eine eindeutig antiemanzipatorische Botschaft: Heilige oder Hure. Aber vieles spricht dafür, daß die Wahrnehmung der Kinobesucherinnen offener war – und sie stellten noch in den 30ern fast drei Viertel des Publikums.[153] Weibliche Stars und auch ihre moralisch bedenklichen Rollen – das waren starke Frauen, die sich erfolgreich durchsetzten. Sie hatten einen zweifelhaften Ruf und wandten im Film verdammenswerte Methoden an – aber so sah anscheinend der einzige Weg nach oben aus, den die Männerwelt ihnen ließ. Der historische Kontext entschied. In Mode und Sport, Showgeschäft, Werbung und politischen Organisationen traten Frauen selbstbewußter und freier auf. In dieser Atmosphäre konnten selbst Starkult und ein scheinbar klischiertes Bild des Weiblichen ermutigen, ein Stück Gleichberechtigung zu beanspruchen.

Für viele Frauen hatte die Beschäftigung mit Massenkunst noch eine andere Seite, bei der es überhaupt nicht um konkrete Inhalte ging. Sich mit einem Romanheft zurückzuziehen, ins Kino zu gehen oder zu sanfter Musik Träumen und Gefühlen nachzuhängen, das hieß, sich einen – wenngleich beschränkten – eigenen Raum zu nehmen. Hier machten sie sich frei von der ihr Leben bestimmenden Anforderung, für andere da zu sein. Sicher eine bescheidene Freiheit; aber wem wäre da der Vorwurf zu machen?

Hier soll die Verantwortung für die Wirkung der populären Künste nicht von den Produzenten auf die Menschen verlagert werden, die sich daraus ihr Welt- und Selbstbild bastelten. Unterschwellige Stereotype und Wertmuster bestimmten die Denk- und Handlungsmöglichkeiten der Zeit mit. In welcher Richtung und in welchem Ausmaß jedoch, das war sehr viel offener, als es die meisten zeitgenössischen Urteile darstellten. Zugespitzt: Wenn wir das Gesamtangebot populärer Unterhaltung in England, Frankreich und Deutschland zwischen 1920 und 1932 vergleichen, dann kann man daran nicht ablesen, in welchem Land der Faschismus zur Macht kommen und ein rassistisches Kriegs- und Völkermordprogramm durchsetzen würde.

Jenseits von »E« und »U«

Zwischen den Kriegen trafen in Westeuropa internationale Einflüsse in bisher ungekanntem Ausmaß aufeinander. Die Populärkunst machte das für jede und jeden erfahrbar. Die Öffnung von Gesellschaft und Kultur rief Hoffnungen, aber mehr noch Ängste hervor. Verdichtet wurden sie in der (durchaus ambivalenten) Diagnose »Amerikanisierung«. Produkte aus USA eroberten die europäischen Märkte für Kulturwaren, transatlantische Muster und Erfolgsrezepte inspirierten die einheimischen Produzenten. Das war unüberhörbar in der Unterhaltungsmusik, dafür standen Jazzbands und US-Platten, das zeigten perfekte Tanztruppen nach dem Vorbild der Tiller-Girls, das signalisierten die Namen der

Groschenheft-Serienhelden, das verkörperten Stars wie Al Jolson, Fred Astaire, Ginger Rogers und Mickey Mouse. Zum Politikum wurde die erfolgreiche Exportoffensive Hollywoods. Mitte der 20er beherrschten US-Konzerne den europäischen Filmmarkt (vgl. Tab. 6). Quotenregelungen und staatliche Förderung der nationalen Produktion konnten zwar, vor allem nach dem Übergang zum Tonfilm, den US-Einfluß begrenzen. Aber die Streifen mit Shirley Temple, Mae West, Douglas Fairbanks oder Rodolfo Valentino hatten weiterhin Erfolg beim großen Publikum. Das war besonders auffällig in Großbritannien. In den Augen vieler Arbeiterfamilien schien die heimische Filmproduktion durchdrungen von Oberschicht-Arroganz; sie bevorzugten amerikanische Streifen, die »den Mann und die Frau auf der Straße« mit Sympathie und in ihrer Sprache darstellten.[154]

Es gab verschiedene Lesarten von »Amerika«. Für Millionen städtischer Lohnabhängiger verkörperte es den Traum vom guten, reizvollen Leben; unter den Eliten der Alten Welt diente »Amerikanisierung« als Sündenbock für sozialen und kulturellen Wandel im eigenen Land, den sie verabscheuten und doch nicht aufhalten konnten. Kommerzialisierung der Kultur galt ihnen als »amerikanisch«, obwohl sie selbstverständlich von privatkapitalistischen Unternehmen in Europa betrieben wurde, von Verlagen und Revuetheatern, bei Sechstagerennen und mit der Vermarktung der »goldenen Kehle« eines Richard Tauber. Von außen werde die ansteckende Krankheit des »Materialismus« ins Land getragen. Konsumstreben, Vergnügungssucht, Massenkünste, Frauenemanzipation und Kulturindustrie galten als Symptome, geistige Gleichmacherei und die Verdrängung von Kultur durchs Geschäft als Folgen der Epidemie.

Kulturellen Antiamerikanismus gab es auf unterschiedlichem Niveau, gebildet und demagogisch.[155] Die Kritik europäischer Führungsschichten an einer radikal marktwirtschaftlichen Entwicklung der neuen Medien und der Freizeitkultur beruhte nicht allein auf antidemokratischen Vorbehalten. Sie entsprang auch einer Bildungsverpflichtung geistiger Eliten; wer sich auf den Auftrag der Vermittlung von Kultur berief, wollte damit keineswegs nur Vormundschaftsansprüche tarnen. Das Konzept der BBC beispielsweise stellte eine ganz bewußte Alternative zur privatkapitalistischen Radiolandschaft der USA dar. Zwar schloß die nichtkommerzielle Konstruktion des Rundfunks in Europa das zeitweilige Extrem gleichgeschalteter Staatssender ein. Aber in erster Linie ist doch festzuhalten, daß so eine größere publizistische Vielfalt und eine vergleichsweise starke Präsenz von Hochkultur im Massenmedium ermöglicht wurden.

Das soll nun nicht als Zeichen für die kulturelle Überlegenheit Europas gelten; zu ausgeprägt war die Tendenz zur pädagogischen Bevormundung des Publikums. Doch mußten öffentlich verantwortete Sender die Spannung zwischen bildungsorientierten Programmachern und Reaktionen der Hörer immer wieder austragen; das begünstigte Lernprozesse, die bei der kommerziellen Jagd nach Einschaltquoten ausgeschlossen waren. Die Abwehr von »Amerikanisierung« hat so durchaus einen besonderen europäischen Beitrag zu Vergnügung und Medienkultur hervorgebracht. Entscheidende Impulse für die professionelle Unterhaltung allerdings, ohne Herablassung, aber nicht ohne kritischen Anspruch, kamen seit den 20ern aus den USA.

Im kulturellen Anti-Amerikanismus der europäischen Bildungsschichten überwog jedoch eindeutig das Ressentiment. Man hatte in den letzten Jahrzehnten an Einfluß und Ansehen verloren; Intellektuelle waren sogar infolge der deutschen Inflation unter die Armutsgrenze gesunken. Das verband sich mit Verletzungen aus der jeweiligen Nationalgeschichte zu teilweise hysterischen Ausbrüchen von Aggressivität; sie fanden lauten Widerhall in der gebildeten Öffentlichkeit. Die Deutschen sahen im Eingreifen der USA eine wesentliche Ursache für ihre Niederlage 1918 und für die drückenden Reparationslasten; hinzu kam ein ausgeprägt rassistischer und antifeministischer Unterton. In England verachtete man die stillosen Profitjäger aus der Rebellen-Kolonie, und die Franzosen erhoben immer noch den Anspruch, als Mutterland bürgerlicher Demokratie und Kultur anerkannt zu werden. In London erschien 1922 W. T. Colyers Pamphlet »Americanism: A World Menace«. In Deutschland machte 1927 Adolf Halfelds Kampfschrift »Amerika und der Amerikanismus« Furore, und Georges Duhamels Schreckensvision der »Scènes de la vie future« wurde den französischen Buchhändlern 1930 förmlich von der Ladentheke gerissen.

Doch mit der Projektion »Amerika« und mit der Geisteshaltung des »Amerikanismus« verbanden sich auch Hoffnungen auf eine demokratische Modernisierung der europäischen Gesellschaften und ihrer Kultur. In linken Intellektuellenkreisen und unter der künstlerischen Avantgarde sah man die Massen nicht als Bedrohung, sondern als Aufgabe. Man wollte sich auf Bedürfnisse und Gewohnheiten eines breiten Publikums beziehen und mit der Zukunft im Bunde sein – einer Zukunft, die man an amerikanischen Entwicklungen ablesen zu können glaubte. Tempo, Professionalität, unideologische Nüchternheit, zivile Rationalität, Bejahung moderner Technik, Neuerung als Prinzip, Abwehr bürgerlicher Bildungsreligion waren Leitideen des progressiven Amerikanismus. Zu denken ist hier an die Bewegungen, die man zeitgenössisch als »Neue Sachlichkeit« bezeichnete, an die funktionalistische Avantgarde im Umkreis des Bauhauses und an unorthodoxe marxistische Denker wie Brecht, Gramsci oder Benjamin, an die Stadtvisionen Le Corbusiers oder an den »Wiener Kreis« um Otto Neurath mit seiner aufklärerischen Vision einer neuen Enzyklopädie.

Hier ließ man sich ein auf die Tatsache, daß populäre Unterhaltung einen wichtigen Platz im Alltag der meisten Menschen einnahm. Man sah, daß daraus in jüngster Zeit bedeutende künstlerische Neuerungen erwachsen waren: Film, Jazz, die Bildsprache von Werbung und Fotografie zum Beispiel. Zugleich lehnten diese Kreise den Kulturpessimismus ab. Gerade im Umfeld der Arbeiterbewegung beobachteten sie einen ungebrochenen Drang nach Wissen, ein Engagement für Volksbildung und unkonventionelle Versuche, Hochkultur größeren Teilen der Bevölkerung zugänglich zu machen. Dazu wollte man auch die neuen Medien einsetzen. Massenkultur und Aufklärung waren aus dieser Sicht durchaus vereinbar, ja, in ihrer Verbindung lag die eigentliche Aufgabe der Gegenwart.

Also versuchte man, Erfahrungen und Techniken der kommerziellen Künste zu nutzen. Kulturelle Demokratisierung sollte sich nicht lähmen lassen durch den angeblichen Gegensatz von »E« und »U«, von Bildungsabsicht und Vergnügen. Jost Hermand und

Frank Trommler haben den Begriff der »Allgemein-Kunst« geprägt für das Ideal, das nicht wenige Künstler der 20er Jahre leitete.[156] Voller Hoffnung wurden Film und Rundfunk als notwendig demokratisch gepriesen. Begeistert schrieb der Schriftsteller und Rundfunkautor Arno Schirokauer: »Die Kunst ist sozialisiert [...] der Künstler ist ein so öffentlicher Mensch wie der Staatsmann.«[157] Brecht entwickelte seine Radiotheorie als Utopie: Das Massenmedium versorgt nicht als Einbahnstraße, von oben nach unten, ein passives Publikum, sondern organisiert die Beteiligung der Betroffenen an gesellschaftlichen Debatten und Entscheidungen.

Es gab durchaus Versuche, »Rundfunkteilnehmer« zusammenzufassen und damit auf das Programm Einfluß zu nehmen. Aber ernsthafte Mitbestimmung war nirgends vorgesehen. So reduzierte sich die Sache bald aufs Radiobasteln und auf den Versuch politischer Zentralen, mit organisierten »Publikumsreaktionen« (Hörerzuschriften z. B.) Druck auszuüben. Die Leerstelle zwischen Sendern und Empfängern wurde von kommerziellen Programmzeitschriften gefüllt, die nicht ernstlich daran interessiert waren, den Rundfunk basisdemokratisch aufzubauen.

Walter Benjamin ging davon aus, daß das Kunstwerk im Zeitalter seiner technischen Reproduzierbarkeit die »Aura« verliere, jene Ausstrahlung schöpferischer Einmaligkeit, die den Betrachter auf Abstand halte. Fotografie und Film schrieb er einen demokratisierenden Effekt zu; sie fesselten das Massenpublikum nicht mehr, sondern erlaubten ihm, eine zerstreute und damit zugleich kritische Haltung einzunehmen. Die Linke gab allerdings das Ziel einer Vergesellschaftung von Kunstbetrieb und Kulturindustrie nicht auf; sie betonte, daß das Privateigentum die Gebrauchsmöglichkeiten der neuen Medien beschränke. In der Schlußwendung seiner Radiotheorie forderte Brecht diejenigen, die seine Vorschläge für utopisch erklärten, auf: Sie sollten sich überlegen, welche Verhältnisse die Idee eines demokratisierten Rundfunks so unrealisierbar erscheinen ließen.

Viele Künstler der 20er Jahre experimentierten mit der Sprache der Populärkultur. Für Musiker war der Jazz eine Herausforderung. Satie, Strawinsky, Milhaud und Hindemith verarbeiteten

Jazz-Elemente in ihren Stücken. Ernst Kreneks Jazz-Oper »Jonny spielt auf« war ein Erfolg an allen großen Häusern. Songs von Brecht und Weill, z. B. aus der »Dreigroschenoper« und »Mahagonny«, setzten Maßstäbe für literarische und kompositorische Modernität. Ihr Publikum reichte weit über die Kenner der E-Musik hinaus; der »Mackie-Messer-Song« wurde zum Evergreen. Wolfgang Erich Korngold, Hanns Eisler und andere gingen den Weg von der E-Musik zur Komposition für den Film; wie so mancher europäische Impuls für eine Allgemein-Kunst wurden die Ansätze allerdings erst in den USA verwirklicht, im politischen oder künstlerischen Exil.

Europäische Filmregisseure griffen oft zu erstklassigen literarischen Vorlagen; in diesem Kunstanspruch lag ein deutlicher Unterschied zum Selbstverständnis Hollywoods. Prominente Schriftsteller wie Döblin, Brecht und Friedrich Wolf arbeiteten im neuen Genre des Hörspiels. Wedekind und Klabund, Kästner und Tucholsky, Walter Mehring und Friedrich Hollaender schrieben brillante Texte für Couplets und Chansons, die ein Publikum vom Angestellten bis zum Akademiker ansprachen. Cronin, Colette, Fallada, Braune, Vicky Baum und Irmgard Keun (um willkürlich ein paar Namen herauszugreifen) verfaßten Gegenwartsromane, die ein großes Publikum gewannen und in der Verknüpfung von kritischem Anspruch, Gestaltung und Unterhaltungswerten bis heute als vorbildlich gelten können. Die Volksstücke von Zuckmayer und Ödön von Horvath, die politischen Revuen Piscators mit ihrer eindrucksvollen Verbindung unterschiedlicher Medien standen für ein Theater, das die Grenzen des Musentempels sprengte. Bauhausmeister gestalteten Gebrauchsgüter, Mode und Werbeträger. Hier war die bildungsbürgerliche Abneigung überwunden, sich »mit dem Kommerz einzulassen«. Von der Hochkultur geprägte Künstler nahmen die Herausforderung von Industrieproduktion und Massenmarkt an. Sie versuchten, an den ästhetischen Traditionen breiter Käuferschichten anzuknüpfen, um Gewohnheiten zu verändern und neue Maßstäbe zu setzen.

Eine neue Beziehung herzustellen zwischen Kreativen, die vom Ideal der Autonomie geprägt waren, breitem Publikum und Kulturindustrie – das war ein historisches Projekt. Kurzfristige Erfolge mußten Ausnahmen bleiben, und zu einem langfristigen Bemühen kam es nicht. Das hatte unterschiedliche Gründe. Nicht selten gab es irreale Vorstellungen von einer Unterhaltungs- und Gebrauchskunst für hart arbeitende Menschen. Die erwarteten in erster Linie das Spiel mit dem Vertrauten – weil das weniger Anstrengung erforderte und weil sie in Reaktion auf Risiken und Umbrüche der Alltagswelt Halt am Bekannten suchten.

Aussichtsreich war allein ein langfristiger Lernprozeß. Die Kreativen mußten üben, auf der Klaviatur der Kulturindustrie zu spielen. Unternehmer brauchten die Erfahrung, daß abseits ausgetretener Pfade Kundschaft und Anerkennung zu gewinnen waren. Das große Publikum benötigte Zeit, um Vergleiche anzustellen und Ungewohntes vertraut zu machen. Daß es dazu nicht kam, lag sicher auch an der Enttäuschung von Künstlern, die schnelle Erfolge erwartet hatten und aufs gewohnte Terrain der Hochkunst zurückkehrten. Doch vor allem waren dafür politische Brüche und geistige Wenden verantwortlich.

Italienischer Faschismus wie deutscher Nationalsozialismus zerschlugen außer den Kulturinitiativen der Arbeiterbewegung auch die künstlerische Avantgarde, soweit sie Moderne als Einlassen auf soziale Gleichheit und ästhetische Demokratisierung verstand. Die Weltwirtschaftskrise, die lähmende Bedrohung von rechts und die Desillusionierung durch den stalinistischen Terror beseitigten das Klima geistiger Offenheit und kulturellen Aufbruchs. Dada und Volksbildung, Arbeiterkultur und Bauhaus hatten profitiert von und mitgewirkt an einer Atmosphäre, in der überkommene Grenzziehungen zwischen Kunst und Vergnügen, Bildung und Alltagskompetenz, Intellektuellen und einfachen Leuten in Bewegung geraten waren. Ohne politisch-sozialen Rückhalt wurde das Projekt einer produktiven Beziehung von E und U, das Ziel einer demokratischen Gemeinkultur als Jahrhundertaufgabe kultureller Eliten aussichtslos. Und doch: Wie zerbrechlich und begrenzt auch immer, Bemühungen und Experimente der Zwischenkriegszeit hatten die Herausforderung der kulturellen Moderne angenommen.

Eine Darstellung der Zwischenkriegsära kann nicht einfach produktive Grenzüberschreitungen und ästhetische Neuerungen der Populärkultur auflisten. Sie muß fragen, welche gesellschaftlichen Reaktionen dies auslöste. Der Befund ist eindeutig: Es polarisierte. Bei einer Umfrage unter Arbeitern und Angestellten zu Beginn der 30er Jahre hatten nur 10 % keine Meinung zum Jazz. 40 %, eher die Jüngeren, bejahten diese Musikrichtung – 50 % lehnten sie ab mit Kommentaren wie »seelenlos«, »undiszipliniert«, »unmoralisch«, »fremdartig«, »Negermusik«, »dekadent« oder »undeutsch«.[158] Moderne Massenkünste und Vergnügungen erschienen als Zeichen jenes raschen Wandels, der bei großen Teilen der Bevölkerung Unbehagen auslöste. Hier konnte reaktionäre Demagogie ansetzen.

Das geschah nicht nur in Deutschland, aber dort ist es beispielhaft zu studieren. Die Bürger hatten schwere Lasten infolge des verlorenen Krieges zu tragen. Breite Kreise der Bildungsschichten und des Kleinbürgertums waren in der Inflation faktisch enteignet worden und verarmt. Ihre berufliche Lage war zutiefst prekär. Sie mußten sich herausgefordert fühlen, wenn nun auch ihre Alltagsmoral öffentlich in Frage gestellt wurde. Arbeits- und Pflichtethik, »Idealismus«, Bildungsorientierung, patriarchalische Familienordnung, Gehorsam und Triebunterdrückung – das alles schien in weiten Bereichen nicht mehr zu gelten.

So erregten Liebesfilm, erotischer Tanz, schwarze Künstler, Detektivliteratur, spielerisch zweideutiger Schlager, selbständiges Auftreten von Frauen in der Freizeit und eine weniger verhüllende Kleidung Anstoß und taugten als Aufhänger für rückwärtsgewandte Stimmungsmache. Es war nicht nur Hitler, der in »Mein Kampf« die »Vergiftung der Seele« durch die zum »Treibhaus sexueller Vorstellungen und Reize« gewordene Massenkultur anprangerte und forderte, »den Speisezettel unserer Kinos, Varietés und Theater« »von den Erscheinungen einer verfaulenden Welt zu säubern und in den Dienst einer sittlichen Staats- und Kulturidee zu stellen«.[159] Im Deutschen Reichstag zogen Abgeordnete bürgerlicher Parteien zu Felde gegen »moralische Entartung« und den »beinahe krankhaften Trieb, sich ausleben zu müssen«, gegen »die sittliche Volkskraft zerstörende undeutsche Betriebsamkeit« usw.[160] Insbesondere in Schichten, deren kulturelles Kapital und soziale Stellung unter den Druck von Konkurrenz und Demokratisierung gerieten, galten moderne großstädtische Vergnügungen als Menetekel; sie schienen nach autoritärer Wiederherstellung von Sitte, Ordnung und Kultur zu rufen.

Was die einen als witzige Frivolität genossen, verherrlichte in den Ohren anderer vulgäre Sexualsprache. Ein Schlager des Jahres 1919 war der Onestep »Halloh, Du süße Klingelfee« mit den Zeilen »Wenn ich so lang hier steh, / Dann frißt mich schier der Kummer: / Ich komm' zu keiner Nummer, / Wie gern wäre ich verbunden / Auf Stunden mit dir. Hallo! / [...] Laß mich hinein, Du Schlanke, Schmale / Mal in die Zentrale!« Und was sollte ein um den Zusammenhalt der Familie und die Unschuld seiner Tochter besorgter Vater im Krisenjahr 1932 davon halten, wenn Trude Hesterberg mit frecher Stimme die rhetorische Frage stellte: »Warum soll eine Frau kein Verhältnis haben?«

Einzelne Darstellungen, Szenen, Texte lieferten nur den Aufhänger. Im Kern widersetzte man sich der praktischen Auflösung herkömmlicher Ordnungen, aus denen viele Menschen Selbstwert und Macht bezogen. Wo das Leben nur aus Schufterei bestand, mußten Darstellungen angeblicher Vergnügungssucht empören. In der deutschen Provinz, die sich schon lange bevormundet und zurückgesetzt fühlte, konnten Bilder vom Berliner Nachtleben nur Ressentiments mobilisieren. Familienväter empfanden, daß jugendliche Freizeit und das Auftreten emanzipierter Frauen ihre Autorität in Frage stellten. Wer sich mangels anderer Bestätigung daran aufrichtete, einem Kulturvolk anzugehören, war leicht von der Starrolle Farbiger zu schockieren. Solche Gefühle ließen sich bündeln.

Nicht ihre politischen Botschaften machten also die Massenkultur der Zwischenkriegszeit zum Faktor der Gesellschaftsgeschichte – die Praxis des Vergnügens forderte eine verbreitete konservative Mentalität heraus. Und demagogischer Propaganda gelang es weithin, dies mit weiteren Erfahrungen von Verlust und Verunsicherung zu verknüpfen und für antidemokratische Bewegungen einzuspannen. Möglich war das allerdings nur, weil seit Jahrzehnten schon die aufkommenden populären Künste stigmatisiert worden waren als Äußerungen einer bedrohlichen Moderne. Die Roheit der Massen, die nun gleichberechtigt sein wollten; die Skrupellosigkeit von Kulturunternehmern, die mit der Spekulation auf die niedrigsten Triebe ihre Kassen füllten; die zersetzende Kraft kommerzieller Vergnügungen, die Menschen der Obhut von Familie, Schule, Kirche entzog – derartige Einbildungen waren durch jahrzehntelange Feldzüge gegen »Schmutz und Schund« tief im Alltagsbewußtsein verankert worden.

Jugendschutz und »Nigger«-Jagd

Hier soll keine Kontinuitätslinie gezogen werden von den Widerständen gegen die moderne Vergnügungskultur hin zum Faschismus. Männer und Frauen, die sich im 19. und frühen 20. Jahrhundert engagierten gegen Künste und Vergnügungen, die ihnen unmoralisch und selbstzerstörerisch erschienen, waren aktive Glieder der bürgerlichen Gesellschaft und keine Protofaschisten. Allerdings prägten sie die Wahrnehmung der neuen Populärkultur; das Bild des Zweifelhaften, Gefährlichen geht wesentlich auf ihr Wirken zurück. Nach 1918 trugen Erfahrungen mit herausfordernden Unterhaltungsangeboten und ungehemmten Vergnügungspraktiken bei zum Gefühl der Überforderung durch die industrielle, internationalisierte, massendemokratische Moderne. Nicht selten handelte es sich um Erfahrungen aus zweiter Hand, um bösartige Skandalberichte. Aber das Deutungsangebot der Massenkultur als moralischer Gefahr legte es nahe, Gerüchte über angebliche Schamlosigkeiten für bare Münze zu nehmen und dafür ein Zuviel an Freiheit verantwortlich zu machen. Solche Tendenzen gab es überall in Europa.

In Deutschland zeigten die Bewegungen gegen populäre Künste zwar eine ausgeprägte Tendenz zur autoritären Selbstermächtigung der Kultur-Richter; schon vor dem Ersten Weltkrieg wurden Groschenhefte verbrannt. Doch führte die Entwicklung keineswegs zwangsläufig ins »Dritte Reich«. Nicht Wertungen und Erklärungen aus den Jahren vor 1914 bereiteten der terroristischen Gegenmoderne den Weg zur Macht. Vielmehr waren es Demagogen, denen es – im Unterschied zu vielen Schundkämpfern – nicht um Kunst und Moral ging, sondern einzig um die Diskreditierung der Republik. Daß ihre Rechnung aufging, daß viele »Kulturträger« die Weimarer Demokratie haßten und vom autoritären Staat kulturelle Reinigung erwarteten, ist allerdings von Ideologie und Praxis jahrzehntelanger »Schund«bekämpfung nicht zu trennen.

Beten und Arbeiten

Seit der Frühen Neuzeit war in West- und Mitteleuropa einzig die Kultur der Arbeit anerkannt; für Muße und Ausgelassenheit als Lebensinhalt gab es wenig Verständnis. Lernen und Belehrung genossen höchste Wertschätzung; Unterhaltung und Spiel galten als äußerst bedenklich. Vergnügungsfeindschaft und Arbeitskult gediehen insbesondere im Einflußbereich des Protestantismus; aber auch in katholischen Regionen herrschte seit dem späten 16. Jahrhundert das Programm der »Verfleißigung« (R. Schenda) des Volkes, der Arbeitserziehung und Arbeitsheiligung. Der Absolutismus, der die Wirtschaftskraft des eigenen Landes stärken wollte, und der unternehmerische »Geist des Kapitalismus« griffen auf einschlägige Lehren zur christlichen Lebensführung zurück; sie wurden ausgebaut zu einem weltlichen Tugendkanon. Zentralbegriff aufklärerischer Volkserziehung war die »Industriosität«, der Arbeitseifer.

Auf dem Land ließ der niedrige Stand der Produktivkräfte bis ins 19. Jahrhundert gar keinen Gedanken aufkommen an ein Leben, das nicht aus Arbeit bestanden hätte. Allein unablässiges Mühen konnte der Natur so viel abringen, daß man nach Abführung der Feudallasten den Absturz in die Armut vermied. Sonntage und religiöse Festtage – von der aufgeklärten Obrigkeit zunehmend eingeschränkt – ermöglichten Verschnaufpausen und rauschhaftes Vergessen; letztlich unterstrichen sie, daß das Leben von Natur aus Mühe und Arbeit war.

Das 19. Jahrhundert erlebte den Höhepunkt der Arbeitsreligion. Der Fortschritt in Wissenschaft und Technik, Wirtschaft und Gesittung schien zu bestätigen, daß dem *homo laborans* eine glänzende, wahrhaft unbegrenzte Zukunft offenstand. Doch der erfolgreiche Industriekapitalismus ließ auch das neuartige Phänomen der Freizeit entstehen. Soziale Reformer und christliche Volksfreunde antworteten darauf, indem sie im zweiten Drittel des vorigen Jahrhunderts die »sinnvolle Verwendung« der Zeit ganz oben auf ihre Tagesordnung setzten. Alkoholgegner und Gesellenvereine, Gründer von Volksbibliotheken und Propagandisten des

Turnens, Kriegervereine und Volksbildungsorganisationen, technische Lehranstalten für Arbeiter und Werksvereine verfolgten allesamt ein paternalistisches Konzept der Arbeiterfreizeit oder, wie es damals hieß, der »Volkserholung« und des *self-improvement.* Mißtrauisch wurden Vergnügungen und Unterhaltungsangebote verfolgt, die nicht in der Verantwortung der Obrigkeiten, der Kirchen oder bürgerlicher Reformer standen. Bald jedoch mußten sie einsehen, daß ihre Vorschläge für sittsame und erbauliche Freizeit wenig Anklang fanden. Die angestrebte kulturelle Hebung konnte also auf Einschränkung und Verbot unerwünschter Lustbarkeiten nicht verzichten. Beliebt wurde das Bild vom Volk als Acker: Die Saat der Kultur könne erst aufgehen, wenn das Unkraut verderblicher Vergnügungen ausgerottet sei.

Durch das gesamte Jahrhundert hindurch suchten die Obrigkeiten Jahrmärkte und Kirmessen, Gastwirtschaften und Tanzveranstaltungen einzuschränken. Theateraufführungen unterlagen in Preußen und anderen deutschen Staaten ebenso polizeilicher Genehmigung wie das Sortiment der Kolporteure und Straßenhändler. Tingeltangel und Singspielhallen, *Cafés concerts* und *Music Halls* konnten die Lizenz verlieren, wenn Angebot oder Publikum nach Ansicht der Behörden über die Stränge schlugen – und oft genug verloren sie sie auch.

Die Obrigkeit griff ein, wenn sie die Moral, das harmonische Zusammenleben der Klassen oder die Staatsordnung bedroht sah. Die bürgerliche Öffentlichkeit unterstützte die Reglementierung populärer Unterhaltung. Vor allem in der zweiten Hälfte des Jahrhunderts entstand ein ganzes Netz von Vereinigungen mit dem Ziel, das Leben der unteren Klassen zu reformieren. Ob sie gegen Trinken oder Rauchen, für Tierschutz oder Volksbibliotheken, gegen Unsittlichkeit oder für das Wohl der Kinder eintraten – stets ging es darum, »Schritt für Schritt die rohen Verhaltensweisen bestimmter Klassen durch tolerantere und feinere Sitten zu ersetzen«, wie es die »Société Protectrice des Animaux« 1860 programmatisch formulierte.[161] Die Mitglieder hatten ein wachsames Auge auf die populäre Freizeit und die Massenkünste, zeigten Ordnungsverstöße an und agitierten für strengere Gesetze.

1802 war in England von kirchlicher Seite die »Society for the

Suppression of Vice« gegründet worden – schon von Zeitgenossen kritisiert als Gesellschaft zur Unterdrückung der Laster derer, die im Jahr weniger als 500 Pfund Einkommen hatten.[162] Sie achtete auf die Heiligung des Sonntags und sorgte für das Verbot »blasphemischer« und »unzüchtiger« Schriften. Wenn dabei moralische Kritik im Vordergrund stand, so hatte das eindeutig mit der Geschlechterfrage zu tun. Den größten Teil der Leserschaft der *penny fiction* (auch einen bedeutenden Anteil der Verfasser!) stellten Frauen. In den Umwälzungen der Industrialisierung und Verstädterung wies man gerade ihnen als Hüterinnen der Familie und Erzieherinnen der nachfolgenden Generation eine Schlüsselrolle zu bei der Zivilisierung der Unterschichten. Schilderungen von Luxus, Verbrechen und Leidenschaft konnten die Bereitschaft zur Übernahme dieser Aufgabe nur schwächen, so wurde argumentiert.[163]

Englische Organisationen dienten häufig als Vorbild für Besserungsinitiativen, die in Deutschland und Frankreich vor allem seit den 1860ern tätig wurden. Die sittliche Hebung der Unterschichten galt nun zunehmend als nationale Aufgabe. Regionale Rückständigkeit und soziale Gegensätze sollten in einer gesunden und patriotisch gesinnten Volkskultur aufgehoben werden. Dafür engagierten sich Sittlichkeitsverbände, Frauenvereine und christliche Männerbünde – und bald konzentrierten sich ihre Angriffe auf einen neuen, »furchtbaren Feind: Künste, die sich an das gemeine Volk wandten«.[164] Nun nahm man *Music-Hall*-Nummern und Rummelplatzattraktionen, Zeitschriften mit erotischem Einschlag, frivole Bildpostkarten und natürlich den Film ins Visier.

Der Versuch, populäre Kultur in den Rahmen fürsorglicher »Volkserholung« und kontrollierter kommerzieller Unterhaltung einzuhegen, scheiterte an der explosionsartigen Ausbreitung der modernen Massenkünste. Mit dem wachsenden Unterschicht-Publikum vor allem in den Städten, mit seiner Kaufkraft und seinen Interessen wurde das Angebot größer und vielfältiger; der Markt war praktisch nicht mehr zu reglementieren. In Hamburg beispielsweise hatte eine Lehrer-Kommission über Jahre mit großem Einsatz Filme geprüft; nur die von ihr ausgewählten Streifen durften Kindern (»Kinder« waren in Hamburg bis 14, in anderen Orten bis 18 Jahre alt!) in den Kinos gezeigt werden. Im Herbst 1912 brachte eine Kontrolle dann das niederschmetternde Ergebnis: Unter 300 laufenden Titeln waren nur 120 zugelassene. Resigniert stellte der verantwortliche Beamte fest: »Jedenfalls zieht der Ausschuß daraus den Schluß, daß seine ganze Arbeit ungefähr ganz nutzlos war.«[165]

Zugleich stellte sich heraus, daß kommerzielle Populärkultur keineswegs nur die Unterschichten erreichte. Auch die Kinder bessergestellter Familien eroberten sich Freiräume und nutzten sie nicht selten für »Schund«lektüre, zum Besuch von »Lebenden Photographien« und Abnormitätenschauen. Der bürgerliche Widerstand radikalisierte sich. Die Etablierung des Kinos in den Städten führte in ganz Europa zur Ausweitung der Zensur. Zunächst entschieden lokale Behörden, was erlaubt und was verboten war. Dabei wurden allerdings völlig unterschiedliche Maßstäbe angelegt; in einem Ort konnte gezeigt werden, was nebenan als unzumutbar galt. Bald rief man nach einer zentralen Zensurstelle – die auch für die Unternehmer von Vorteil war, da sie kalkulierbare Verhältnisse versprach. Im ganzen Deutschen Reich wurden seit 1912 die Entscheidungen des Berliner Polizeipräsidiums akzeptiert. 1920 beschloß dann das Parlament der jungen Republik ein Lichtspielgesetz, das eine zentrale Zensurbehörde vorsah.

In England überprüften zunächst örtliche *watch committees* die Filme nach moralischen Kriterien. Da das Innenministerium keine Neigung zeigte, die heikle Aufgabe an sich zu ziehen, schufen die Produzenten 1912 ein eigenes Zensurgremium, das »British Board of Film Censors«. Man baute darauf, daß seine Entscheidungen von den Lokalbehörden übernommen würden, und im Lauf der Jahre setzte man sich damit auch weitgehend durch. Hier kommt es nicht auf die konkreten Maßnahmen der Zensurgremien an. Für die Behandlung der populären Künste und ihres Publikums war entscheidend, daß die neuen Phänomene von Anbeginn an in den Ruch des moralisch Verderblichen und kulturell Herabziehenden gebracht wurden.

Von einem waren Intellektuelle und Akademiker, Lehrer, Pfarrer, Bibliothekare und Jugendpfleger in Großbritannien und Frankreich wie in Deutschland zutiefst überzeugt: Die neuen, preiswerten und attraktiven Unterhaltungswaren bildeten eine Gefahr für das Volk und für die Minderjährigen aller Klassen. In der Presse und im Parlament, in Vereinen und auf Gesellschaften wurde es üblich, der Populärkultur eine Mitschuld an fast allen sozialen Problemen zuzuweisen. Wenn Frauen ihre Familie vernachlässigten, Jungen von zu Hause ausrissen, Ehemänner betrogen wurden, Liebespaare den Tod suchten, Mädchen sich prostituierten, Schüler Selbstmord begingen – stets machte man Groschenliteratur, Filme und Schlager verantwortlich. Sie zeichneten angeblich ein irreführendes Bild der Welt, verklärten den Liebestod, weckten Lüste, schläferten das Gewissen ein.

Bereits vor dem Ersten Weltkrieg entschied sich, wie über die entstehende Massenkultur gedacht werden sollte, welche Erwartungen und Gefühle man ihr fortan entgegenbringen würde. Damals wurden fraglose Überzeugungen und Reaktionsmuster tief im Alltagswissen verankert, die noch die heutigen Debatten um Gewalt und Sexualität in den Medien bestimmen. Welche Eigenschaften die Menschen den populären Künsten zuschrieben, welche Wirkungen sie vermuteten und welche Empfindungen der Gedanke daran auslöste – das war Ergebnis einer Auseinandersetzung um Interpretationen und Gebrauchsweisen, die nur wenige unberührt ließ. Kampagnen prägten unmißverständlich ein, was von Massenkultur zu halten sei. Zeitungsberichte und Vorträge der »Schund«gegner, öffentliche Verbrennung von Groschenheften und Einschüchterung von Schulkindern machten klar: Hier war ein Seuchenherd entstanden.

Dabei gab es in der Gesellschaft offensichtlich kontroverse Auffassungen; die Meinungen von Lesern und Zensoren, Kinobegeisterten und Filmgegnern waren absolut unvereinbar. Aber ebenso offensichtlich fehlte den Nutzern der populären Künste die Möglichkeit, ihr Handeln wirkungsvoll zu rechtfertigen. Wie hätten

»ungebildete« Leute, vielfach Kinder und Jugendliche noch, öffentlich erklären können, was ihnen Hefte, Filme, Schlager bedeuteten? Keiner von denen, deren Beruf das Sprechen und Schreiben war, lieh ihnen seine Stimme. Gegen die Deutungsmacht der Gebildeten und Herrschenden, die in Horrormeldungen wie in praktischen Unterdrückungsmaßnahmen zum Ausdruck kam, hatten sie keine Chance.

Das Ergebnis war: In der öffentlichen Rede wurden die populären Künste automatisch gleichgesetzt mit Verrohung, Jugendgefährdung, Wertlosigkeit, Zeitvergeudung, Verzerrung des Weltbildes. Die Nutzer aller Schichten hatten dem nichts entgegenzusetzen – außer daß sie an ihrem Vergnügen festhielten. Es bildete sich ein schizophrener Zustand heraus. Millionen genossen die Massenkultur als Quelle ästhetischer Erfahrung; doch sie konnten das Gefühl nicht loswerden, sie gäben sich hier mit Minderwertigem ab, mit Dingen, die sie als Menschen ohne Kultur auswiesen.

Presse und pädagogische Literatur verbreiteten zuhauf moderne Sagen, die das vor Augen führten. Angeregt durch einen Film über Kannibalen, hätten drei Halbwüchsige in New York einen Jungen über dem Scheiterhaufen gebraten, wenn nicht Erwachsene eingegriffen hätten.[166] »In Bautzen wurde ein 16jähriges Dienstmädchen zu 6 Jahren Zuchthaus verurteilt, weil es einen Mord an dem Kinde seines Arbeitgebers verübt hatte. Die Verhandlung ergab, daß das Mädchen durch die Lektüre eines Hintertreppenromans nicht nur zu dem Verbrechen angeregt worden war, sondern sich auch in den Einzelheiten an die dort geschilderten Vorgänge gehalten hatte.«[167]

Unzählige Geschichten über Diebesbanden, Raubüberfälle und Morde brandmarkten Groschenhefte und Filme als Verbrechensursache. Minderjährige würden im Kino verführt, und frühreife Mädchen gerieten, von Leinwanddarstellungen verlockt, in die Fänge internationaler Mädchenhändler. »Einen ungewöhnlichen Grad von Verkommenheit erreichte in kurzer Zeit eine Schülerin Frieda D., die […] in dem Kinematographentheater an der Ecke der Frankfurter- und Krausstraße ihre erste Bekanntschaft machte. Seitdem stand sie in Verbindung mit zwölf Männern, die sie alle in Kinematographentheatern kennenlernte.«[168]

Nach der Jahrhundertwende wurde es zum feststehenden Deutungsmuster, besorgniserregendes Verhalten Heranwachsender auf den Einfluß populärer Vergnügung zurückzuführen. So gängig war die Auffassung, daß mehrfach gewarnt wurde, »schlaue, jugendliche Verbrecher [würden] sich diese Erklärungsgründe selber zu Nutzen machen und sich ›mildernde Umstände‹ durch Schundliteratur heranlesen«.[169]

Massenarmut, Elend und Roheit in Arbeitervierteln und Fabriken, Kinderarbeit und die Lockerung sozialer Kontrolle in den Städten hinterließen allerdings unerfreuliche Spuren im Verhalten Jugendlicher. Und Erwachsene sind stets geneigt gewesen, ungewohntes und unerwünschtes Verhalten der nachfolgenden Generation als Zeichen des Niedergangs zu dramatisieren. Eine anhaltende, teilweise hysterische Debatte über Jugendkriminalität bündelte unterschiedliche Besorgnisse. Dazu gehörte die Angst der Bürger vor einer Arbeiterjugend, die in ihren Augen laut und grob auftrat, mit herausforderndem und nicht selten aggressivem Selbstbewußtsein. Aber auch Proletarier und Kleinbürger erlebten, daß ihre Kinder sich respektlos verhielten, logen, sich prügelten, Geld stibitzten und rohe Sprache führten; auch sie fürchteten eine voreheliche Schwangerschaft ihrer Töchter. Viele Eltern machten sich die entlastende Interpretation zu eigen, die Gefahr gehe von den lockenden kommerziellen Vergnügungen aus. Die Gesellschaft gewöhnte sich daran, das Unbehagen an Entwicklungen, derer sie nicht Herr wurde, auf den Komplex »Heranwachsende und Massenkultur« zu projizieren; ein Deutungsmuster wurde Allgemeingut. Massenkultur als Gefährdung der Jugend zu betrachten, geriet zur automatischen Reaktion unterhalb der Bewußtseinsschwelle – so wie das Horchen nach einem herannahenden Automobil, dem es auszuweichen galt, und wie die Vorstellung, daß Erfolge von Sportlern etwas aussagten über das Ansehen von Nationen.

Bürger und Sozialisten im »Schundkampf«

Am heftigsten waren die Reaktionen dort, wo späte und daher verdichtete Modernisierung den Menschen die größten Anpassungsleistungen abverlangte: im Deutschen Reich. Etwa ab 1907 sprach man hier – durchaus treffend – von einem »Schundkampf« gegen Groschenhefte, Film und »musikalischen Schund« wie Gassenhauer und Schlager. Es scheint nicht übertrieben, von einer sozialen Bewegung unter Gebildeten und Angehörigen der Erziehungsberufe zu sprechen. Bis in den Krieg hinein versuchten sie, populäre Unterhaltung einzudämmen und volkserzieherischer Kontrolle zu unterwerfen. Ihre Kampagnen erstreckten sich bis weit in die Provinz und trafen im Lauf der Jahre Millionen Deutsche, den Großteil der Jugend.

Man überreichte zum Beispiel warnende Flugblätter an »Schund«leser, die auf der Straße oder in der Bahn ertappt wurden. In erster Linie suchte man die Eltern der Schulkinder als Verbündete zu gewinnen. 1908 wurden an den Hamburger Volksschulen 140 000 Flugblätter verteilt;[170] der Erfolg war zumindest in einer Hinsicht durchschlagend. Ein Schüler berichtete anschließend: »Meine Mutter und mein Vater sagten: Junge, Junge, hast du mal son Buch; ich hau dich, bis du an der Erde liegst. Und dann wird es ins Feuer gesteckt.«[171]

Eltern und Lehrer kontrollierten Schultaschen und Buchbesitz, beschlagnahmten und vernichteten Hefte. Den Kindern wurde verboten, in Papiergeschäften einzukaufen, die »Schund« führten; die Läden zwang man vielerorts durch Boykottkampagnen in die Knie. 1909 wurden in Bonn »die Namen der an den Schaufenstern [solcher Läden – K. M.] betroffenen Schulkinder und jugendlichen Personen polizeilich festgestellt und den Eltern, Lehrern bezw. Lehrherrn mitgeteilt, und zwar wie berichtet wird, mit gutem Erfolge«.[172]

So wurde praktisch und durchaus handgreiflich eingeprägt, was von den neuen Massenkünsten zu halten sei. Bestreben der Hamburger Volksschulrektoren war es, »bei den Kindern das Gefühl zu erwecken, dass man sich eigentlich schämen müsse, derartiges

Zeug mit sich herum zu tragen«.[173] Das Ziel wurde weitgehend erreicht – auf jeden Fall bei den gebildeten Gegnern von Groschenheft und Kino; die rigorose Behandlung der »Schund«konsumenten stärkte das Bewußtsein von der eigenen Überlegenheit und von der kulturellen Unwürdigkeit der Masse. Die einfachen Leute standen zwar zu ihrem Geschmack (was blieb ihnen auch übrig?); aber sie lernten doch, daß er als minderwertig galt und daß Umgang mit der Populärkultur ihrem Streben nach Anerkennung schadete.

Zwei Besonderheiten fallen auf, wenn man den Schundkampf vergleicht mit englischen und französischen Entsprechungen. Erstens standen in Deutschland ästhetisch-kulturelle Maßstäbe gleichrangig neben moralischen Besorgnissen. Während in England das »Decamerone« oder »Fanny Hill« ebenso dem sittlichen und juristischen Verdikt unterlagen wie eine Penny-Erzählung, wirkte in Deutschland der Kunstvorbehalt. Anerkannte Meisterwerke konnten nach dieser Auffassung im kleinen Kreis der Kenner keinen Schaden anrichten; als unzüchtig und gefährlich wurde nur behandelt, was auf weite Verbreitung zielte. Umgekehrt galten die Massenkünste selbst dann, wenn niemand sittlich Anstoß nehmen konnte, wegen ihrer angeblichen Unwahrhaftigkeit und fehlenden ästhetischen Qualität als schädlich; sie würden jede Empfänglichkeit für große Kunst zerstören. Zweitens blieb es nicht bei Initiativen aus der Zivilgesellschaft. Der Einsatz von Schule und Polizei zeigte, daß der Staatsapparat Partei ergriff. Die Festschreibung dieser Rolle in einem »Schmutz und Schund«-Gesetz war ein wesentliches, 1926 endlich verwirklichtes Ziel der Kampagnen.

Die Unterschiede hängen wohl zusammen mit unterschiedlichen Auffassungen von »Kultur« – also davon, was durch populäre Künste herausgefordert wurde. Das deutsche Bildungsbürgertum hatte ein Ideal verinnerlicht, das zentriert war um die geistige Bildung des Menschen durch Kunst und Philosophie. Der »Kulturstaat« sollte dieses Ziel ansteuern, nicht zuletzt durch Volkserziehung. Dabei zählten einzig Werke, deren angemessene Aufnahme Muße, intellektuelle Übung, Kenntnis der Kunstgeschichte erforderte. Den obersten Platz in der Hierarchie nahm die asketischste der Künste ein, die Literatur. Unter Berufung auf die Kantsche

Norm des »interesselosen Wohlgefallens« reduzierte man alle praktisch-sinnlichen Beziehungen zur Welt auf die Tätigkeit von Auge und Hirn. Die klassische Subjektphilosophie zielte noch auf schrankenlose Selbstentwicklung und überschritt im »freien Spiel der Erkenntnisvermögen« (Kant) die bürgerliche Welt begrenzter Zwecke. Doch in der Oberlehrer-Ästhetik des späten 19. Jahrhunderts war das eingeschrumpft zur Abwehr von Sinnlichkeit, Lustempfindungen und Geselligkeitsfunktionen der Künste. Arbeit, intellektuelle Bemühung, avancierte zum Prinzip des Umgangs mit dem Schönen. Die »Verpflichtungen gegen die wahre Kunst«, so der Kunsthistoriker Konrad Lange 1912, verlangten von ihren Adepten »schwere geistige Arbeit«.[174]

In England wie in Frankreich verbanden die tonangebenden Schichten mit »Kultur« eher Qualitäten wie Esprit, Stil, Geschmack, souveräne Haltung, das Ideal des Gentleman. Auch hieran gemessen, erschien populäre Vergnügung völlig indiskutabel, plebejisch; aber sie rührte nicht an Stellung und Geltung derer, die sich als Garanten der nationalen Kultur verstanden. Ernstlich herausgefordert fühlten sich nur jene, die der puritanischen Moral verpflichtet waren. Anders in Deutschland, wo in geistigen Fragen das Bildungsbürgertum die Hegemonie ausübte. Es sah in der Massenkultur sein Ideal bedroht, vor allem aber seine Stellung. Wurde der Anspruch auf Volkserziehung aufgegeben, dann brauchte man auch Wissen und Fähigkeiten der Bildungsschichten nicht mehr – daher die aggressive Reaktion.

Festzuhalten ist bei allen Unterschieden: Moderne populäre Künste und ihr Publikum wurden von Anbeginn an in der Öffentlichkeit und auch durch staatliche Maßnahmen mit Verbrechen und Gewalt, Unzucht und Jugendgefährdung, Kulturlosigkeit und Verdummung in Verbindung gebracht. An der Ächtung beteiligte sich auch die Arbeiterbewegung. Die sozialistische Zeitschrift »La Rive gauche« kommentierte 1865 den Zusammenstoß zwischen der Polizei und einer Menge, die herbeigeströmt war, um die populäre *Caf'conc'*-Sängerin Thérésa zu hören: »Was für ein großes Volk, das sich für eine Kneipen-Sängerin schlägt und nicht weiß, was es zu tun hat, um seine Freiheit zu erkämpfen.«[175] Das Grundmuster der linken Vorbehalte war einfach: Mißtrauen gegen alle

Vergnügungen, die angeblich vom politischen Engagement abhielten und nicht zum Klassenbewußtsein beitrugen.

Im Lauf der Jahrzehnte traten dann allerdings moralische und ästhetisch-kulturelle Argumente in den Vordergrund; nicht selten verdrängten sie den Gesichtspunkt der politischen Nützlichkeit völlig. Das ist leicht erklärbar. Die Kerngruppen der Arbeiterbewegung, wo sie nicht wie die Vordenker ohnehin bürgerlicher Herkunft waren, rekrutierten sich aus dem Kreis bildungshungriger, eher asketischer Handwerker und Arbeiter; Partei und Gewerkschaft ermöglichten ihnen, dem als roh und niederdrückend empfundenen proletarischen Milieu zu entfliehen. Ihre Erfahrung war: Diszipliniert und dauerhaft engagierten sich jene, die auf geordnete Familienverhältnisse und zivilisierte Sitten Wert legten, Nüchternheit und Lernen schätzten, Wort und Schrift als entscheidende Bildungsmedien verstanden und sich emotional am Freiheitspathos von Schiller, Shelley oder Hugo aufrichteten. Genußorientierung und die Neigung zum rauschhaften Vergessen der Misere, Triviallektüre und Tanzwut kennzeichneten aus dieser Sicht die »Masse« und das »Lumpenproletariat«, die dumpf und gehorsam dahinlebten und in Klassenkämpfen wankelmütig oder gar auf seiten der Reaktion auftraten. »Der Feind, den wir am meisten hassen, das ist der Unverstand der Massen«, sangen die deutschen Sozialdemokraten.

Ausgrenzung durch das Bürgertum, das Streben nach Anerkennung und die dadurch verstärkte Motivation, den Sozialismus als Kulturbewegung zu begründen, taten ein übriges. Die Aktivisten der Arbeiterbewegung gerieten in eine grundsätzliche Frontstellung gegen populäre Vergnügungen und die aufkommende Massenkultur. Als legitim galten einzig große Kunst, Bildung und Aufklärung. Man bekämpfte nicht nur reaktionäre Kolportageromane und chauvinistische Lieder. Pauschal wurde leichte Unterhaltung abgelehnt als »Feind des guten Geschmacks und gesunder ästhetischer Kultur«[176] – so das sozialdemokratische »Hamburger Echo« 1907.

Die Tatsache, daß an derartigen Vergnügungs-Waren Unternehmer verdienten, gab Anlaß zu einem Antikapitalismus, der sich nicht von den Klagen bürgerlicher Schundkämpfer unterschied. Es handele sich um »ein auf die niedrigste Sensationslust spekulierendes Unternehmen profitgieriger Kapitalisten«;[177] mit »vergifteten Leckerbissen« ziehe man den Arbeitern das Geld aus der Tasche und stumpfe sie ab. Ein Lehrer verzweifelte an der »sozialdemokratischen Kulturmission« und am »Zukunftsstaat«, denn das Publikum der populären Künste müsse man abschreiben: »mit Menschen, die in hellen Haufen in die Theater lebender Photographien laufen, wie wir sie heute haben, erreichen wir [...] ihn [den Zukunftsstaat; K. M.] nicht, und mit solchen Menschen zusammen will ich nicht selig werden.«[178]

Sozialisten hatten allen Grund, kommerzielle Unterhaltung als reaktionär, militaristisch oder chauvinistisch abzulehnen. Entsprechende Argumente machen aber heute den Eindruck, als seien sie eigentlich nebensächlich gewesen. Im Mittelpunkt stand die Ablehnung der Populärkultur überhaupt. Jegliches Verständnis für ästhetische Erfahrung über Sinne und Gefühle, in Traum, Rausch, Verausgabung scheint zu fehlen. So konnten die Aktivisten der Arbeiterbewegung nicht leisten, wozu nur sie imstande gewesen wären: den einfachen Leuten öffentlich Sprache zu verleihen, ihre Freizeitgewohnheiten und Schönheitsbedürfnisse zu verteidigen gegen die Verdammung als pöbelhaft und kulturfeindlich. Vielmehr wirkten sie – in der Überzeugung, nur das Beste sei gut genug für das Volk – mit an der Stigmatisierung der Massenkultur und ihres Publikums.

»Zurück zur Einfachheit der Vorfahren«

»Schutz vor Massenkultur« wurde zu einer Art Allzweck-Argument. Welche Maßnahme man auch immer forderte – es machte sich gut, darauf hinzuweisen, daß sie die verderblichen Vergnügungen eindämmen werde. So fällt es heute nicht leicht zu beurteilen, wer wirklich den Zusammenhang sah und wer nur Phrasen einsetzte, um sich verbreitete Vorurteile nutzbar zu machen. Volksbildnern und Jugendpolitikern jedenfalls erschien die Anziehungskraft von Rummel und Tanz, zweifelhafter Lektüre und Rollschuhbahnen, Unterhaltungstheatern und Kinos beinahe unwiderstehlich: Wo man ihr nicht entgegentrat, gewann sie Gewalt über die Heranwachsenden.

Die Sichtweise hat sich durchgesetzt. Aber war es wirklich selbstverständlich, daß alle Versuche, dem Volk Wissen und Kunst nahezubringen, zugleich gegen »Schund« und »sinnlose, kostspielige Freizeitvergnügungen« gerichtet sein mußten? Es wurde nur in Form eines Entweder-Oder argumentiert; ein Neben- und Miteinander scheint undenkbar gewesen zu sein. Ob man Volksbibliotheken und Kinderlesehallen einrichtete, Klassiker in Pfennig-Ausgaben herausbrachte und allgemeinbildende Vorträge anbot, Schulbüchereien oder kommunale Kinos forderte, künstlerische Sonntagsunterhaltungen für Arbeiter oder Theaterbesuche der Volksschüler organisierte – nie genügte es, auf den Wert dessen hinzuweisen, was man vermitteln wollte. Stets stand an prominenter Stelle der Hinweis, es handele sich um positive Maßnahmen zur Bekämpfung von »Schund« und wertlosen Vergnügungen.

Ähnliches galt für das Bemühen, Kinder und vor allem Jugendliche zu organisieren und ihnen Freizeitangebote zu machen. Auch hier ging man in England voran, mit der 1844 gegründeten »Young Men's Christian Association« (YMCA), mit Jugendverbänden der Heilsarmee und ähnlichen Gruppen, die allesamt auf religiöse Belehrung und Lebensführung zielten. Seit den 1880ern rückten unverkennbar staatspolitische und militaristische Ziele in den Vordergrund. An die Stelle von Seele und Moral traten Körper und vaterländische Gesinnung. 1883 wurde die »Boy's Brigade« ins Leben gerufen, die Uniformen und militärischen Drill bot. Sie bildete in vieler Beziehung den Vorläufer der 1908 von General Baden-Powell gegründeten »Boy Scout«-Bewegung.

In Frankreich reagierte man auf die Niederlage von 1871 nicht nur durch Förderung des Turnens. Zwecks Marschierens und Exerzierens schuf man in den 1880ern »Bataillons Scolaires« – die man allerdings wieder einschlafen ließ, als minderjährige Möchtegern-Soldaten ernstlich die Schuldisziplin in Frage stellten. 1911 wurde dann eine Pfadfinder-Organisation gegründet. Im selben Jahr erging in Preußen ein ministerieller Erlaß, der staatliche

Behörden zur Koordinierung und finanziellen Förderung der Jugendpflege privater Vereine und Verbände verpflichtete. Parallel dazu entstand unter der Führung von Feldmarschall von der Goltz der »Jungdeutschlandbund«, der die Jugendfreizeitaktivitäten der kaisertreuen Organisationen vereinigte.

Den genannten Initiativen war nicht nur gemein, daß sie paramilitärische Aktivität als das beste Mittel zur Erziehung einer körperlich wie geistig gesunden Jugend betrachteten. Seit dem späten 19. Jahrhundert spitzten sich Konflikte zwischen den imperialistischen Mächten zu; überall verstärkte man chauvinistische Indoktrination und mentale Kriegsvorbereitung. Nicht zuletzt sollte diese Art von Gemeinschaftspflege die Klassengegensätze abmildern und – insbesondere in Deutschland – dem Einfluß der Sozialdemokratie auf die Arbeiterjugend entgegenwirken.

Zugleich handelte es sich um eine Antwort auf die Verstädterung. Mit Schrecken betrachteten Militärs und Erzieher die Freizeit der Heranwachsenden; sie konnten keine Spur von Gesundheitsbewußtsein oder gar Abhärtung entdecken. Dagegen galt dem deutschen »Handbuch für Jugendpflege« körperliche Betätigung in freier Natur als bestes Mittel zur Vorbeugung gegen die »Volksvergiftungserscheinungen von Alkoholismus, Bordell, Mädchenhandel, Kinos usw«.[179] »Jungdeutschland«-Führer von der Goltz stellte fest: »Die reißende Entwicklung unserer Industrie, die durch sie geförderte Zusammendrängung der Bevölkerung mit der sich daraus ergebenden Verwöhnung und Verweichlichung, der wachsenden Genußsucht und frühen Entartung nagen an der ursprünglichen Kraft des Volkes.«[180] Diese Sicht war dumm und zynisch angesichts der Härte des Lebens, das die Mehrheit der Bevölkerung führen mußte. Aber man war entschlossen, der Entwicklung zur modernen Freizeit entgegenzutreten. Geländespiele und Biwaks im Freien sollten die Heranwachsenden »zu der Einfachheit der Vorfahren« zurückführen.[181] Jugendarbeit vor dem Ersten Weltkrieg zielte nicht nur auf Wehrertüchtigung und nationalistische Indoktrination – sie stellte sich als Alternative zur Massenkultur dar und half, die neuen populären Vergnügungen öffentlich zu brandmarken.

»Je größer die Masse, desto dümmer«

Nach 1918 behielten Volksbildung und Jugendarbeit ihre Stoßrichtung bei. Allerdings trafen sie auf tiefgreifend gewandelte Verhältnisse. Vor dem Weltkrieg hatten die Schundgegner noch gehofft, sie könnten die kommerziellen Künste klein halten und in einer Art Ghetto einkapseln. Nun war klar: Die populären Genres hatten sich in der Kulturlandschaft etabliert. Das war ebensowenig aufzuhalten wie das allgemeine Wahlrecht und der Trend zur Gleichberechtigung der Frauen. Es ging also nicht mehr darum zu verhindern; es galt, die kulturelle Rangordnung klarzustellen. Und es gab auch Ansätze, entspannter mit Populärkultur umzugehen. Schließlich besuchten die Jugendlichen nun länger die Schule, und man konnte hoffen, daß mit dem Bildungsstand auch die Kritikfähigkeit wachsen würde.

Erst in den 1920ern setzte sich die Rede von den »Massen« durch, die mit der Neuschöpfung »Massenkultur« in den allgemeinen Sprachgebrauch einging. Die »Masse« galt als inkompetent, in Fragen des Geschmacks ebenso wie in Fragen der Politik. Manche Beobachter sahen derart kritisch auf die große Mehrheit, weil sie sich Sorgen um die Verankerung der jungen Demokratie machten. Die meisten Gebildeten jedoch lehnten die Republik als »Herrschaft der Masse« ab. Für sie erklärte die Diagnose »Vermassung« die Probleme der Nachkriegszeit. Mit Verstädterung und Verlust des Glaubens, mit dem Aufstieg der Arbeiter und Angestellten und dem Schwinden des alten Mittelstandes gingen verpflichtende Traditionen und Werte verloren. Die Menschen verbinde einzig noch die Ersatzreligion der kapitalistischen Moderne: der Materialismus. Streben nach möglichst viel Einkommen, Bequemlichkeit und Genuß – das seien die Götzen der neuen Zeit.

Eine Folge des Weltkriegs war ein kräftiger Demokratisierungsschub. Das allgemeine gleiche Wahlrecht galt nun überall; es wurde auf die Frauen ausgedehnt (in Frankreich allerdings erst 1944). Auch in Wirtschaft und Betrieb errangen die Lohnabhängigen Rechte. In der Massendemokratie zählten nun Mehrheiten;

bei Wahlen siegte die größere Zahl. Doch die alten Eliten sprachen dem »Mann (und nun auch der Frau) von der Straße« rundweg die Fähigkeit ab, die Geschicke der Nation zu bestimmen; dazu fehle es ihnen einfach an Bildung, Selbstbeherrschung und Verantwortungsgefühl – kurz, an Persönlichkeit.

Man griff Ideen der 1895 erschienenen »Psychologie der Massen« von Gustave Le Bon auf. Sein Grundgedanke war, daß Menschen in Situationen erregter Zusammenballung völlig unerwartete, erschreckende Verhaltensweisen zeigten. Aus vernünftigen, beherrschten Individuen würden Glieder einer irrationalen, manipulierbaren, zu viehischer Gewalt fähigen Masse. Nun gab es solche Situationen bei politischen Kundgebungen ebenso wie bei Sportveranstaltungen und Star-Auftritten. Man konnte Millionen zur selben Zeit per Boulevardpresse oder Radio dieselbe Meinung nahebringen. Entstanden hier nicht Massen – emotionalisiert, verführbar, wankelmütig, aggressionsbereit?

Hinzu kam ein ausgeprägtes Mißtrauen der Gebildeten gegenüber den kulturellen Folgen des Kapitalismus. Unternehmer galten als skrupellos; die Rolle von »Sex and Crime« in Trivialliteratur und Film schien zu bestätigen, daß sie um des Profits willen auf die tierischen Triebe im Menschen spekulierten. Solche Leute, klagte man, lieferten nun anstelle verantwortungsvoller Volkserzieher die geistige Nahrung für Millionen – und der Markt erlaube, daß die ungebildeten Massen für ihr Geld erwürben, was ihren rohen Bedürfnissen und ihrem pöbelhaften Geschmack entspreche. Die Konkurrenz zwinge die Unternehmen zum Wettbewerb um die gröbsten Reize und die wildesten Sensationen. Unvermeidlich werde eine Spirale der Geschmackszerstörung in Gang gesetzt – Gleichmacherei auf ständig sinkendem Niveau.

»Masse« meinte nun nicht mehr allein die Unterschichten. Jeder, der nicht ständig auf seine geistige Unabhängigkeit achte, könne zum Massenmenschen werden. So formulierten es zumindest jene, die in der Öffentlichkeit den Ton angaben. Die Angehörigen der Intelligenz sahen sich – und damit »die Kultur« – zunehmend zerrieben zwischen den vulgären Kunden der Vergnügungsindustrie »unten« und geschmacklos protzenden, ungeistigen Wirtschaftsbossen und Berufspolitikern »oben«.

Die Betonung kultureller Überlegenheit schloß keineswegs aus, daß man in der kultivierten Oberschicht an Populärem Gefallen fand. Von T. S. Eliot beispielsweise, einem der entschiedensten Vertreter des Geistesaristokratismus, weiß man, daß er als Student Comic strips las, privat Marie Lloyd verehrte, Jazzplatten sammelte und geradezu süchtig nach Kriminalromanen war.[182] Die antibürgerliche Avantgarde, Apollinaire und die Surrealisten ebenso wie Grosz und Dada, zeigte sich offen für anarchisch-groteske Züge der populären Kultur und für neue Medien, die gewohnte Wahrnehmungsweisen herausforderten. Aber Künstler und Kritiker, die die Massenkünste ernst nahmen, blieben die Ausnahme.

Weshalb dachte die gebildete Öffentlichkeit kaum an Koexistenz? Wieso behandelte sie Massenkultur ausschließlich als Bedrohung oder zumindest als völlig wertlos? Man ist versucht, psychologisch zu argumentieren. Verweist die schroffe Abwehr vielleicht auf einen Zwiespalt im Inneren derer, die sich nach außen als Vertreter einer geradezu mönchischen Geistigkeit darstellten? Empfanden sie selbst die Verlockung durch das angeblich Triviale und suchten es um so härter zu unterdrücken? Doch diese Erklärung vernachlässigt handfeste Interessen der Intellektuellen und der Angehörigen der Bildungsberufe. Sie beanspruchten Pflege und Vermittlung der Kultur als ihr Monopol. Das bedeutete: Ihr Ansehen, ihre Arbeits- und Verdienstmöglichkeiten hingen davon ab, wie die Gesellschaft ihre höchsten geistigen Güter einschätzte. Sank der Kurswert von ernster Kunst und Bildungswissen, dann fiel auch der ihrer Verwalter. In der Zwischenkriegszeit verschlechterte sich die ökonomische Lage des Bildungsbürgertums, der Künstler, Lehrer und Angehörigen weiterer Kulturberufe teilweise dramatisch; der Einfluß klassischer Bildungsideale und der Hochkunst ging deutlich zurück. Die Betroffenen machten dafür die Populärkultur mit ihren »pöbelhaften Vergnügungen« (so ein englischer Kritiker)[183] und – vor allem in Deutschland – die Massendemokratie verantwortlich.

Der einflußreiche Wirtschaftshistoriker Sombart faßte diese Sicht zusammen. Die große Masse sei geistig beschränkt auf das Konkrete und Praktische, dem Allgemeinen und Theoretischen nicht gewachsen, schrieb er. Sie sei irrational, feminin, lasse sich in ihrem Verhalten nicht von Gründen leiten, sondern von der Überlieferung oder von triebhaften Impulsen. Ihr fehlten höhere Ideale. Empfindungen und Gefühle seien primitiv, grob und undifferenziert. Annehmlichkeits- und Nützlichkeitswerte herrschten vor. Angewendet auf Kultur und Politik, hieß das für Sombart: »[...] je größer die Masse, desto dümmer ist sie als solche. Darum also – beispielsweise –: je verbreiteter die Zeitung, desto tiefer ihr Niveau; je demokratischer das Wahlrecht, desto niedriger der Geistesstand der Vertreterschaft.«[184] Das Urteil über »die Masse« war zugleich Urteil über die junge deutsche Republik; Sombart begrüßte denn auch 1933 (wie die Mehrzahl seiner Professorenkollegen) ihre Zerschlagung durch die Nationalsozialisten.

Die Republik als »Schmutz und Schund«

In der deutschen Massenkulturkritik waren Chauvinismus, Rassismus und Frauenfeindlichkeit am schärfsten ausgeprägt. Das zeigte sich schon unmittelbar nach Kriegsende. Man erschrak damals über die Zunahme von Geschlechtskrankheiten. Da die Zensur aufgehoben war, kam eine Menge von »Aufklärungsfilmen« heraus, in denen sich sachliche Information und spekulative Erotik untrennbar – aber kommerziell erfolgreich – verbanden. Effektvoll prangerten die Konservativen an, die neue »Freiheit« führe geradewegs ins Bordell. 1920 wurde in der Verfassung die Filmzensur verankert.

Lehrer, Jugendpfleger und Bibliothekare setzten die Jagd auf »Schmutz und Schund« fort, mit Brandreden wie mit Scheiterhaufen. Aus der Empörung über die Darstellung von Kriminalität und Sexualität in den Massenkünsten schlug die politische Rechte immer wieder Kapital für ihre Angriffe gegen die junge Republik; deren Liberalität sei schuld an der »moralischen Versumpfung«. Gelegenheit dazu bot die jahrelange Auseinandersetzung um ein »Gesetz zur Bewahrung der Jugend vor Schund- und Schmutzschriften«. Fast alle Beteiligten, auch die linken Parteien, stimmten

5, 6 *Sammeln und Verbrennen von »Schund«, Berlin, 1922*

überein, daß die Jugend durch kommerzielle Kulturprodukte geistig und moralisch gefährdet werde. Gegenstimmen wie die des Psychologen Siegfried Bernfeld (»Das Kind braucht keinen Schutz vor Schund! Es schützt sich selbst!«)[185] oder des republikanischen Autors Heinrich Mann (»Entsittlichung einer ganzen Jugend ist noch nie durch Lesen bewirkt worden, sondern immer geradewegs durch das Leben.«)[186] blieben vereinzelt. Kommunisten, Sozialdemokraten und einige Liberale lehnten das Gesetz mit seinen Kautschukparagraphen letztlich nur deswegen ab, weil sie politische Zensur gegen linkes Gedankengut befürchteten. Im Reichstag unterlagen sie 1926 einer Mehrheit, die von der Mitte bis zur völkischen Rechten reichte. Im allgemeinen Bewußtsein blieben vor allem die schrillen Stimmen haften, die Liberalität, skrupellosen (»jüdischen«) Geschäftsgeist und mangelnde nationale Erziehung für Jugendprobleme verantwortlich machten und hartes Durchgreifen forderten.

Die Zensurgesetze von 1920 und 1926 hielten Sexualisierung und Gewaltdarstellung in Schriften und Filmen nicht auf. Das war auch nicht zu erwarten, da man nur die Verbreitung an Kinder und Jugendliche einzuschränken suchte und nicht in die Herstellung selbst eingriff. Doch in der radikalisierten Atmosphäre der späten Weimarer Republik vergrößerte diese Erfahrung gerade die Neigung vieler Schundgegner, den scheinbar kraftlosen Rechtsstaat aufzugeben. Sie waren bereit, das Geistes- und Vergnügungsleben autoritär zu regeln. Die Rechnung derer, die vom Jugendschutz sprachen und eigentlich, wie Heinrich Mann warnte, die Republik selber für Schmutz und Schund hielten,[187] ging auf.

Die Rechte projizierte auf die Vergnügungskultur alle Feind- und Schreckbilder, über die sie verfügte. »Verniggerung«, »Verjudung« (meist gleichbedeutend mit Kommerzialisierung), »Kulturbolschewismus« lauteten die Schlagworte. Im Mittelpunkt der Angriffe stand der Jazz als Inbegriff dekadenter Metropolenkultur. »Das tanzende und sensationslüsterne Publikum [...] fördert und kultiviert blödsinnige exotische Negermusik«,[188] klagte ein Kammermusiker 1926 in der »Deutschen Tonkünstlerzeitung«. Im Preußischen Landtag hielt Pfarrer Koch von der Deutschnationalen Volkspartei 1930 eine Hetzrede gegen »den negroiden Zug unserer Zeit [...]. Die Niggerkultur, die über uns im Jazz hergefallen ist, kennen Sie alle. [...] anstatt nach unseren schönen alten deutschen Rhythmen tanzt jetzt alle Welt in dem Niggerrhythmus [...] Meine Damen und Herren, wir haben Niggerrevuen an uns vorbeiziehen sehen. Wir haben eine ekle Erscheinung, die bereits in allen Hauptstädten abgetan und abgetakelt war, Josephine Baker, in Berlins Westen Triumphe feiern sehen. Wir haben im Rundfunk Niggersongs übelster Art hören müssen. [...] Ich und meine Freunde [...] stehen unter dem Eindruck, daß man als Überschrift über dieses Kunstzeitalter der letzten zehn Jahre einstmals wird [...] die Überschrift setzen können: ›Die jüdisch-negroide Epoche der preußischen Kunst.‹« [189]

Die Etikettierung als jüdisch dürfte die Zeitgenossen wenig erstaunt haben. Das Unterhaltungsgeschäft galt als vorrangiges Betätigungsfeld des sogenannten »raffenden Kapitals« (im Gegensatz zum »schaffenden Kapital« deutscher Industrieller). Damit, so die wahnhafte Vorstellung, verseuchten die Juden die gesunde deutsche Kultur. Schon 1925 war beispielsweise in den »Musikblättern des Anbruch« über den Jazz zu lesen: »Woher die Tänze und die ersten Melodien kamen, muß den Forschern überlassen werden, aber die verlorenen Stämme Israels, die auf dem New Yorker Broadway herumirren, haben bald für die rentable Fortpflanzung gesorgt.« [190]

1930 wurde im Land Thüringen eine rechte Koalitionsregierung unter Beteiligung der NSDAP gebildet. Sie verabschiedete einen Erlaß »wider die Negerkultur und für deutsches Volkstum«, in dem es hieß: »Seit Jahren machen sich auf fast allen kulturellen Gebieten in steigendem Maße fremdrassige Einflüsse geltend, die die sittlichen Kräfte des deutschen Volkstums zu unterwühlen geeignet sind. Einen breiten Raum nehmen dabei die Erzeugnisse ein, die, wie Jazz-Band und Schlagzeug-Musik, Negertänze, Negergesänge, Negerstücke eine Verherrlichung des Negertums darstellen und dem deutschen Kulturempfinden ins Gesicht schlagen.« [191] 1932 erließ die Regierung Papen ein reichsweites Arbeitsverbot für schwarze Musiker; Louis Armstrong mußte den geplanten Berlin-Auftritt absagen.[192]

Die Abwehr der Massenkünste reichte weit über die Verteufelung des »Fremdrassigen« hinaus. Im August 1933 beispielsweise wurden in den westdeutschen Jugendherbergen »moderne Tänze« und »Schlager« pauschal verboten.[193] Ein Artikel über »deutsche Tanzmusik« von 1938 faßte noch einmal die einschlägigen Kampagnen zusammen. Es scheint, als ob angesichts übermächtiger Bedürfnisse nach Sicherheit und »Normalität« im Lande Witz, Ironie, Nonsens vieler Schlager als unerlaubt, als verletzende Arroganz einer großstädtischen Künstlerschicht wahrgenommen worden seien. So hieß es: »Der schnoddrige, freche Ton dieser Musik wurde unterstrichen durch die sensationelle Einkleidung in ein ›lyrisches‹ Geseire. Es ist noch nicht so lange her, da las, hörte und sang man die pathologisch anmutenden Reimereien von der *Elisabeth*, die ›so schöne Beine hätt‹, und *Donna Clara*, ›ich hab' Sie tanzen gesehn, und Ihre Schönheit hat mich toll gemacht‹, von der *Tante*, die im Bett sitzt und Tomaten ißt, von dem *Käse*, der zum Bahnhof rollt, und der *Großmama*, die Posaune bläst, von dem *Mädchen*, das sich mit Spinat bespritzen lassen soll« – für das parteiamtliche Blatt »Der SA-Mann« »ungereimte Unverschämtheiten«.[194]

Noch bevor die Nationalsozialisten die systematische Jagd auf fortschrittliche Literatur und jüdische Autoren einleiteten, erstellten im Frühjahr 1933 viele Bibliothekare »Schundlisten« und begannen mit der »Säuberung« öffentlicher Büchereien. Aus den Regalen – die ohnehin schon für erotisch Freizügiges und Trivialliteratur verschlossen gewesen waren – sollte nicht selten ein Drittel, ja bis zur Hälfte der Bestände entfernt werden.[195] Es erscheint symptomatisch, daß in Nürnberg die nationalsozialistische Bücherverbrennung vom Mai 1933 durch einen »Aktionsausschuß gegen Schmutz und Schund« vorbereitet wurde.[196] Wenn es wirklich Schundkämpfer gegeben hat, die ohne jede politische Absicht einzig die Heranwachsenden behüten wollten, dann waren sie von der extremen Rechten erfolgreich als nützliche Idioten mißbraucht worden.

Trotz sofortiger Anpassungsversuche von Verlegern und Autoren mußten viele Groschenheftserien ihr Erscheinen einstellen. Produktion und Vertrieb von Erotika (Pornographie war ohnehin verboten) und Sexualaufklärungsschriften wurden unterdrückt –

allerdings nicht so sehr aus moralischen wie aus bevölkerungspolitischen und antisemitischen Motiven (die wenigen Sexualforscher waren zumeist Juden). Die unterhaltende und propagandistische Gebrauchskunst des »Dritten Reichs« erhob sich jedoch ästhetisch keineswegs über den »Schund der Systemzeit«. Manche Schilderung von Verbrechen, sadistischer Gewalt oder Verführung mag von der Jugend ferngehalten worden sein – um sie zu erziehen zu glühenden Nationalsozialisten, um sie vorzubereiten auf den Krieg und um sie brauchbar zu machen für die Ermordung der europäischen Juden. Auf Spannung und Sensation, Traumwelten und Sentimentalität unpolitischer Unterhaltung mochten die NS-Herrscher allerdings nicht verzichten.

Körper, Staat und Schnee für alle

Rationalisierung

In der Zwischenkriegszeit gewann bei den gesellschaftlichen Führungsgruppen eine Einsicht an Boden: Massenfreizeit und Vergnügungskultur waren gekommen, um zu bleiben. Sie bildeten eine soziale Tatsache, und deren Entwicklung galt es nun zu lenken. Weder Initiativen zu geistiger Hebung noch die Mechanismen des Marktes garantierten ein wünschenswertes Ergebnis. Politische, staatliche Maßnahmen erschienen nötig. Diese Sicht setzte sich durch gegen die liberale Auffassung, daß Erholung und Kultur Privatangelegenheit jenseits staatlicher Regelungsbefugnis seien. Zunehmend wurde nämlich Freizeit unter einem neuen Blickwinkel betrachtet. Vor dem Großen Krieg hatte man in erster Linie Probleme der moralischen und geistigen Verfassung des Volkes erörtert – nun stand eine sozialpolitische Gestaltungsaufgabe im Vordergrund: die Rationalisierung der Körper.

Wir stoßen hier auf einen irritierenden Sachverhalt. Grundzüge der sich entwickelnden öffentlichen Freizeitpolitik in Europa stimmten quer durch alle ideologischen Lager auffällig überein – etwa zwischen dem faschistischen »Dopolavoro« und der sozialistischen Volksfront in Frankreich. Italienische und nationalsozialistische Modelle wurden von Experten der westlichen Industriestaaten mit großem Interesse betrachtet, teilweise als vorbildlich aufgegriffen. Es gab in den 30er Jahren offenbar ein übergreifendes Denkmuster: Rationalisierung der Körper als Antwort auf die Rationalisierung der Erwerbsarbeit. Worum ging es dabei?

Mit dem Vordringen einer zergliedernden und quantifizierenden Arbeitswissenschaft, mit den Lehren von Taylor und Ford, mit REFA-System und Normung setzte sich in Fabrik und Büro der

Blick des Ingenieurs auf das »Menschenmaterial« durch. Rationalisierung, das Zauberwort der Betriebswirtschaftler, bedeutete, die Körper mit Maschinen und Werkzeugen abzustimmen zu einer höchst effektiven Funktionseinheit. Das verlangte nicht nur Arbeitsgestaltung. Damit der Mensch seine Rolle in diesem Verbund ausfüllte, mußte er durch zweckmäßige, vernunftgeleitete Erholung die entsprechende Leistungsfähigkeit immer neu herstellen. Konsequente Rationalisierung bedeutete also: Man konnte die Freizeit nicht länger den scheinbar irrationalen, spontanen Wünschen der Menschen überlassen.

Zum gleichen Ergebnis waren seit der Jahrhundertwende Bevölkerungswissenschaftler und Sozialhygieniker gekommen. Sie sahen in der modernen, städtischen Lebensweise eine Gefahr für die Volksgesundheit und für die Erbsubstanz. Die Fortpflanzungschancen von Menschen mit – medizinisch betrachtet – »minderwertigem Erbgut« stiegen ständig, so behaupteten sie, während zugleich die Kinderzahl insgesamt zurückging. Ergebnis sei der biologische Niedergang des Volkes. Die Theorie von der »Stadt als Rassengrab«[197] führte zum Programm der Eugenik: Förderung »wertvollen« und Zurückdrängung »minderwertigen Erbguts«. Das blieb bis zum Weltkrieg ein eher vages Denkmodell – aber eines mit wachsendem Einfluß. Es lieferte überkommenen antiurbanen Vorurteilen eine Begründung, die im herrschenden naturwissenschaftlichen Denkmuster absolut zwingend erschien. Es bürgerte sich ein, Freizeit unter sozialmedizinischen Gesichtspunkten zu betrachten: als Gegenstand rationaler Gestaltung mit dem obersten Ziel der Volksgesundheit.

Aus dieser Perspektive mußten die Vergnügungsgewohnheiten der Lohnabhängigen geradezu schädlich erscheinen. Von rationeller Pflege der (Arbeits-)Körper war nicht viel zu sehen. So überlegte man schon in den 20ern, wie der Staat hier eingreifen könne. Verwirklicht wurden jedoch meist nur begrenzte Programme für Spiel- und Sportstättenbau; außerdem förderte man Vereine, die sich der Körperertüchtigung widmeten.

Eine Wende fand zu Beginn der 30er Jahre statt, unter dem Schock der Weltwirtschaftskrise. Das liberale Vertrauen in die Selbstverantwortlichkeit des Individuums und in die regulierende

Kraft des Marktes war erschüttert; öffentliche Sozialmaßnahmen mußten sparsamer und effektiver werden. Das begünstigte zentrale Planungen, staatliche Programme und kollektive Fürsorgeregelungen. Roosevelts »New Deal« gilt heute als Umsetzung dieses Konzepts im bürgerlich-demokratischen Rahmen. Die europäischen Planer und Vordenker setzten sich jedoch auch intensiv mit faschistischen und sowjetischen Modellen auseinander. Und bei denen, die eine Rationalisierung der Körper anstrebten, mußten die Programme von »Dopolavoro« und, später, »Kraft durch Freude« großes Interesse erwecken.

Ein italienisches Modell

In Italien war am 1. Mai 1925 das »Opera Nazionale Dopolavoro« (OND) gegründet worden. Unter absoluter Kontrolle der faschistischen Partei entwickelte sich die parastaatliche Organisation in den 30er Jahren faktisch zum Monopolanbieter nichtkommerzieller Freizeit. Konzipiert war sie als Instrument beschleunigter industrieller Modernisierung. Erholung und Weiterbildung Berufstätiger sollten die geplanten »Produktionsschlachten« ermöglichen. Doch auch in größeren Betrieben blieben die Industriearbeiter auf Distanz. In erster Linie traten Angehörige der traditionellen und besonders der neuen angestellten Mittelschichten bei.

Arbeiter, Landarbeiter und Kleinbauern hielten fest an ihren lokalen Clubs, Zirkeln, Vereinen, in denen sie selbstorganisiert Neigungen und Geselligkeit pflegten. Zwischen 5000 und 10 000 dieser Assoziationen existierten noch 1926 – viele unpolitisch, aber nicht wenige auch Orte antifaschistischer Resistenz. Bis 1931 brachten die Faschisten dieses Netz unter ihre Kontrolle. Politisch mißliebige Organisationen wurden aufgelöst; nicht wenige sicherten ihr Überleben, indem sie sich OND unterstellten. Um die gewohnten Freundschaften und Verbindungen aufrechtzuerhalten, paßten sich viele Mitglieder dem Druck der Behörden an.

Nun erhielt »Dopolavoro« eine allgemeinere Zielstellung. Man wollte die arbeitende Bevölkerung in ein staatlich reglementiertes Organisationsnetz einbinden. Man versuchte, »gesunde«, »vernünftige« und politisch harmlose Freizeitaktivitäten durchzusetzen und gab das als Fürsorge für das Volk und als Abbau von Privilegien aus. Moderne Leistungsbereitschaft würde, so erwartete man, vorindustrielle Einstellungen überwinden. Die Bevölkerung sollte ideologisch durchdrungen, paramilitärisch trainiert und ab und zu auch direkt mobilisiert werden. Mit einem breiten, interessanten Angebot hofften die Faschisten, Zustimmung zu ihrer Gewaltherrschaft zu erringen.

Zweifellos erschienen die Angebote attraktiv und eröffneten vielen Italienern (Frauen erst in zweiter Linie) Freizeitmöglichkeiten, die ihnen bis dahin verschlossen waren. Für fünf Lire im Jahr erwarb man die Mitgliedschaft in einer örtlichen oder betrieblichen Sektion von OND und damit die Berechtigung, kostenlos an den Programmen teilzunehmen. Die Zahl der Mitglieder stieg von 280 000 im Jahr 1926 auf rund 1,45 Millionen 1929, 3,16 Millionen 1937 und 3,83 Millionen 1939.[198] Schließlich waren rund 30 % der abhängig Beschäftigten erfaßt – allerdings mit wichtigen Unterschieden. 1936 besaßen 80 % der Angestellten, 20 % der Industriearbeiter und nur 7 % der Bauern (fast die Hälfte der Italiener war noch in der Landwirtschaft tätig) eine Mitgliedskarte.[199] In den örtlichen Sektionen gaben zumeist Angehörige der traditionellen kleinstädtischen Honoratiorenschicht den Ton an: Akademiker, Freiberufler, Gewerbetreibende und wohlhabende Kunstfreunde.

Das Angebot war breit angelegt. Es umfaßte Sport, Touristik, berufliche und allgemeine Bildung, Kunsthandwerk und Laienkunst, »Volkskunst« und Brauchtum, soziale Fürsorge, Aufführungen ernster Kunst und populäre Unterhaltung. Den größten Zuspruch fanden Clubs, die geselliges Beisammensein, Brettspiele und Radio boten, Chöre und Laientheatergruppen, Sport sowie Wander- und Reiseveranstaltungen. 1933 waren 7300 der insgesamt 19 000 OND-Sektionen Sportgruppen, allerdings mit stark traditioneller Ausrichtung. Von 1,85 Millionen Teilnehmern 1937 wählten 1,16 Millionen Boccia, 175 000 trieben Ballspiele, fast 150 000 beteiligten sich am Tauziehen, 100 000 bevorzugten Leichtathletik und 75 000 übten Gymnastik.[200]

Hier wird das Übergewicht herkömmlicher, ländlich-kleinstädtisch geprägter Lebensformen und vorindustrieller Kurzweil deutlich. Durch landesweit verbindliche Regelwerke, durch Wettkämpfe und Auszeichnungen bemühten sich die Faschisten allerdings, tradierte gesellige Betätigungen wie das Boccia-Spiel mit dem Geist von Disziplin, Leistung und Konkurrenz zu durchdringen. Überörtliche Sportbegegnungen und nationale Meisterschaften sollten regionale Identifikationen aufheben im Gefühl der Zusammengehörigkeit als Italiener; schließlich war die Einheit erst in den 1860ern geschaffen worden. Im Laufe der 30er Jahre verschoben sich die Akzente jedoch deutlich zum Spitzen- und Schausport. Die Radrundfahrt Giro d'Italia, der Kult um den Boxer Primo Carnera und der Gewinn der Fußball-Weltmeisterschaften 1934 und 1938 schienen besser zur Identifikation mit der »großen Nation« geeignet.

Tourismus diente der Erholung und vermittelte Erlebnisse, die mit dem faschistischen Regime verbinden sollten. Auch hier ging es um die Nationalisierung der Massen durch das Kennenlernen eindrucksvoller italienischer Landschaften. Die Statistik für 1937 zählte 2,7 Millionen Teilnehmer an Ausflügen und Reisen. Die meisten davon nahmen an den mehr als 50 000 Wanderungen und Tagestouren teil, die mit Bus und Bahn zu Naturschönheiten und Sehenswürdigkeiten führten. 1931 waren die *Treni popolari* eingeführt worden, organisierte Bahnreisen mit Preisnachlässen bis zur Hälfte. Auch das konnten sich längst nicht alle Arbeiterfamilien leisten; aber insbesondere in den Städten des Nordens nutzten doch viele die neue Ausflugsmöglichkeit.

In der Propaganda wurde das Ganze verklärt als Beseitigung bürgerlicher Privilegien, und ebenso verfuhr man mit Veranstaltungen der Hochkultur. Groß herausgestellt wurden etwa einzelne Aufführungen mit Stars der Mailänder Scala für ein OND-Publikum. In erster Linie waren es jedoch vier mobile Theater, deren Touren außerhalb der traditionellen Kunstzentren Eindruck machten. Mit großem technischem Aufwand errichteten die reisenden Truppen Bühnen und mehrere tausend Sitzplätze, um klassische

Dramen und komplette Opern aufzuführen. 1936 wurden so rund 1 Million Zuschauer vor allem in der Provinz erreicht. Eintrittspreise von 2 bis 4 Lire für Dramen und 4 bis 15 Lire für das Musiktheater bedeuteten, daß ein Arbeiter für den billigsten Platz etwa einen Stundenlohn zahlte.

Diese »Thespiskarren« waren ein aufwendiges Renommierprojekt; sie verschlangen über ein Fünftel der jährlichen OND-Subventionen.[201] Für die meisten Zuschauer blieb das Erlebnis in jeder Hinsicht einmalig, das Regime aber brüstete sich damit, dem Volk die Werke der größten italienischen Künstler zu vermitteln. Unter derselben Losung stand ein weiteres Unternehmen: der 1936, parallel zum brutalen Überfall auf Äthiopien, mit großem Propagandawirbel eingeführte *Sabato teatrale*. Zu Preisen zwischen 1 und 3 Lire (die bald noch einmal halbiert wurden) konnten »Dopolavoro«-Mitglieder spezielle Samstagsaufführungen auch renommierter Theater besuchen. Von Januar bis Mai 1936 sollen 400 000 Italiener das Angebot genutzt haben. Doch brannte hier letztlich nur ein Strohfeuer ab. Die Bühnen gaben pro Spielzeit allenfalls drei oder vier Sonderaufführungen; die elitäre Klientel der Kunsttempel blieb ungestört. OND und Kulturministerium wollten selbst den Anschein einer sozialen Umwälzung vermeiden, der im Bürgertum entstehen konnte, wenn das einfache Publikum dem »legitimen Theater« zu nahe trat.[202]

Wohl am erfolgreichsten war das Regime im Fördern moderner (überwiegend kommerzieller) Populärkultur; neben dem Schau- und Breitensport gilt das vor allem für medial transportierte Massenkünste und -unterhaltungen. Wo, vor allem im ländlichen Italien, die Kulturindustrie noch nicht Fuß fassen konnte, weil es an Kaufkraft fehlte, schlug »Dopolavoro« Breschen. Systematisch wurden Clubs und Kulturhäuser mit entsprechenden Geräten ausgestattet. Neben Stoppuhr und Nähmaschine – symbolischen Gütern der Leistungs- und Warengesellschaft – verfügten die Zentren häufig über Radio und Plattenspieler, nicht selten gar über einen Filmprojektor. 1939 zählte man im ganzen Land rund 1 Million Rundfunkgeräte. Für Arbeiter und Kleinbauern waren sie unerschwinglich, doch über die OND-Clubs erreichten die Staatssender die Provinz – mit Mussolini-Reden und Reportagen von nationalen Sportereignissen, aber eben auch mit Musik und Unterhaltung, die den Wunsch nach dem Besitz eines Radios weckten.

Dabei suchte das Regime nicht den Konflikt mit der Kulturindustrie, sondern legte großen Wert auf Arbeitsteilung. Die Filmpolitik bietet dafür Beispiele.[203] 1929 gab es erst in jeder vierten italienischen Gemeinde ein Kino. Fast zwei Drittel der rund 3200 Filmtheater (zu denen die Statistik anscheinend auch von Vereinen und Organisationen betriebene Abspielstätten rechnete) lagen im Norden. Bei Eintrittspreisen meist über 2 Lire war der Spaß zudem relativ teuer. OND setzte eine Senkung der Vergnügungssteuer durch, die an das Publikum weitergegeben wurde, und einigte sich mit den Kinounternehmern auf Preisnachlässe um 25 bis 35 %, ausgenommen Sonn- und Feiertage sowie Premieren.

Dafür verzichteten die Abspielstellen des »Dopolavoro« in Orten mit kommerziellen Filmtheatern auf Freilicht- und Feiertagsaufführungen. Sie beschränkten sich zudem auf Propaganda- und Dokumentarfilme; allenfalls zeigten sie kurze Unterhaltungsstreifen. Beinahe 100 Film-Lastwagen brachten das Medium aufs Land. In den Städten verfügte OND über 330 Kinos; zusammen mit Freilichtaufführungen im Sommer gab die Leistungsbilanz für 1937 170000 Plätze an. Neben staatlich produzierten Propagandastreifen, die auch private Veranstalter vorführen mußten, bezog »Dopolavoro« die Masse des Programms von kommerziellen Verleihfirmen. Trotz antiamerikanischer Töne und trotz Förderung der nationalen Filmindustrie bedeutete das: Selbst hier kam der Großteil der Filme aus dem Ausland, in erster Linie aus Hollywood.

Das italienische Modell wurde ausführlich dargestellt, weil es Vorbildwirkung hatte – nicht nur für die Nationalsozialisten und, bescheidener, für autoritäre Regimes in Süd- und Südosteuropa. Seit den späten 20er Jahren fand »Dopolavoro« Anerkennung bei vielen Politikern der westlichen Hemisphäre. So zeichnete das »Internationale Olympische Komitee« OND 1933 mit der »Coupe Olympique« aus.

Eine Bewertung hat zunächst an den verbrecherischen Charakter der faschistischen Herrschaft zu erinnern. Die Freizeitpolitik sollte die Zustimmung einer Bevölkerung erringen, der man ihre

Rechte und Organisationen genommen hatte. Die sozialistische und demokratische Opposition wurde gejagt, verbannt, eingesperrt, ermordet, die Juden (auf deutschen Druck hin) entrechtet und teilweise zur Vernichtung ausgeliefert. Die forcierte Modernisierung diente dem Krieg, und die Massaker des italienischen Afrika-Feldzugs gehören zu den widerwärtigsten Greueltaten unseres Jahrhunderts.

Verglichen mit industriell fortgeschrittenen Staaten, trug die faschistische Strategie die Züge zugleich nachholender und vorauseilender Modernisierung. Nachholend war sie, insofern sie Verhaltensmuster einübte, die eine effektive Arbeitskraft im industriellen Kapitalismus anderer Länder auszeichneten: Disziplin, Leistungsorientierung und Wettbewerbsdenken, Begeisterung für Technik und modernen Konsum, rationelle Entwicklung des körperlichen und geistigen Arbeitsvermögens, intensiver Freizeitgenuß zum Ausgleich von Belastungen und als Anreiz für höhere Leistung. Vorauseilend meint: Man forcierte diese Einstellungen mit staatlichen Mitteln weit über den sozio-ökonomischen Entwicklungsstand hinaus. Es sollte im traditionellen Milieu auf den Typ des städtisch-industriellen Produzenten hingearbeitet werden, noch bevor Fabrik und Markt die Erziehungsaufgabe übernahmen.

Allein diese Absicht schon machte das italienische Modell international attraktiv. Ebenso interessant für die Sozialpolitiker aber war die durchgängig anti-individualistische, genauer: antiliberale Ausrichtung. »Oberster Gedanke« war, »daß die Nation ein Anrecht auf die Arbeitskraft und auf die Freizeit des Arbeiters hat«.[204] Das schloß die Erweiterung persönlicher Wünsche, etwa durch organisierte Bahnreisen, nicht aus. Doch im italienischen Konzept – und damit entsprach es dem sozialpolitischen Denken der Zwischenkriegsära – hatte die Erholung der Arbeitenden überhaupt keinen Eigenwert. Individuelles Suchen, Erproben und Lernen neuer Möglichkeiten waren nicht vorgesehen. Massenfreizeit schien nur als Mittel vorstellbar: zu höherer Produktion und besserer Gesundheit, sozialem Frieden und kultureller Hebung. Sie war restlos überindividuellen Zwecken unterstellt.

Faschistische Freizeitpolitik sollte nicht ermöglichen und erleichtern, sondern erziehen. Dabei standen ideologische Gleichschaltung, Kriegsvorbereitung und die Propaganda vom fürsorglichen autoritären Staat nicht einmal im Mittelpunkt. Bocciaspielen und Tauziehen, Wandern und Chorsingen, Laientheater und Fotografieren wurden von »Dopolavoro« vereinnahmt, diszipliniert und reglementiert, dem Wettbewerb und nationalen Leistungsmaßstäben unterworfen. Man führte Regeln ein, beriet wissenschaftlich, stellte ausgebildete Betreuer und Lehrer zur Seite, drang auf höhere Qualität und Leistungsvergleich, achtete auf regelmäßige und engagierte Mitarbeit – kurz, man gestaltete Freizeit nach dem Muster industrieller Rationalität. Einübung instrumenteller Vernunft war das Ziel; wie weit es erreicht wurde, muß hier dahingestellt bleiben.

Die Prägung hat Spuren hinterlassen – allerdings mehrdeutige. Das italienische Modell hat mit Vorgriffen und propagandistisch inszenierten Grenzüberschreitungen wahrscheinlich die Bedürfnisentwicklung vorangetrieben. Ausflüge und Reisen, Möglichkeiten, eine Sportart zu lernen oder ein Hobby zu betreiben, Kostproben von Radio und Schallplatte und der Besuch des mobilen Filmtheaters blieben zwar oft begrenzte, nicht selten einmalige Erfahrungen. Unter Diktatur und gesteigerter Ausbeutung der Arbeitskraft verfügten Arbeiter und Kleinbauern weder über Spielräume noch über Kraft und Geld für ausgreifende Freizeit. Und die hochgespielten OND-Exkursionen in die Tempel der Kunst schütteten keineswegs die Gräben zwischen exklusiver und »gewöhnlicher Kultur« (Raymond Williams) zu; vielleicht war sogar das Gegenteil der Fall. Doch wurden Freizeitgenüsse sinnlich erfahren, die man nur vom Hörensagen kannte. Es entstanden Erinnerungen, die sich unter besseren Bedingungen in Wünsche verwandelten, und der Horizont des zumindest Erträumbaren erweiterte sich. Dem Wirtschaftsaufschwung, der in den 50er und 60er Jahren die deutliche Intensivierung der Arbeit mit modernem Konsum, Freizeit und Massenkultur belohnte, hat »Dopolavoro« jedenfalls den Weg geebnet.

Den größten Vorteil daraus zogen die neuen Mittelschichten gehobener Angestellter und Beamter. Sie erhielten über subventionierte Einrichtungen Zugang zu statusträchtigen Bereichen wie Tennis und Skilauf, Reisen und Hochkultur. Der Drang »nach oben« gehörte zu ihrem Habitus, bezahlbare Angebote und Wege zur Umgehung sozialer Barrieren fanden sie bei OND. Im Gesamtpanorama dominierte zweifellos der Wunsch nach populärer Unterhaltung und lokaler Geselligkeit. Wenn auch das faschistische Italien geistig offener blieb als Nazi-Deutschland, so verhinderte die Zensur doch kritische Töne im breitenwirksamen Angebot, in Radio und populärem Theater, Film und Lied. Propaganda rahmte alles ein. Die Mobilisierung zur Schlacht in der Produktion und an den Kriegsfronten bildete den Generalbaß, der besonders bei Jüngeren nicht ohne Wirkung blieb. Doch wie immer die Vorstellungen von einer »neuen Kultur« lauteten – heroisch, klassizistisch, futuristisch oder volkspädagogisch –, den Hauptstrom bildete die unpolitische Unterhaltung mit eher kleinbürgerlichen Idealen. Man schätzte Behaglichkeit und moralische Ordnung sowie den populären Geschmack (der die Melodien der großen italienischen Opern des 19. Jahrhunderts einschloß), dazu die modernistischen Sensationen des Schausports und der Technik.

Gelenkte Freizeit

Unter dem Etikett »Freizeitgestaltung« entwickelte sich in den 30er Jahren zu erster Blüte, was in den reformorientierten 70ern dann als »Freizeitpolitik« firmierte. »Gesund« und »nützlich«, »sinnvoll«, »wertvoll« und »planmäßig« sollte die arbeitsfreie Zeit verwendet werden. Kein Experte hielt es für ausreichend, öffentliche Einrichtungen vom Schwimmbad bis zur Volkshochschule nur anzubieten. Quer durch die politischen und weltanschaulichen Lager setzte man auf »Aktivierung und Mobilisierung«, auf Organisation und Führung von oben. Nach Ansicht des mit der Arbeiterbewegung verbundenen Sozialwissenschaftlers Andries Sternheim beispielsweise mußten die »psychologischen Vorbedingungen für eine konstruktive Freizeitverwendung [...] von den führenden Instanzen noch geweckt werden«.[205] Für die Nationalsozialisten, die Sternheim ermordeten, lag »die Initiative der Freizeitgestaltung einzig und allein bei der Stelle, die zur totalen Führung des Menschen und des Volkes zu Leistungen in der Lage und berechtigt ist, d. h. bei der politischen Führung«.[206] Ziele und Inhalte waren konträr – verwandt waren die Denkformen. Letztlich galten nur kollektive, von hierarchisch aufgebauten Massenorganisationen getragene Vorhaben als sinnstiftend. Auf der Linken hielt man es allerdings für wichtig, Bildung und Kultur auch als Eigenwert zu vermitteln. Faschisten und Nazis hatten dieses Erbe schon zugunsten von Rasse, Krieg und Tod über Bord geworfen.

Freizeitgestaltung sollte die Arbeitskraft vor übermäßigem Verschleiß schützen, nichtkommerzielle Erholungsmöglichkeiten erweitern und Tätigkeiten fördern, die als wünschenswert galten. Sie war die Antwort auf eine Rationalisierung der Produktion, die Körper und Nerven verstärkt beanspruchte. Zwischen den Kriegen gelang es nicht, die wöchentliche Arbeitszeit unter die 48-Stunden-Marke zu senken, die anfangs der 20er Jahre durchgesetzt worden war (sieht man ab von krisenbedingter Erwerbslosigkeit und Kurzarbeit). So war der Jahresurlaub der einzige und lange überfällige Ausgleich für die gesteigerte Belastung. Fast alle industrialisierten Länder Europas garantierten im Lauf der 30er Jahre per Gesetz einen bezahlten Urlaub von mindestens einer Woche Dauer. Allerdings kamen große Gruppen der Beschäftigten auf dem Land, im Handwerk oder im Familienbetrieb nicht in den Genuß der Errungenschaft.[207]

Nicht zuletzt der bezahlte Urlaub forderte den Gestaltungsdrang fürsorglicher Eliten heraus. Konzentrierte »leere« Freizeit der Lohnabhängigen schrie geradezu nach öffentlichen Programmen, um eine »sinnvolle Nutzung« zu garantieren und die kommerzielle Massenkultur vielleicht doch noch in die Schranken zu weisen. 1930 tagte in Lüttich der »1. Internationale Kongreß für die Freizeit«. Anläßlich der Olympischen Spiele 1932 traf man sich in Los Angeles auf Einladung der »National Recreation Association« der USA zum »Ersten Internationalen Kongreß für Freizeitgestaltung«. Vertreter von 18 europäischen Staaten nahmen teil. Daran schloß sich 1936, wieder im Gastgeberland der Olympiade, der »Weltkongreß für Freizeit und Erholung« in Hamburg an. Die Nationalsozialisten und die italienischen Faschisten nutzten die Gelegenheit, vor 3000 Delegierten aus 61 Staaten ihre Programme eindrucksvoll zu präsentieren. Der nächste Weltkongreß fand 1938 in Rom statt; der für 1940 in Japan geplante fiel dem Krieg zum Opfer.

Es war wohl doch etwas mehr als die gebotene Höflichkeit gegenüber den Gastgebern, wenn Gustavus Town Kirby, der amerikanische Präsident des in Los Angeles gegründeten Internationalen Beratungskomitees, »Kraft durch Freude« 1936 als Muster selbstorganisierter Freizeit herausstellte. »Ich kenne nichts Besseres. Und warum? Weil das Volk die Dinge selbst durch seine Organisation tut. Daher die Wirksamkeit, die Kraft und der gute Einfluß der Organisation. Ich wünschte, wir hätten in allen Ländern ähnliche Einrichtungen.«[208]

Zwei grundlegende Überzeugungen prägten die Stellungnahmen der Sozialpolitiker. Erstens: Nach der Arbeit erlebe die Masse eine höchst zwiespältige, »gefährliche Freiheit«. Die Menschen hätten »sehr viel freie Zeit [...], nicht aber die Fähigkeit, sie nutzbringend zu verwenden«.[209] Freizeitgestaltung verlange somit, »das Prinzip der Freiheit mit der Verhütung ihres Mißbrauchs in Einklang zu bringen. Die Tatsache, daß die Freizeit, ehemals Privileg einer kultivierten Elite, nun [...] einer stetig anwachsenden Masse von Arbeitern ermöglicht wird, mußte auch die soziale Aufmerksamkeit darauf lenken, diesen Arbeitern einen möglichst sinnvollen Gebrauch jener Zeit [...] zu erleichtern, [...] aus der sie sonst leicht nicht den erwünschten Nutzen ziehen.«[210]

Zweites Prinzip: Sinnvolle Freizeit war tätig verbrachte Freizeit – aktive körperliche Erholung, handwerkliche und gärtnerische Arbeit, laienkünstlerisches Engagement. Populäre Künste und kommerzielle Freizeitangebote bildeten den heimlichen Mittelpunkt der Überlegungen. Alle Vorschläge formulierten Alternativen zu den verbreiteten und beliebten Vergnügungen, suchten sie quasi einzukreisen und auszutrocknen.

Weithin stimmten die Experten überein, daß das Elend der Freizeit im Elend der industriellen Arbeit wurzele. Sie werde nicht als befriedigend erfahren und gebe keine Impulse zur Persönlichkeitsentfaltung; entsprechend hohl und hektisch seien die Vergnügungen. Der Gedanke, durch symbolische Aufwertung abhängiger Berufstätigkeit den Verlockungen des Freizeitmarktes den Boden zu entziehen, lag nahe. Nicht wenige Experten waren geneigt, die Bekundungen von »Dopolavoro« und KdF zu »Ehre« und »Schönheit der Arbeit« in diesem Sinn zu interpretieren. Die einschlägige Resolution des Hamburger Kongresses ging wohl nicht nur auf die Federführung der Gastgeber zurück. Ihre Argumente waren unter den europäischen Sozialpolitikern verbreitet. »Zwischen Arbeit und Erholung besteht [...] bisher meist der größte Gegensatz. Dieses Verhältnis muß sich auf die Dauer sowohl zum Schaden der Arbeit wie der Erholung auswirken. Dieser Zustand kann nur überwunden werden, wenn wir eine Heiligung der Massen in dem Sinne erstreben, daß die Arbeit mit der Freude der Freizeit und die Freizeit mit der Kraft der Arbeit erfüllt wird. Notwendige Voraussetzung ist die vollkommene Gesundung der Arbeitsbedingungen sowohl wie der Betätigungen in der Erholung. In diesem Sinne muß alles gepflegt werden, was die Massen wieder in lebendige Berührung mit der wirklichen Natur bringt, nicht im Sinne einer falschen und schwächlichen Naturschwärmerei, sondern eines lebendigen Ringens mit dem [sic!] ewig zerstörenden, alles verwandelnden und immer wieder neu schaffenden Mächten der Natur. Förderung und Pflege echter Volkskunst ist einer der Hauptwege, die zur Erreichung dieses Zieles führen.«[211]

Eine ernsthafte Veränderung der Arbeitsverhältnisse lag allerdings nicht in der Zuständigkeit der Freizeitexperten, und sie entwickelten auch keine weiterreichenden Vorschläge dafür. Ihr Feld blieb die Erholung. Dabei standen, unbeschadet anderslautender Erklärungen, Pflege und Stärkung der (Arbeits-)Körper eindeutig im Vordergrund. Welche Gründe gab es dafür? Lag es daran, daß andere Empfehlungen keinen Widerhall fanden? Versuche, Arbeiter an die Hochkultur heranzuführen und Städter für künstlerisches Laienschaffen, Chöre und Volkstanz zu gewinnen, hatten schließlich wenig Erfolg gezeigt. Doch es war nicht in erster Linie Pragmatismus, der Sport und Erholung im Freien auf der Prioritätenliste ganz nach oben rücken ließ. Höchst unterschiedliche Interessen konnten im Ziel einer Rationalisierung der Körper zusammengebunden werden. Es ging um den gestählten und kampfbereiten Körper des Kriegers, um den leistungsfähigen und belastbaren Körper des Arbeiters, um den asketischen und opferbereiten Körper des politischen Aktivisten, um den gesunden und gebärfähigen Körper der Mutter, um den gebräunten und sportlichen Körper des Erfolgsmenschen.

Faschisten und Nationalsozialisten sprachen offen die Absicht aus, das »Menschenmaterial« für Krieg und Gewaltherrschaft zu verbessern. Unternehmerverbände und Rationalisierungsfachleute, Militärs und Bevölkerungspolitiker dachten ebenfalls in den Kategorien von Produktivitätserhöhung und Arbeitsausfall, Geburtensteigerung und Effektivität des Gesundheitswesens. Doch wäre es ein Fehlschluß anzunehmen, sie hätten den Massen ihre Körperpolitik aufzwingen müssen. Zwischen »Oben« und »Unten« zeigten sich weitreichende Übereinstimmungen. Wärme, Wasser, Luft und Sonne auf der Haut zu spüren, sich im Freien spielerisch oder bei selbstgewählter Anstrengung zu bewegen, den Leib genußvoll zu fühlen und zu bräunen – das waren elementare Sehnsüchte derer, die sich weithin noch von diesen Freuden ausgeschlossen sahen. Hier scheint die Ursache für den Aufstieg körperorientierter Freizeitpolitik in den 30er Jahren greifbar. Sie war zutiefst mehrdeutig. Sie vereinte individuellen Selbstgenuß mit Strategien der Leistungssteigerung – vor dem Hintergrund eines Rationalisierungsschubs, der physische Erholung ganz oben auf die Tagesordnung gesetzt hatte.

»Das Leben gehört uns«

Alle politischen Akteure mußten dieses grundlegende Thema bearbeiten. Die Reformen der französischen Volksfront zeigten das beispielhaft. Sie waren Ergebnis sozialer Kämpfe und katapultierten Frankreich aus der freizeitpolitischen Rückständigkeit an die Spitze. Das weist auf die Kraft der Massenbedürfnisse hin. Zugleich lassen die Parallelen zu faschistischen Maßnahmen übereinstimmende Problemdefinitionen erkennen.

Als Ergebnis der Wahlen vom Frühjahr 1936 war in Frankreich die Regierung der Volksfront gebildet worden. Eine landesweite Welle von Streiks und Betriebsbesetzungen führte im Juni zu Verhandlungen zwischen Gewerkschaften und Unternehmerverbänden am Sitz der Regierung, dem Hôtel Matignon. Das dort geschlossene Abkommen gestand den Arbeitnehmern die 40-Stunden-Woche mit vollem Lohnausgleich sowie den gesetzlichen Anspruch auf einen bezahlten Urlaub von 14 Tagen zu. Die Volksfrontregierung richtete ein Staatssekretariat für Freizeit und Sport ein. Sie förderte die soziale Öffnung von Kulturbereichen, die bisher rein bürgerlichen Charakter hatten. Man baute Sportanlagen und Jugendherbergen, die lange vernachlässigt worden waren. Das Sportabzeichen (*brevet sportif*) gab einen Anreiz zur Überprüfung und Steigerung körperlicher Fähigkeiten. Zweifellos die populärste Maßnahme war die 40%ige Verbilligung der Bahntarife für Ferienreisen von Arbeitnehmern, ihren Ehepartnern und minderjährigen Kindern. Obwohl erst Anfang August 1936 eingeführt, machten noch im selben Jahr 560000 Französinnen und Franzosen davon Gebrauch.

Die Volksfront und das Matignon-Abkommen bedeuteten für die Arbeiterbewegung und die Linke Frankreichs einen beispiellosen Erfolg. Die Offensive der extremen Rechten wurde gestoppt und die bis dahin uneingeschränkte Herr-im-Hause-Stellung der Unternehmer beendet. Gewerkschaften und Betriebsräte mußten künftig als Sozialpartner akzeptiert werden. Der große Schritt zur Anerkennung in Arbeit und Politik verband sich mit der Eroberung der Freizeit durch die einfachen Leute, mit der Eroberung des eigenen Landes und seiner Schönheiten zu einer unvergleichlichen Erfahrung von Befreiung und Aufbruch. Jean Renoirs Film »La vie est à nous« (Das Leben gehört uns) hat mit seiner Leichtigkeit und Lebensfreude die Gefühle im arbeitenden Volk eingefangen. Aufbruchsstimmung trug auch die Versuche von Regierung und Kommunen, Künstlern und Aktivisten der Arbeiterbewegung, eine populäre, engagierte, anspruchsvolle »Kultur an der Basis« zu schaffen. Chöre und die mittlerweile legendären Kulturzentren (*Maisons de la culture*) hatten Zulauf, ebenso politisch und ästhetisch anspruchsvolle Filmclubs und die vom belgischen Grafiker Frans Masereel geleitete »Akademie für Bildende Künste«.

Man wollte eine Brücke schlagen zwischen Künstlern und Volk, der kommerziellen Massenkultur aufklärerische Basisaktivität entgegenstellen. Der Versuch war an Bedingungen gebunden, die sich nur kurze Zeit aufrechterhalten ließen: an die politische Vormacht der Linken, die die Experimente subventionierte, und an den Impuls des Aufbruchs und des Vormarschs. Viele Ideen gingen ein in den Fundus engagierter Kulturarbeit; aber eine Alternative zur Kulturindustrie und zur privat verbrachten Freizeit erwuchs daraus nicht. Die *Maisons de la Culture* zählten 1938 96000 Mitglieder.[212]

Millionen kamen in den Genuß von Arbeitszeitverkürzung und bezahltem Urlaub. Die meisten erlebten die touristische Aneignung des Landes, der näheren Umgebung wie der beliebten Feriengebiete, als Bruch bourgeoiser Privilegien und als Schritt zur langerträumten *égalité*. Die Parole »La neige pour tous«, die Urlaub im Schnee für alle verlangte, und das Auftreten von Arbeiterfamilien an den Stränden der renommierten Seebäder erschütterten Klassenvorrechte und soziale Abschottung, selbstherrliche Arroganz und schicksalhafte Ergebung in die Benachteiligung. Die sozialistische Zeitung »Le Peuple« veröffentlichte 1937 folgenden Leserbrief: »Ich bin 51 Jahre, und ich habe noch nie die Berge und die Côte d'Azur gesehen. Dank der Volksfrontregierung [...] kann die Arbeiterklasse endlich Frankreich, unsere Heimat, auf andere Weise als im Erdkundeunterricht und im Kino kennenlernen. Millionen von Menschen sind in dieser Lage: Wir sind nicht schuld an der Armut, doch sie hindert die meisten von uns, die Hölle der Fabrik, des Alltags, der unaufhörlichen abstumpfenden Arbeit zu verlassen, das Leben ohne Freude und Ziel.«[213]

Schon 1937 konnten die Unternehmer eine Bresche in die 40-Stunden-Grenze schlagen, und 1947 arbeitete man wieder 45 Stunden und länger. Der Krieg und das autoritäre Pétain-Regime machten der Bereicherung des Arbeiterdaseins durch Freizeit ein Ende. Nur die Sorge um den leistungsfähigen Körper, »gesund« durch Sport und Natur, wurde im mit Hitler zusammenarbeitenden Vichy-Frankreich noch gesteigert; an den Schulen gab es wöchentlich neun Stunden Sportunterricht.[214] Doch der Mythos der Volksfront lebte über Jahrzehnte fort in der französischen Linken. Seinen Kern bildeten Erinnerungen und Hoffnungen, die sich mit dem Vorstoß ins »Reich der Freiheit« (Marx) verbanden. Auch dieses Erbe prägte die Nachkriegsperiode.

Zuvor jedoch wurde Europa von dem Mord-Feldzug verwüstet, den die Nationalsozialisten vom Tag ihrer Machtübernahme an vorbereitet hatten. Es wurde ein Krieg neuen Typs, ein Vernichtungskrieg gegen einen weltanschaulich und rassistisch definierten Feind: Marxismus und Arbeiterbewegung, Judentum, »slawische Untermenschen« und »lebensunwertes Leben«, Aufklärung und Humanitätsideal. Welche Rolle spielten Schlager, Revuen, Ausflugsreisen und Sportereignisse unter den Menschen, die die Greuel vorbereiteten und durchführten, sie zumindest jedoch praktisch billigten?

Terror, Swing und »Kraft durch Freude«

Die Rolle der Massenkultur im Nationalsozialismus ist immer noch umstritten, und das ist, angesichts verstörender Befunde, gut so. Gelang es damals, mit dem schönen Schein der Künste eine Fassade zu errichten, hinter der Grauen und Gewalt den meisten verborgen blieben? Oder wurden die Deutschen von einzigartigen Inszenierungen der Macht betört und durch perfekte Propaganda in willige Henkersknechte verwandelt? Trat nach 1933 der eigentliche Kern von Massenkultur zutage: Täuschung und Verführung? Folgten die Nazis der Vision einer totalen Freizeit- und Konsumgesellschaft oder lagen sie einfach im Trend der Moderne? Wie hat schließlich das Erbe an Verhaltensmustern und Ansprüchen aus dem »Dritten Reich« die Nachkriegsentwicklung geprägt?

Die Antworten können nicht so eindeutig ausfallen, wie es die Fragen nahelegen. Im europäischen Rahmen verlieren viele NS-Phänomene den Charakter des Einmaligen, Außergewöhnlichen. Einzigartig ist die Bilanz von Unterdrückung und Mord, daran gibt es nichts zu deuteln. Aber wir dürfen die irritierende Einsicht nicht abwehren, daß der Alltag der »einfachen Volksgenossen« uns in mancher Hinsicht einen Spiegel vorhält. Millionen lebten eine fragwürdige »Normalität«, die mit der unseren sehr viel mehr gemein hatte, als die Eigenliebe zugeben mag. Freizeit und Vergnügen waren widersprüchlich, moralisch zwiespältig und wiesen keineswegs in eine eindeutige Zukunft.

Erschreckend modern

Im dänischen Exil verfaßte Bertolt Brecht sein Gedicht »An die Nachgeborenen«. Eindringlich formulierte er, wie unter dem Verbrechensregime privater Alltag jede Harmlosigkeit verlor. Zuvor mochte unpolitisches Vergnügen gerechtfertigt gewesen sein; man blendete zeitweilig Bedrückendes aus, dem man sich ja doch wieder zu stellen hatte. Im Nationalsozialismus fiel der Schatten der Mittäterschaft durch Hinnehmen und Verschweigen noch auf die – für sich genommen – unschuldigsten Handlungen.

»Wirklich, ich lebe in finsteren Zeiten!
Das arglose Wort ist töricht. Eine glatte Stirn
Deutet auf Unempfindlichkeit hin. Der Lachende
Hat die furchtbare Nachricht
Nur noch nicht empfangen.
Was sind das für Zeiten, wo
Ein Gespräch über Bäume fast ein Verbrechen ist
Weil es ein Schweigen über so viele Untaten einschließt!«

Propagandaminister Joseph Goebbels sorgte ab 1934 dafür, daß in den von der NSDAP kontrollierten Massenmedien Traum und Ablenkung vorherrschten. Sie sollten das Publikum anziehen und binden, den Boden bereiten für die Saat rassistischer und politischer Indoktrination. Auf der Rundfunkausstellung 1936 formulierte er die Leitlinie, wie das breite Publikum »empfangsbereit zu machen und empfangsbereit zu halten« sei. Das Programm müsse »in einer klugen und psychologisch geschickten Mischung Belehrung, Anregung, Entspannung und Unterhaltung bieten. Dabei soll besonderer Bedacht gerade auf die Entspannung und Unterhaltung gelegt werden, weil die weitaus überwiegende Mehrzahl aller Rundfunkteilnehmer meistens vom Leben sehr hart und unerbittlich angefaßt wird [...] und Anspruch darauf hat, in den wenigen Ruhe- und Mußestunden auch wirkliche Entspannung und Erholung zu finden.«[215]

Goebbels setzte sich hier demagogisch als Fürsprecher der Arbeitenden in Szene. Aber entscheidend ist: In Medien und Freizeit des »Dritten Reiches« herrschten nach dem Willen der NS-Führung Angebote vor, die auf ausdrückliche Beeinflussung verzichteten. Unterhaltung, Vergnügung, Abschalten können somit nicht als harmlose Nischen verstanden werden oder gar als Zeichen der Verweigerung gegenüber dem Ansinnen, Propaganda für die Gewaltherrschaft zu machen. Sie waren kalkulierter Teil des Programms, das die Deutschen für den rassistischen Eroberungs- und Ausrottungsfeldzug einspannte.

So kann es nicht verwundern, daß die ästhetischen Inszenierungen und die Freizeitpolitik des Nationalsozialismus zunehmend Aufmerksamkeit gefunden haben. Man sieht in ihnen eine wesentliche Ursache für die innere Stabilität der Diktatur und für das Mitmachen der großen Mehrheit bis zum Ende. Neben praktizierter und angedrohter Gewalt habe der gekonnt zur Wirkung gebrachte schöne Schein die Gesellschaft unter dem Hakenkreuz zusammengekittet: Faszination der Massenaufmärsche, Mystik des Führer- und Heldenkults, Schauspiele der »Volksgemeinschaft« wie Eintopfessen und Spitzenkünstler in preiswerten Vorstellungen, überwältigende Herrschaftsarchitektur und Monumentalplastik, Feier von Ikonen der Technik – Fliegern, Rennfahrern und »Silberpfeilen« –, Versprechungen vom »deutschen Arbeiter, der nach Madeira reist« und auf der Autobahn den Reiz der heimatlichen Landschaften erfährt, Glücksillusionen schließlich aus Film und Schlagern hätten ein Volk gebannt und getäuscht, das sich hinwegtäuschen lassen wollte über Entrechtung, Kriegsvorbereitung und Mord an Oppositionellen, an Menschen anderer »Rassen« und sogenanntem »lebensunwertem Leben«.

Was führte dazu, daß Deutsche ihr Wissen über Verbrechen verdrängten, daß sie den Nationalsozialismus und seine Greuel unter Meckern hinnahmen, ihn teilweise unterstützten, hysterisch bejubelten und fanatisch betrieben? Wie mischten sich diese Haltungen bei welchen Gruppen zu welcher Zeit? Die Frage ist noch immer ungenügend beantwortet. Und sicher sind dabei die Inszenierungen der Machthaber wie der verbreitete Wille, nur den »Aufstieg Deutschlands« und nicht den blutigen Preis für die zweifelhaften Erfolge zu sehen, nicht gering zu veranschlagen. Doch wenn man den »schönen Schein des Dritten Reiches« (Reichel) als Erfolgsrezept darstellt, entsteht ein problematisches Bild. Man gerät in Gefahr, der Perspektive der Nazis und ihrer Absichten zu folgen, ihrer Selbstdarstellung noch mehr Wirkung zuzuschreiben, als sie es selber taten. Zeitweilige Faszination, begrenztes Einverständnis, Teilnahme an Ausbeutung und Ausplünderung, alltägliche Unzufriedenheit, punktuelle Auflehnung, örtliche Widersetzlichkeit, oppositionelle Stimmung, Angst und äußerliche Anpassung mischten sich bei der Mehrheit auf höchst vielschichtige und wechselhafte Weise. Wenn man hingegen Bestrickung und Zustimmung als feste Größe darstellt, so verdoppelt man eher die NS-Propaganda, als daß man der historischen Realität gerecht wird.

Wer die außerordentliche Anziehungskraft der Selbstdarstellung von Faschisten und Nationalsozialisten betont, ruft einen weiteren Einwand hervor: Er löst das italienische und das deutsche Terrorregime aus dem Zusammenhang der industriell-kapitalistischen Moderne. Die meisten Techniken der Propaganda und der illusionären Inszenierung haben die damaligen Machthaber nicht erfunden, sondern aus vorhandenem Repertoire übernommen, konzentriert und gesteigert. Der Kult von »Bewegung« und »Führer«, die Mythen des Römischen bzw. Germanischen und der Rasse entfielen nach dem Ende der kurzlebigen Imperien. Aber Herrschaftsarchitektur und symbolische Politik, Faszination durch Technik und Ausbau ablenkender Unterhaltungswelten (um nur einige der unter dem »schönen Schein des Dritten Reiches« versammelten Elemente zu nennen) gediehen auch in den folgenden Jahrzehnten, teilweise im Effekt durchaus gesteigert.

Der Trend zur Massengesellschaft durchzieht das Jahrhundert. Nicht zuletzt die Muster populärer Freizeit verbinden den Nationalsozialismus mit der gesamten Moderne. Der industriell-bürokratisch organisierte Rassen- und Völkermord überschreitet zwar als millionenfach praktizierter Zivilisationsbruch unser Verständnisvermögen. Doch selbst er wurzelt in Ideen und Verhaltensbereitschaften, die in allen »entwickelten Gesellschaften« zu finden waren. Historisch gehören Faschismus und NS-System zur »Krankengeschichte der Moderne« (Peukert). Sie verwirklichten die zerstörerischen, menschenfeindlichen Möglichkeiten der Formation, die auch uns Heutige geprägt hat.

Noch die rückwärtsgewandten Ausbruchsversuche der »Gegenmoderne« (Beck) waren Produkt und Ausdruck von Modernität. Die Schubkraft der nationalsozialistischen Bewegung speiste sich zu großen Teilen aus schmerzhaften Erfahrungen von Verunsicherung und Verlust. Viele erlebten die wirtschaftliche und gesellschaftliche Modernisierung schon im Kaiserreich als Niedergang stabiler Ordnung. Nach 1918 steigerte sich das zum Trauma unübersichtlicher, ja chaotischer marktwirtschaftlich-demokratischer Verhältnisse. Die Nazis versprachen, damit Schluß zu machen, und diese Erwartung führte große Gruppen aus dem gewerblichen Mittelstand und den Bildungsschichten, aus dem verarmten Bürgertum und Beamtenkreisen, aus Militär und Bauernschaft sowie aus dem Heer der Arbeitslosen an ihre Seite und in ihre Reihen. Die sozialgeschichtliche Analyse des »Dritten Reichs« ergibt jedoch: Hoffnungen auf eine historische Trendwende waren aussichtslos von Anfang an. Das gilt nicht zuletzt für die Massenkultur. Wie im folgenden zu zeigen sein wird, blühten weiterhin Traumfabrik und Swingmusik, kommerzieller Schausport und Schlagerseligkeit. Rückzug auf häuslich-private Unterhaltung durch Massenmedien und Streben nach individuellem Lebensgenuß traten in den Vordergrund. Ja, in den letzten Friedensjahren entstanden Erwartungen, die sich nach dem Krieg als Freizeitgesellschaft auf breiter Front verwirklichten.

Zugespitzt formuliert: Allen anderslautenden Versprechungen und vielleicht auch Absichten zum Trotz mußte die nationalsozialistische Führung den Ansprüchen der großen Mehrheit auf Erholung und Vergnügen Rechnung tragen. Nur so konnte sie ihre Herrschaft festigen und den Leistungsdruck in der Arbeitswelt steigern. Der Versuch, die Deutschen mit Klassik und NS-Ritualen, mit »germanischem Brauchtum«, »Volksgemeinschafts«pflichten und Propagandasendungen abzuspeisen, hätte das Ende des »Dritten Reiches« bedeutet. Eine Alternative zur bisherigen Entwicklungslinie moderner Freizeit war nicht durchzusetzen. Die von Generationen städtischer Lohnabhängiger, von den neuen Mittelschichten und Jugendlichen aller Klassen erworbenen Muster zeitgemäßen Alltags konnten eingeschränkt und politisch kontrolliert werden. Man konnte sie in Programme terroristischer Ausbeutung und rassistischer Vernichtung einordnen – aber auch die fanatischsten Vorkämpfer einer antimodernen Wende vermochten sie nicht mehr aus der Welt zu schaffen.

»Normalität« und Gewalt

Moderne Freizeit konnte also eingegliedert werden in ein System, zu dessen »Normalzustand« die Entrechtung ganzer Bevölkerungsgruppen und ein schubweise radikalisierter Terror gehörten. Das heißt, wir müssen die Populärkultur befragen, inwiefern sie anfällig war für die »Pathologien der Moderne« und ob sie sie gar förderte. Zu kurz greift es, die beliebten Vergnügungen dieser Jahre aus heutiger Sicht als »Täuschung und Lüge« abzuqualifizieren.[216] Zu kurz deshalb, weil noch völlig ungenügend untersucht ist, ob die Menschen sich wirklich durch Amüsement und Erholung täuschen ließen. Und ebensowenig ist erforscht, wie denn Frauen und Männer in ihrer Nahwelt den Nationalsozialismus erlebten und welche Bedeutung sie den Unterhaltungskünsten beimaßen.

Geschichtsschreibung des Alltags bewegt sich stets auf schwankendem Boden. Im Falle des »Dritten Reichs« ist die Gefahr noch weitaus größer als sonst, eine beschränkte, durch Rechtfertigungsbedürfnisse verzerrte Sicht zu produzieren. Leicht entsteht das Bild einer geschlossenen, nach eigenen Regeln geordneten Nahwelt, an deren Sinngebungen jede Frage nach politischer und moralischer Verantwortung abprallen muß. Doch wer das Risiko scheut, dessen Verständnis wird auf die Außensicht der Nachgeborenen beschränkt bleiben.

Nach den Worten des französischen Historikers Fernand Braudel hat Geschichtsschreibung mit Prozessen zu tun, die sich in unterschiedlichen Rhythmen, in einer je eigenen Zeit bewegen. Zwischen 1900 und 1960 erlebten die Deutschen eine hektische

Abfolge von sozialen Krisen und politischen Umbrüchen. Verglichen damit verkörperten die Gewohnheiten des Alltags geradezu das Prinzip der »langen Dauer«. Hier war ein Block persönlichen Lebens, vergleichsweise träge und veränderungsabweisend, an dem sich auch der Versuch einer totalen Herrschaftsordnung abzuarbeiten hatte.

Detlev Peukert hat der verzweifelten Sehnsucht großer Bevölkerungsgruppen nach »Normalität« entscheidende Bedeutung für die Untersuchung des Alltags im »Dritten Reich« beigemessen. Sie brachte viele dazu, nach überfordernden Krisenerfahrungen auf das nationalsozialistische Versprechen von Arbeit, Ordnung, Sicherheit und Anerkennung zu setzen. Und dasselbe Motiv lag dem passiven Einverständnis von Millionen zugrunde. Sie »erfüllten ihre Pflicht« und nahmen Willkür und Terror gegen angeblich »Gemeinschaftsfremde« und »Untermenschen« hin, bejahten sie sogar. Dahinter stand der verzweifelte Wunsch, ihr kleiner Alltag möge (bei allen Einschränkungen und Mängelerfahrungen) halbwegs berechenbar bleiben und sich zukünftig zum Besseren wenden.

Zweifellos gab es auf allen Ebenen Profiteure des Systems und seiner Verbrechen. Es gab den Genuß von Denunziationsgewalt und Sadismus, es gab verbreiteten Antisemitismus und auch – besonders in den Mittelschichten und unter Intellektuellen – ideologischen Fanatismus. Außenpolitische »Erfolge« wie die Besetzung des Rheinlands und der Anschluß des Saarlands und Österreichs, die überwältigenden Inszenierungen der Teilhabe an faschistischer Macht und der Führermythos brachten die meisten Deutschen zeitweilig zur Identifikation mit dem NS-Staat. Aber die Begeisterung hielt selten lange vor. Insbesondere die Arbeiterfamilien hatten wenig Anlaß zu glauben, sie seien wirklich gleichberechtigte Glieder der »Volksgemeinschaft«. Stagnierende Löhne, Leistungsdruck und Entrechtung in den Betrieben, Versorgungsmängel und Gleichschaltungsterror waren nicht dazu angetan, die Distanz zu »Bonzen« und NS-Eliten abzubauen. Da war es letztlich die Fähigkeit des Systems, ein Minimum an »normalem« Alltag zu garantieren, die über die innere Stabilität entschied. Für prominente Nationalsozialisten, insbesondere für Hitler, war die Novemberrevolution 1918 eine Lehre gewesen. Sie zogen daraus den Schluß, auch im Krieg Hunger und Massenelend (jedenfalls für die »arischen« und loyalen »Volksgenossen«) um jeden Preis zu vermeiden und ein Mindestmaß an »Normalität« zu sichern – mit Erfolg, wie man weiß.

»Normalität« des Alltags bezieht sich nicht auf angeblich allgemeinmenschliche Bedürfnisse. Es handelte sich um ein durch und durch historisch produziertes, schichtspezifisch unterscheidbares Bündel von Ansprüchen und Verhaltensneigungen. Es schloß Untertanenmentalität und den Wunsch nach »klaren Verhältnissen« ein. Überzeugungen, die innere Sicherheit verliehen, sollten nicht erschüttert werden. Wer »die Ordnung« in Frage stellte, durfte staatlich zum Feind erklärt und als »Volksschädling« beseitigt werden. Ein deutsches Defizit an Bürgertugenden ermöglichte es, das Leben im Nazireich normal zu finden.

Doch das Verlangen nach »Normalität« hatte noch eine andere Seite. In nur wenigen Generationen hatte sich der Horizont dessen, was in Familien abhängig Beschäftigter üblich war, was sie als Verbraucher kennenlernten, womit sie sich geistig auseinandersetzten und was sie ästhetisch genossen, dramatisch verändert. Die »Erfahrung der Beschleunigung« (Koselleck) durchdrang das Alltagsleben bis in die feinsten Fasern. Neben Empfindungen der Überforderung entwickelten Arbeiter und Angestellte Einstellungen, Fähigkeiten und Gepflogenheiten, die der Soziologe Peter Alheit als »alltägliche Moderne« bezeichnet hat. Dazu zählten Lern- und Umstellungsbereitschaft im Beruf wie im Privatleben; die Gewohnheit, bürgerliche Verhaltensmuster der eigenen Daseinsbewältigung einzupassen und sich von Genüssen der Wohlhabenden anregen zu lassen; ein elementarer Gleichheitsanspruch, die Erwartung zunehmender sozialer Gerechtigkeit; ein Repertoire von Praktiken schließlich, um in Wirtschaft und Gesellschaft seine Interessen zu verfolgen und einen Anteil an den Entfaltungsmöglichkeiten der Gegenwart einzufordern.

Normalitätsansprüche entwickelten sich je nach Lebensbereich unterschiedlich. Anerkennung und Mitsprache in Wirtschaft und Politik kamen nur zentimeterweise voran – und der Nationalsozialismus zerstörte mit der Zerschlagung der Republik und der

Arbeiterbewegung alles, was in jahrzehntelangen Mühen errungen worden war. Anders dagegen in der Freizeit. Sie wurde, wie wir gesehen haben, zu dem Feld, auf dem sich Beschleunigungserfahrung und alltägliche Moderne beispielhaft verknüpften. Hier überwanden die einfachen Leute vergleichsweise leicht die Widerstände elitärer »Kulturträger«. Schnell erweiterten Frauen und Männer, Kinder und Jugendliche der »subalternen Klassen« (Gramsci) ihre Möglichkeiten zu Betätigung und Genuß. Sie modernisierten die Vergnügungen und wurden Wegbereiter einer populären Kultur, die wachsende Teile der Gesellschaft in ihren Bann zog.

Derartige Erfahrungen aus den Jahrzehnten der Klassischen Moderne prägten die »Normalitäts«ansprüche, mit denen die NS-Führung sich auseinanderzusetzen hatte. Dabei wurden Weichen gestellt für die künftige Entwicklung der Massenkultur, weit über das Ende des »Dritten Reichs« hinaus. Freizeit als individuelle Gegenwelt zum öffentlichen Leben und populäre Kunst als deren private Innenausstattung – dieses Modell erhielt einen kräftigen Anschub. Gerade hier erwies sich der Nationalsozialismus als – pathologische! – Formation der Moderne.

Das System verkündete »Gemeinschaft« und Einordnung ins Ganze, aber es bewirkte mißtrauische Abschottung im Privaten. Die brutale Verfolgung von Unzufriedenheit und Kritik zerstörte das Vertrauen in Familie und Bekanntenkreis. Sie vergiftete Gespräch und Geselligkeit in Betrieb, Verein oder Nachbarschaft. Selbst das Kabarett diente nicht als Überdruckventil, sondern verstärkte durch Anspielungen den Terror noch. Bestätigte es nicht die Nazi-Drohungen, wenn Conférenciers ausdrücklich wegen »Konzentrationshemmungen« auf politische Witze verzichteten?[217] Nicht einmal unter Verwandten war man sicher vor Denunziation. Kritische Gedanken konnten gefahrlos nur im absolut vertrauenswürdigen Kreis Gleichgesinnter geäußert werden.

Auch die systematisch gesteigerte berufliche Leistungskonkurrenz erzeugte Druck. Als Kompensation bot sich, besser: bot das System an, unterdrückte Energien und Freiheitswünsche auf Freizeit und Amüsement, Massenkünste und Reiseerlebnisse zu richten. Vor allem in den Jahren bis zum Kriegsbeginn 1939 wuchsen bei Millionen Deutscher Hoffnungen und Einstellungen, die sich nach 1945 als geschichtsmächtig erwiesen: im Übergang zu jener Phase der industriellen Moderne, die erstmals mit einer gewissen Berechtigung als Freizeit- und Konsumgesellschaft zu qualifizieren ist. Dabei verlief die Entwicklung in Deutschland und Großbritannien, Frankreich und Italien durchaus parallel. Auch das verbietet, Massenkultur in der Epoche des Faschismus vom Jahrhunderttrend der Moderne zu trennen und auf die Beschönigung eines Mordsystems zu reduzieren.

Dem heutigen Betrachter erscheint das Nebeneinander von Nürnberger Aufmärschen und Babelsberger Traumfabrik, von Germanenmythos und Swingmusik, Eintopfessen und Coca-Cola, Konzentrationslagern und Madeira-Kreuzfahrt als Dokument eines »gespaltenen Bewußtseins«.[218] Doch haben wir es wohl eher mit gespaltener Wirklichkeit zu tun. Der nationalsozialistische Impuls eines völkischen Neubeginns verklammerte sich auf fatale Weise mit dem Bestreben der großen Mehrheit, in der privaten Nahwelt »Normalität« zu leben. Beide Momente, das Mitwirken an 12 Jahren Rassismus, Mord und Krieg wie die »lange Dauer« privater Freizeitorientierung mit Zügen alltäglicher Moderne, sind zusammenzudenken. Zweifellos: Produzenten wie Konsumenten von Unterhaltung haben damals moralischen Schaden genommen für immer. Wir können die Fragwürdigkeit moderner Populärkultur nicht mehr leugnen. Aber im Blick auf die Kontinuitätslinien des Alltags erweist sich das Urteil »Täuschung und Lüge« als einschichtig. Es ebnet Unterschiede der Verantwortung zwischen mächtigen Komplizen und kleinen Mitläufern ein; und es erspart den Nachgeborenen, sich selber kritisch zu befragen.

Hier wird keine Entschuldung durch Historisierung betrieben. Im Gegenteil. Die Pointe des Arguments lautet gerade: Die Komplizenschaft von Unterhaltung und Gewalt war kein einmaliges Phänomen. Sie gehört zu den möglichen Pathologien der Moderne, und sie ist so lange nicht ausgeschlossen, wie gesellschaftliche Machtzentren das Streben nach gutem Leben in der privaten Nahwelt korrumpieren und für ihre Interessen einspannen können. Vermutlich werden die Historiker des 21. Jahrhunderts fragen, wie die Menschen in den reichen Metropolen der 1990er Jahre es fertigbrachten, ihre »Erlebnisgesellschaft« in einer Welt der Völkermorde und »ethnischen Säuberungen« einzurichten, inmitten von Ausbeutung, Elend und Unterdrückung – obwohl alle wußten von Rüstungsexport und Umweltzerstörung, von ungleichen Handelsbedingungen und profitabler Kumpanei mit Gewaltregimen, von rassistischer Ausgrenzung und Feindbildkonstruktion gegenüber der armen Welt.

Gleichschaltung …

Die Nationalsozialisten ließen sich in mehrfacher Hinsicht von »Dopolavoro« anregen. Zwar waren in Deutschland Kulturindustrie und moderne Freizeitgewohnheiten viel weiter entwickelt als in Italien. Doch auch hier versuchte das Regime, die Freizeit mit staatlich gelenkten Angeboten zu vereinnahmen. Es kontrollierte die klassischen Kunst- und Bildungseinrichtungen ebenso wie die Massenmedien. Kommerzielle Kultur- und Vergnügungsunternehmen vom Verlag bis zur Tanzkapelle wurden politisch »gesäubert«, gleichgeschaltet, von Propagandaministerium und Reichskulturkammer reglementiert und von der Gestapo überwacht.

Ein höchst wirksames Instrument schufen sich die Nazis mit dem umfassenden Freizeitangebot von »Kraft durch Freude«. Es sollte die Erfassung der Bürger durch NS-Organisationen komplett machen, keinen Raum lassen zum Nachdenken. In der Lügensprache des Systems hieß das: »die Langeweile des Menschen bannen. Aus der Langeweile entspringen dumme, hetzerische, ja letzten Endes verbrecherische Ideen und Gedanken.«[219]

Ziel war es, die einzelnen ständiger Kontrolle durch die Organisation und dem Anpassungsdruck der Gruppe zu unterwerfen. Versprochen wurde Sinnerfüllung in der Gemeinschaft. Das hatte Erfolg bei der Jugend, in HJ und BDM. Die Wirkung auf erwachsene Berufstätige ist schwer zu bestimmen. Jedenfalls griff die Propaganda die kulturkritische Klage über Vereinzelung in der Großstadt und über Bindungsverlust und rücksichtslosen Egoismus des modernen Menschen auf. »Ein neuer Sinn für Gemeinschaft stellt sich dieser Entwicklung bewußt entgegen: Der Einsame hat nicht am vollen Leben Anteil. Nur das Glied-sein, anderen Gleichdenkenden und Gleichfühlenden angeschlossen sein, befriedigt wirklich.«[220] Im Ton der Vermassungskritik der 20er Jahre machten sich die Nationalsozialisten daran, mittels Organisierung der Freizeit gleichgeschaltete, folgsame Massen zu schaffen.

Sie konnten dabei profitieren vom Rückgang der Arbeitslosigkeit. Er verdankte sich nicht besonders menschenfreundlichen Maßnahmen, sondern dem weltweiten Konjunkturaufschwung nach der Weltwirtschaftskrise sowie dem Rüstungsprogramm der Nazis. Doch die Betroffenen erhielten – psychologisch wie materiell – überhaupt erst wieder die Möglichkeit, an Freizeit, Vergnügen, Unterhaltung zu denken. Die Stundenlöhne erreichten bis zum Krieg den Vorkrisenstand von 1929 nicht. Aber sie stiegen seit 1934 an, ebenso Arbeitsdauer und Beschäftigung. So standen 1937 6 Millionen mehr Menschen in Lohn und Brot als 1932. Die wöchentliche Arbeitszeit in der Industrie lag 1938 bei 48 Stunden, und die durchschnittlichen Wochenverdienste waren seit 1933 real um 15 bis 20 % gestiegen. In rüstungswichtigen Branchen wurde teilweise erheblich länger gearbeitet und mehr gezahlt,[221] so daß insbesondere, aber nicht nur hier der Eindruck eines Wirtschaftswunders entstehen konnte.

Freizeit beruhte also nicht auf Verkürzung der Arbeitszeit. Lebensmöglichkeiten erweiterten sich im Vergleich zu den traumatischen Erfahrungen der Weltwirtschaftskrise, durch Sicherung und Zuwachs von Einkommen bei hoher und noch steigender Arbeitsbelastung. An zwei Punkten allerdings verstanden es die Nationalsozialisten, ihr vorgebliches Engagement für den Arbeiter gekonnt in Szene zu setzen. Erstens vereinheitlichten und erweiterten sie bestehende tarifliche Regelungen so, daß praktisch jedem Beschäftigten ein jährlicher bezahlter Urlaub von mindestens einer Woche zustand. Die Tatsache, daß in vielen Ländern Europas Entsprechendes geschah, minderte den Effekt nicht. Zweitens errang die »Nationalsozialistische Gemeinschaft ›Kraft durch Freude‹« (KdF) im Rahmen der Deutschen Arbeitsfront (DAF) eine Quasi-Monopolstellung als Anbieter preiswerter Freizeitangebote.

KdF baute in vieler Hinsicht auf »Dopolavoro« auf. Man ließ keinen Zweifel daran, daß es um die Steigerung von »Arbeitsfreude« und Produktion ging – daher der Name »Kraft durch Freude«. Die »Volksgemeinschaft« war unmißverständlich definiert als »Leistungsgemeinschaft«.[222] Dennoch wurde KdF einer der stärksten sozialpolitischen Trümpfe der Nationalsozialisten. Ihr Angebot erschloß vielen Arbeiter- und Angestelltenfamilien bisher unerreichbare, teilweise als bürgerliches Privileg geltende Tätigkeiten. So konnte man die Erfahrung höherer Lebensqualität vermitteln und behaupten, das »Vorrecht der Besitzenden auf die Kunst und Kulturgüter [...] zu brechen«,[223] ohne an Löhne und Arbeitsbedingungen zu rühren und die Unternehmensgewinne zu schmälern.

Ins kollektive Bewußtsein hat sich KdF dementsprechend vor allem eingeschrieben durch Ausflüge und Urlaubsreisen, die sie Lohnabhängigenfamilien ermöglichte. Die Propaganda stellte die Seereisen auf »klassenlosen« Kreuzfahrtschiffen heraus, die Norwegens Fjorde oder die Insel Madeira ansteuerten. Doch trotz Subventionierung lagen die Preise so hoch, daß Arbeiter an Bord nur eine Minderheit von etwa 15 % stellten. Obwohl nicht wenige Betriebe besonders zuverlässige »Gefolgschaftsmitglieder« mit Reisekostenzuschüssen belohnten, nahmen vor allem Angestellte, Beamte, Freiberufler und NS-Funktionäre an den Seereisen teil. Insgesamt gingen zwischen 1934 und dem Kriegsbeginn rund 130 000 Arbeiter und Arbeiterfrauen ein oder zwei Wochen auf Kreuzfahrt.[224] Das war zwar ein verschwindend geringer Anteil, aber die Glücklichen waren geschickt über das Land verteilt. So konnten die Propagandatöne vom »Volk zu Schiff«[225] doch die Hoffnung schüren, daß jeder zuverlässige »arische« Volksgenosse Aussicht auf eine solche Reise habe.

Auch bei Wochenend- und Urlaubsfahrten von KdF mit Bahn und Bus lag der Arbeiteranteil um 20 %. Es spricht zwar alles dafür, daß die eindrucksvollen Statistiken kräftig geschönt wurden.[226] Aber immerhin waren Arbeiter von derartigen Ausflügen bis dahin fast gänzlich ausgeschlossen gewesen. Bei Kurzreisen von ein bis zwei Tagen zählte man zwischen 1935 und 1939 jeweils 5 bis 6 Millionen Teilnehmer. Dazu kamen jährlich mehr als 1 Million, die sich Wanderfahrten anschlossen, und etwa die gleiche Zahl, die einen Urlaub von mindestens drei Tagen buchten.[227] Eine Woche mit voller Verpflegung in Deutschland (1939 gingen 50 % der Reisen in die neu »angeschlossenen« Gebiete Österreichs und der Sudeten) kostete insgesamt etwa den Wochenlohn eines Durchschnittsverdieners. Grob geschätzt, mögen bis zu 10 % der Arbeiter im »Dritten Reich« in den Genuß einer Urlaubsreise gekommen sein.[228]

Alle (Zwangs-)Mitglieder der DAF und ihre Familienangehörigen waren berechtigt, das KdF-Angebot zu nutzen. Man konnte nach eigener Wahl und ohne weitere Verpflichtung buchen; das erwies sich als äußerst attraktiv. Die scheinbare Freiwilligkeit hatte allerdings eine Voraussetzung: Die Organisationen der Arbeiterbewegung und weitgehend auch die des katholischen Netzwerks wurden 1933 verboten und zerschlagen; nur bürgerliche Freizeitvereine konnten im wesentlichen unbehelligt weiterarbeiten. Die DAF raubte Vermögen und Einrichtungen der Gewerkschaften, und KdF vereinnahmte beispielsweise Anlagen und Geräte des Arbeitersports. Das war ein schwerer Schlag für Zusammenhalt und Solidarität im proletarischen und im katholischen Milieu. Es erleichterte den Zugriff von politischem Terror und Bespitzelung. Die Menschen wurden zurückgeworfen auf mißtrauisch gehütete Privatheit, allenfalls auf den engsten Kreis gleichgesinnter Vertrauter. So förderte das Gewaltsystem die Individualisierung.

KdF organisierte Veranstaltungen, die offen der politischen Erziehung dienten. Darüber hinaus, bei Reisen und Sport, Töpfern und Sinfoniekonzerten, scheint das Ausmaß nationalsozialistischer Agitation von Fall zu Fall sehr unterschiedlich gewesen zu sein. Eine Zeitung berichtete von der Begrüßung einer Urlaubergruppe im Allgäu. Der Ortsgruppenleiter der NSDAP hielt eine Ansprache, dann wurde gemeinsam das Horst-Wessel-Lied gesungen. »Nach einem dreifachen Sieg-Heil auf unseren Führer Adolf Hitler und Deutschland ging man nach Absingen des Deutschland-Liedes zum gemütlichen Teil über.«[229] Andererseits erinnert sich ein bis 1933 mit den Kommunisten sympathisierender Arbeiter: »Das war richtiger Urlaub. Das hat normalerweise mit Dings [mit politischer Propaganda; K. M.] überhaupt nichts zu tun gehabt.

Das war genau, wie wenn man heute in Urlaub geht. Man war zusammen, hat gelacht, hat gesungen, hat getanzt, abends.«[230]

Wir wissen heute, daß solche Veranstaltungen systematisch bespitzelt wurden. Die Zeitgenossen spürten den Anpassungsdruck durchaus – und viele suchten gerade deshalb nach unverbindlich-distanzierten Freizeitformen. Im propagandistischen Rahmen der »Volksgemeinschaft« und der »Brechung bürgerlicher Privilegien« scheint auch KdF über weite Strecken wie ein Supermarkt für Kultur und Abwechslung genutzt worden zu sein. Man zahlte und erwarb damit eine Dienstleistung: Reise, Gymnastikgruppe, Theaterkarte, Fortbildungskurs. Zu den Kunden zählten denn auch überwiegend jene Mittelschichten, die bisher schon an Derartigem interessiert gewesen waren, aber doch immer wieder an finanzielle Grenzen stießen.

Natürlich hing die Zusammensetzung der Teilnehmer vom Angebot ab. Den größten Zuspruch fanden Sportkurse. Sie bedeuteten einen großen Schritt in Richtung Breitensport für Ungeübte, an Spitzenleistungen nicht Interessierte – Jedermannsport hieß das später. Doch auch sie waren Teil des Versuchs, die liberalen Tendenzen moderner Freizeit umzukehren. Schon vor dem Ersten Weltkrieg war das Schlagwort von der »Pflicht zur Gesundheit« aufgekommen; nun machte der NS-Staat seinen Anspruch auf die Leistungsbereitschaft eines und einer jeden geltend. »Leibesübungen sind im nationalsozialistischen Deutschland nicht mehr Sache des einzelnen, die aus Eigennutz betrieben wird, sondern Pflicht und Dienst an der Gemeinschaft des Volkes.«[231]

Anderthalb Stunden Gymnastik unter fachlicher Anleitung kosteten 20 Pfennig, ein Schwimmkurs für Anfänger 2,10 Reichsmark und ein Tenniskurs von fünfmal anderthalb Stunden 5 Reichsmark. Pflichtcharakter hatten der Betriebssport und die Veranstaltungen zur Körperertüchtigung der berufstätigen Jugend. Darüber hinaus führte die Statistik für 1938 rund 7 Millionen Teilnehmer auf – mehr als die Hälfte davon weiblich![232] Offensichtlich nahmen Frauen das Angebot gerne an, weil die Vereine, die ja immer noch den größten Teil des Sport- und Turnbetriebs organisierten, sich mit Leistungskult und alkoholisierter Geselligkeit als abschreckende Männerwelt darstellten.

7, 8 *»Freizeitgestaltung« in einem süddeutschen Rüstungsbetrieb, 1941*

… und Populärkunst als Lebensmittel

Nach den völkisch-nationalistischen Feldzügen gegen die Massenkultur der Weimarer Republik hatten viele vom »Dritten Reich« vor allem die Förderung von Brauchtum und »Volksgut« sowie Pflege der »heiligen deutschen Kunst« erwartet. Die wirklichen Schwerpunkte sahen anders aus. Daraus ist nicht zu schließen, es habe sich von vornherein um leere Propagandaphrasen gehandelt. Schließlich formulierten die NS-Programme in dieser Hinsicht Ziele, die im Bürgertum und in den Kulturberufen weithin geteilt wurden. Und die Ideologen, insbesondere das Amt Rosenberg, setzten alles daran, ihre Versprechungen wahrzumachen. Doch insgesamt herrschten Unterhaltung, »Heiterkeit« und »Gemütlichkeit« vor – in Anpassung an die Wünsche der großen Mehrheit und an die Tatsache, daß KdF sich im wesentlichen aus Einnahmen finanzieren mußte. Aber die Gewichtung entsprach wohl auch dem Geschmack der meisten NS-Funktionäre. 1937 rechtfertigte sich KdF gegen Vorwürfe ästhetischer und ideologischer Niveaulosigkeit (»Zirkus und Spiele«) mit dem Hinweis, man wolle gar »keine Kulturorganisation im hochgeistigen Sinne sein«, und DAF-Führer Robert Ley berief sich dafür auf die Unterstützung Hitlers.[233]

Selbstverständlich wurden Brauchtum und regionale Volkskunst kräftig gefördert, und sie fanden durchaus ihr Publikum. Aber das blieb doch ein begrenztes Angebot vor allem für den ländlichen Raum. Wenig Substanz hatten auch die propagandistisch aufgeblasenen Ankündigungen, Goethe und Beethoven, Furtwängler und Gründgens »dem Arbeiter« zugänglich zu machen. Während Goebbels noch 1936 als Ziel verkündete, »die Masse des Volkes in breitestem Umfange in die Theater hineinzuführen«, erreichten beispielsweise die Nürnberger Bühnen zu Friedenszeiten nicht mehr die Besucherzahlen der Jahre vor der Weltwirtschaftskrise.[234] Wirklich volle Häuser brachte erst der Krieg. Er dünnte das Freizeitangebot kräftig aus und führte Menschen ins Theater, die überhaupt irgendeine Unterhaltung suchten. Vom Brechen kultureller Privilegien kann hier ebensowenig gesprochen werden wie in Italien.

Die Besucherorganisation von KdF hatte großen Einfluß auf die Programme der Bühnen. Das schlug sich nieder in einem hohen Anteil an leichter Unterhaltung, an Lustspielen und Operetten. In Nürnberg beispielweise ging das relative Gewicht anspruchsvoller Inszenierungen einschneidend zurück. »Heitere Gebrauchsdramatik« ohne propagandistische Zielsetzung stellte 1937/38 fast zwei Drittel des Schauspiel-Repertoires, mehr als das Dreifache im Vergleich zur Spielzeit 1929/30. Neben Schwänken, Komödien, Volksstücken machten »Klassiker« rund 15 % der Aufführungen aus; ihr Anteil stieg erst mit dem Ernst der Kriegslage ab 1942 deutlich an.

Im Angebot des »Amtes ›Feierabend‹« von KdF, das für Kunst- und Unterhaltungsveranstaltungen zuständig war, überwogen die Sparten »Konzert«, »Varieté/Kabarett« und – besonders beliebt – »Bunte Abende« gegenüber der Hochkultur bei weitem.[235] Vielleicht könnte man sagen, hier, wo auch viele Amateurgruppen auftraten, sei wirklich die »Volkskultur« des »Dritten Reiches« praktiziert worden: mit eingängigen Melodien und Rhythmen, am liebsten Walzern und Märschen; mit Volks- und Schunkelliedern und gefühlvollen Schlagern; mit Tanz, Akrobatik, Dressur; mit humoristischen und sentimentalen Sketchen; mit Conférencen, von denen man auch sexuell Zweideutiges und Derbes erwartete.

Obwohl die beim Publikum beliebten Anspielungen auf Gegenwartsverhältnisse harmlos blieben, wollten die Nazis sie unterbinden. Das gelang offenbar nur ungenügend, so daß Goebbels im Januar 1941 »jegliche sogenannte Conférence oder Ansage« verbot.[236] KdF bemühte sich, den Veranstaltungen eine politische Einleitung voranzustellen (deren Effekt man nicht zu hoch ansetzen wird). Von dieser Besonderheit einmal abgesehen, unterschied sich das »volkstümliche« Angebot nicht grundsätzlich von dem der Varietés und Singspieltheater zur Jahrhundertwende.

In den Großstädten war der professionelle Anspruch höher. Varietés und Zirkusse, Revuen und Kleinkunstbühnen, Konzerte und Bunte Abende bemühten sich um metropolitanes Flair: Tempo und Sensation, aufwendige Ausstattung, Erotik und Exotik. So präsentierte das Nürnberger Apollo-Theater in seinem »Festprogramm zum Reichsparteitag« 1935 neben einem Rollschuh-Ballett eine »Girl-Truppe« und eine Step-Tanz-Formation aus den Niederlanden. Ein Jahr später hatte dort »Professor C. W. Dorlays Non-Stop-Revue ›Tropenexpress‹« Premiere. Die NS-Presse kritisierte: »Entgleisungen, wie der ›Ohne-Unterhosentanz‹, das [...] verniedlichende Bild eines uns unbekannten ›Moskau‹, die scheußliche Negerfratze des Juden Jolson auf dem Broadway-Prospekt, das [...] sind Darbietungen, für die wir kein Verständnis aufbringen können.« Geboten wurden »100 Bilder in 180 Minuten« (»das Tempo ist amerikanisch«), ein argentinisches »Girl-Tango-Orchester«, ein »Wunderjoghi aus Indien«, das »Girl-Hawaii-Orchester« sowie chinesische Akrobatinnen, und das Programm lief immerhin einen Monat in der »Stadt der Reichsparteitage«.[237]

»Amerikanisches Tempo« ... – die Faszination transatlantischer Lebensart und Unterhaltung war ungebrochen. Hollywood lieferte bis 1940 den größten Teil der importierten Filme. In Nürnberg war 1936 wie 1938 jeder siebte gezeigte Streifen made in USA, und in einigen Großstädten spielten amerikanische Erfolge drei oder vier Monate. Das deutsche Publikum schätzte Abenteuer und Komödien; Illustrierte und Zeitschriften feierten Stars wie Jean Harlow und Clark Gable – bis 1936 sogar die ausgewanderte Marlene Dietrich. Die stärkste Anziehungskraft übten Musikfilme wie »Broadway Melodie« oder »Zum Tanzen geboren« aus; selbst die NS-Presse attackierte die Swing-Rhythmen selten.[238] Populärer waren nur noch Walt Disneys Trickfilme.[239]

1938 meldete das Amt Feierabend rund 55 Millionen Teilnehmer bei seinen Veranstaltungen. Zum Vergleich: In der Saison 1938/39 zählten die Kinos im Reich gut 440 Millionen Besuche.[240] Das heißt: Zur Unterhaltung zogen es die Deutschen vor, individuell, ohne Gemeinschaftsrituale und direkte NS-Kontrolle moderne Künste zu nutzen. Breitensport, Tourismus, Theater und (mit einem heutigen Begriff) Volkshochschulangebote wurden zu einem bedeutenden Teil bei KdF nachgefragt; Arbeiterschaft und Mittelschichten hätten entsprechende Bedürfnisse offensichtlich auf dem freien Markt, ohne Subventionen, nicht befriedigen können. In den Kernbereichen von Unterhaltung und Vergnügung jedoch hielt man sich an bewährte Einrichtungen: Tanzabende und Faschingsbälle der Gastwirte, Sportveranstaltungen, Varietés usw.; am leichtesten zugänglich war immer noch das Kino. Im Krieg schrumpfte das KdF-Programm, obwohl die Verantwortlichen alles daransetzten, die Moral der »Heimatfront« zu stärken; in den Vordergrund trat die Truppenbetreuung.[241] Nun übernahmen Unterhaltungsfilm und leichte Musik (insbesondere Schlager) auf bisher nicht gekannte Weise die psychische Stabilisierung der Deutschen.

Im September 1939 hatte es keinen nationalistischen Kriegsrausch gegeben wie im August 1914. Die Stimmung der Bevölkerung war eher gedrückt; sie hob sich mit den militärischen Erfolgen, ohne jemals zur Begeisterung zu werden. Sogenannte »Miesmacher« traf die Terrorjustiz. Zwar war das System darauf bedacht, die Verbrechen an den Menschen der eroberten Gebiete im Osten und an den Juden Europas zu vertuschen. Doch es gab genügend Zeugen und mündlich verbreitete Berichte über Erschießungen und Deportationen, und die Pogromnacht 1938 sowie die millionenfache Zwangsarbeit fanden mitten im Lande statt. Die Gerüchte mögen diffus gewesen sein. Aber daß hier Dinge geschahen, für die man die Deutschen zur Rechenschaft ziehen würde, wenn der Krieg verlorenging, das lag als bedrohliche Ahnung über dem Alltag aller, die ohne Fragen, diszipliniert und nicht selten mit großem Einsatz die Rüstungs- und Vernichtungsmaschinerie in Gang hielten.

Vor diesem Hintergrund ist die dramatische Intensivierung der Unterhaltungsbedürfnisse seit 1940 zu sehen. Im Jahr 1943 wurden im »Großdeutschen Reich« mehr als 1,1 Milliarden Kinobesuche gezählt, gut 14 pro Kopf.[242] Das Rundfunkprogramm bestand zu fast 90 % aus Musik, drei Viertel davon unterhaltsame Melodien.[243] Bunte Abende und Wunschkonzerte des Rundfunks versammelten Millionen vor den Lautsprechern. Lieder wie »Das kann doch einen Seemann nicht erschüttern« (Heinz Rühmann), »Ich weiß, es wird einmal ein Wunder geschehn« (Zarah Leander) oder »Lili Marleen« (Lale Andersen) leisteten Millionen einzigartige Dienste. Sie trösteten, linderten Schmerzen, ließen Hoffnung und innere Kraft wachsen, verbanden mit geliebten Menschen und verdrängten Sorgen und Nöte – solange der Bann anhielt.

Das brauchten auch jene, die sich den verbrecherischen Charakter des Systems eingestanden und vielleicht sogar ein wenig Sand ins Getriebe der Mordmaschinerie zu streuen suchten. Schließlich wurde Massenkunst nicht nur von der Diktatur als leichte Droge zur Betäubung und Leistungssteigerung genutzt, sondern auch von ihren Gegnern. Der grundlegend veränderte Umgang mit Vergnügung bildete einen der auffälligsten Unterschiede zwischen Erstem und Zweitem Weltkrieg. 1914 schien es allen kriegführenden Parteien angemessen, den Unterhaltungsbetrieb drastisch einzuschränken. Nach 1939 wußten die Nationalsozialisten wie die Alliierten, daß Durchhaltewillen und Einsatz an der »Heimatfront« die gesicherte Versorgung mit unpolitischer Zerstreuung erforderten. Populäre Künste waren in nur zwei Jahrzehnten zu Lebensmitteln geworden, die mit über den Ausgang des Krieges entschieden.

Es ging nicht in erster Linie um Propaganda, wenn man es auch daran selbstverständlich nicht fehlen ließ. Von den rund 1100 Spielfilmen des »Dritten Reichs« kann jeder siebte als offen propagandistisch im Sinn der NS-Ideologie gelten; diese Streifen wurden konzentriert nach der »Machtergreifung« und in den ersten Kriegsjahren eingesetzt. Ein weiteres gutes Drittel transportierte mehr oder minder deutlich systemstützende Botschaften (Kriegs- und Historienfilme usw.). Die Hälfte der Produktion bildete zumeist heitere Unterhaltung ohne manifeste politische Tendenz.[244] Auch diese Streifen suggerierten Weltdeutungen und Verhaltensmuster; doch sie entsprachen in etwa der vor 1933 gegebenen – konservativ eingefärbten – Bandbreite. Es gab Heimatfilme und kosmopolitische Großstadtstreifen, deutsche Schwänke und Action in exotischer Szenerie, das Ideal der Mutter und Hausfrau wie das der selbständigen und lebenslustigen Berufstätigen.[245] Zu jedem Kinoprogramm gehörten die Wochenschau, die völlig im Dienst der Propaganda stand, und ein »Kulturfilm«, der meist mehr oder minder ausdrücklich nationalsozialistische Weltanschauung verbreitete.

Die Vorliebe des Publikums für Unterhaltung war eindeutig. Nicht wenige Propagandawerke fielen durch. Aber andere zogen über die Sondervorführungen für HJ, Partei oder KdF hinaus ein begeistertes, zumindest beeindrucktes Massenpublikum an. Erfolge waren die Parteitagsfilme Leni Riefenstahls (»Sieg des Glaubens«, »Triumph des Willens«) mit ihrer Ästhetik der Überwältigung. Zu den meistbesuchten Streifen mit mehr als 20 Millionen Besuchern zählten zwei gekonnte Musikfilme für den Endsieg – »Wunschkonzert« (1940) und »Die große Liebe« (1942) –, das auf weibliche Opferbereitschaft zielende Durchhalteopus »Annelie« (1941), Veit Harlans antisemitische Historie »Jud Süß« (1940) und sein großstadtfeindliches Werk »Die goldene Stadt« (1942, in Farbe; 31 Millionen Besucher).[246] Mißerfolge ideologisch aufgeladener Produktionen zeugen also nicht von geistiger Resistenz; hier wurden im Einzelfall die Wünsche des großen Publikums verfehlt. Insgesamt brachten Propagandafilme ab 1939 weit überdurchschnittliche Einspielergebnisse.[247] Die Bereitschaft, sich täuschen zu lassen, scheint eher gestiegen zu sein. Im Lauf des Krieges wuchs allerdings auch der Wille, Massenkünste zum zeitweiligen Ausstieg aus bedrückender Wirklichkeit zu nutzen. Goebbels trug dem Rechnung, indem er 1942 verlangte, 80 % der Produktion sollten »gute, qualitätssichere Unterhaltungsfilme« sein. Von den 74 Spielfilmen, die 1943 entstanden, waren allein 41 Lustspiele.[248]

Der Drang zu Zerstreuung und Traumwelten war keine deutsche Besonderheit. Nach Überwindung der Weltwirtschaftskrise boomte der Kinobesuch weltweit, und das »Dritte Reich« nahm dabei durchaus keine Spitzenposition ein. Im Jahr 1937 ging der bzw. eher die statistische Durchschnitts-Deutsche rund sechsmal ins Filmtheater, wahrscheinlich seltener als die französischen Nachbarn. In England hingegen wurden vom Säugling bis zur Greisin 30 Besuche gezählt; der Normalbürger saß also jede Woche einmal im Kino.[249] Hier wuchsen die privaten Freizeitausgaben zwischen 1938 und 1944 real um rund 70 %, finanziert aus steigenden Einkommen auch der Arbeiterschaft. Zwar schrumpfte im Krieg das Angebot an Gebrauchsgütern drastisch, aber die gesuchte Zerstreuung sollte nicht einfach fehlende Konsumgelegenheiten ersetzen. Denn Rationierungen beschnitten auch die Freizeitmöglichkeiten – vom dünneren Bier über die von der Armee beschlagnahmten Sportanlagen bis zum fehlenden Treibstoff für Reisen. Und die Verlagerung der Interessen erwies sich nach dem Krieg als dauerhaft.

Der britische Freizeit- und Vergnügungsboom ist besonders bemerkenswert, weil man sich auf der Insel weit mehr einschränken mußte als in Deutschland. Die meisten Leistungsträger des Schausports wurden sofort nach Kriegsbeginn eingezogen; Massenveranstaltungen verboten sich aus Angst vor Luftangriffen. Dennoch sicherte man den Spielbetrieb bei Fußball und Cricket, zum Beweis, daß man sich von den Deutschen nicht die traditionellen Freizeitgewohnheiten nehmen lasse.

Die Nazis hingegen konnten die Anziehungskraft des Spitzenfußballs und die Begeisterung für die proletarischen Ballkünstler von Schalke 04 für das System in Dienst nehmen. Am 22. Juni 1941 fand vor 100 000 Menschen im Berliner Olympiastadion das Meisterschafts-Endspiel zwischen Schalke und Rapid Wien statt – am Tag des Überfalls auf die Sowjetunion. Der Stadionsprecher verkündete: »Der Sport dient dem Einsatz für Führer und Volk. Wir gedenken mit heißem Herzen unserer Soldaten an allen Fronten. Es lebe der Führer!« Die Sportpresse interpretierte den Zusammenfall der Ereignisse als »Beweis für die guten Nerven und die absolute Zuversicht aller Deutschen«.[250]

Wahrscheinlich das wichtigste Medium für alle Kriegsparteien war der Rundfunk. Reden führender Staatsmänner und aktuelle Meldungen von den Fronten machten ihn zum wirksamsten politischen Instrument. Der Vorrang von Entspannung und Unterhaltung galt jedoch unter den besonderen Anforderungen des Krieges weiterhin. Nun ging es vor allem darum, den Kontakt zwischen Heimat und Front zu vermitteln. Grußsendungen mit Musik und Ringschaltungen, die verschiedene Kriegsschauplätze verbanden, nutzten die Möglichkeiten des Mediums. Vor allem ein Genre eignete sich dazu, das emotionale Band zwischen getrennten Familienmitgliedern oder Liebespaaren immer neu und dicht zu knüpfen: der gefühlsbetonte Schlager, der Trennung, Treue, Sehnsucht und Hoffnung behandelte. In England übernahm diese Aufgabe vor allem Vera Lynn mit Titeln wie »We'll meet again«.

In Deutschland wurde ab dem Herbst 1941 »Lili Marleen« zu dem Lied, das wie kein anderes persönliche Sorgen und Schmerzen, Träume und Trostverlangen der Menschen ansprach. Es drückte sie öffentlich aus und machte daraus gemeinsame, verbindende Gefühle. Dabei konnten sich der Schlager, seine Interpretin und seine Hörer verselbständigen gegenüber allen Zwecken, die man ihnen von außen zuschreiben mag: aus Sicht der NS-Soldatensender als Droge zur Hebung der Truppenmoral, aus heutiger Perspektive als Schmiermittel der schon leicht knirschenden Herrschafts- und Kriegsmaschinerie.[251]

»Vor der Kaserne, / vor dem großen Tor / stand eine Laterne. / Und steht sie noch davor, / so woll'n wir da uns wiedersehn, / bei der Laterne woll'n wir stehn / wie einst Lili Marleen / wie einst Lili Marleen.
Unsre beiden Schatten / sah'n wie einer aus. / Daß wir so lieb uns hatten, / das sah man gleich daraus. / Und alle Leute soll'n es sehn, / wenn wir bei der Laterne stehn / wie einst Lili Marleen / wie einst Lili Marleen.
Schon rief der Posten, / sie bliesen Zapfenstreich, / es kann drei Tage kosten. / Kam'rad, ich komm ja gleich! / Da sagten wir auf Wiedersehn. / Wie gerne würd' ich mit dir gehn, / mit dir, Lili Marleen, / mit dir, Lili Marleen.
Deine Schritte kennt sie, / deinen schönen Gang, / alle Abend brennt sie, / doch mich vergaß sie lang. / Und sollte mir ein Leid geschehn, / wer wird bei der Laterne stehn, / mit dir, Lili Marleen, / mit dir, Lili Marleen.
Aus dem stillen Raume, / aus der Erde Grund / hebt mich wie im Traume / dein verliebter Mund. / Wenn sich die späten Nebel drehn, / werd ich bei der Laterne stehn, / wie einst Lili Marleen / wie einst Lili Marleen.»

Im Spätsommer 1942 wurde die Sängerin Lale Andersen politischer Unzuverlässigkeit und sogar des Landesverrats verdächtigt und verhaftet. Sie erhielt Auftrittsverbot, wurde zur Unperson erklärt, und das Lied durfte nicht mehr mit ihrer Stimme ausgestrahlt werden. Jetzt stellte sich heraus, wie sehr die Künstlerin mit der Figur »Lili Marleen« und den darauf projizierten Gefühlen gleichgesetzt worden war. Die Neuaufnahme des Liedes wurde nicht angenommen, Gerüchte über Lale Andersens Schicksal, über KZ-Haft und Erschießung kursierten. Die Sängerin durfte ab

Mitte 1943 wieder auftreten, mit der Verpflichtung, »Lili Marleen« nicht mehr vorzutragen. Goebbels entwickelte wachsende Abneigung gegen die »Schnulze mit dem Leichengeruch«, wie er sie nannte. Im August 1944 wurde die Ausstrahlung endgültig als »wehrkraftzersetzend« verboten.

Die Ereignisse beim ersten Auftritt nach der Zwangspause, Pfingsten 1943, hat die Künstlerin so in ihrem Tagebuch notiert: »›Lili Marleen‹ habe ich nicht gesungen. Diese Entscheidung fiel mir unsagbar schwer. Tausend Stimmen verlangten immer wieder das Lied zu hören [...] Ganz zum Abschluß, ich stand bereits hinter der Bühne, sang das Publikum das Lied für mich.« 3000 Menschen im Saal demonstrierten, daß das Lied ihnen gehörte und nicht der Reichskulturkammer. Das war kein politischer Protest, kein Akt des Widerstands. Es war eher »musikalische Selbsthilfe« (Schepping) – doch sie verwandelte den sentimentalen Schlager in ein Zeichen gemeinsamer Distanz zur Zensur.

Noch in anderer Hinsicht erwies sich »Lili Marleen« als höchst eigensinnig. Text und Melodie banden Sehnsüchte und entbanden Gefühle von Soldaten über Sprach- und Kriegsfronten hinweg. Das Lied, jeden Abend zum Programmschluß des leistungsstarken Wehrmachtssenders Belgrad ausgestrahlt, wurde bald zum »Hit of the Allied Armies« (so der »Sunday Express«). Die britische, US-amerikanische und kanadische Armeeführung mußten schließlich dulden, daß ihre Männer ebenso gebannt und bewegt wie die deutschen vor dem Lautsprecher saßen, wenn »Lili Marleen« erklang. Um den vermuteten Schaden am Feindbild zu begrenzen, kam 1943 eine englischsprachige Fassung heraus: »My Lili of the Lamplight.« Der Originaltext war getreu übersetzt, und gesungen wurde die alliierte Lili unter anderem von Marlene Dietrich und Vera Lynn, bald auch auf französisch von Edith Piaf. Gegen das Kriegsende hin spielte dann der britische Soldatensender Calais das Lied jeden Abend für die deutschen Landser.[252]

Der Gleichklang des Sentiments über die Fronten hinweg hat das Morden um keinen Tag verkürzt. »Lili Marleen« diente so viel oder so wenig der Verständigung wie es die Moral der Truppe hob. Das Beispiel steht für den (begrenzten) Eigensinn, mit dem Menschen unter der Last des Krieges Produkte der Kulturindustrie nutzten. Wenn ein Werk der Massenkunst Stoff und Anstöße enthielt für Gefühle, Überlegungen, Erinnerungen, Phantasien, wenn es erfahrbar machte, daß eigene Sorgen und Ängste von vielen geteilt wurden, dann konnte es helfen bei der persönlichen Lebensbewältigung. Dann machten es sich die Menschen auch in diesem Sinn zu eigen, unabhängig von Verboten oder Absichten anderer. Daß die Deutschen ein mörderisches System in Gang hielten, daß sie selbst mehrheitlich Vorteile zogen aus Raubkrieg und Sklavenwirtschaft – das macht »Lili Marleen« nicht mehr und nicht weniger zu »Lüge und Täuschung« als »Lili of the Lamplight«.

Vorreiter der Freizeitgesellschaft?

Auf wenigen Gebieten zeigte der Nationalsozialismus ein derart ausgeprägtes Janusgesicht wie im Feld von Freizeit und Vergnügen. Volkslied und Volkstanz, bäuerliches Brauchtum und das »germanische Ahnenerbe« wurden intensiv gefördert. Ein harter Kern der NS-Elite hielt fest an der Überzeugung, daß neben der Klassik hier der Mittelpunkt zukünftiger deutscher Kultur liegen müsse. Zugleich betrieb KdF seit 1938 für die Arbeiterfamilien des Berliner Ostens ein »Volksvarieté«, das »Plaza«.[253] Im Oktober 1935 wurde die Ausstrahlung von Jazz als »jüdische Niggermusik« im Reichsrundfunk verboten. Doch mehr oder minder »heiße« und verswingte Musik wurde bis zum Kriegsbeginn in Clubs und Lokalen gespielt; amerikanische Aufnahmen waren bis 1941 zu kaufen. Im selben Jahr gründete die NS-Regierung das »Deutsche Tanz- und Unterhaltungsorchester«, das relativ »jazzige« Arrangements spielte, um über die eigenen Soldatensender dem Einfluß von Glenn Miller und Benny Goodman entgegenzutreten.[254]

Die Liste der Widersprüche ließe sich beliebig verlängern. Während beispielsweise der »Führer der Deutschen Arbeitsfront« und oberste KdF-Chef Ley proklamierte, es dürfe im nationalsozialistischen Deutschland kein Privatleben und keine Freizeit außerhalb der NS-Organisationen geben, wiesen die Versorgung mit erschwinglichen Radios und die Pläne für einen »Volksfernseher« den Weg zur Abkapselung in den eigenen vier Wänden. Die historische Forschung hat gezeigt, daß der Nationalsozialismus entgegen seinem eigenen Anspruch ein höchst uneinheitliches Regime war, durchzogen von Interessengegensätzen. Es konkurrierten Machtzentren mit unvereinbaren Zielen, und die offizielle Linie vollzog abrupte Schwenks. Immer wieder mußte der Führer-Mythos inszeniert werden, um in der Bevölkerung Folgebereitschaft zu erzeugen.

Der »polykratische« Charakter des »Dritten Reichs« allein kann aber das Nebeneinander rückwärtsgewandter und »moderner« Tendenzen nicht erklären. Dem Kompetenzgerangel beispielsweise zwischen dem »Ideologen« Rosenberg und dem »Herrschaftstechniker« Goebbels lag ein realer gesellschaftlicher Widerspruch zugrunde. Die Ideologie entsprach durchaus den Interessen einflußreicher Gruppen. Schon 1930 hatte Thomas Mann nach der Erdrutschwahl vom September, bei der die NSDAP über 5,5 Millionen Stimmen hinzugewann, in seiner »Deutschen Ansprache« vor der Neigung zu »verschwärmter Bildungsbarbarei« gewarnt, von der die Nationalsozialisten profitierten. Eine »gewisse Philologen-Ideologie, Germanisten-Romantik und Nordgläubigkeit aus akademisch-professoraler Sphäre« sei ebenso weltfremd wie gefährlich.[255]

Mit beiden Einschätzungen sollte er recht behalten. Die Ablehnung einer »materialistischen« Moderne, die den »rohen Geschmack« der Massen hofiere, die Hoffnung auf eine Wende aus dem Geist »unverfälschten Volkstums« und »nordischer Rasse« führte große Teile der Bildungsschichten und des gehobenen Bürgertums ins »Dritte Reich«. Und bis Ende 1934 sendete beispielsweise der Rundfunk unter der Parole »Ehret eure deutschen Meister!« Zyklen mit Werken von Beethoven, Schiller, Wagner.[256] Aber für den Alltag einer Gesellschaft, die der Mehrheit harte Arbeit, enge Lebensverhältnisse, Verzicht auf Mitsprache, letztlich Unterordnung und Opfer abverlangte, erwies sich die »Philologen-Ideologie« als gänzlich unbrauchbar. Sinnliche und körperbetonte Entspannung, farbige und gefühlvolle Unterhaltung, rauschhafte

Vergnügung waren unter diesen Bedingungen Lebensmittel. Sie zu verweigern, hätte die empfindliche Balance von Terror und Einverständnis gefährdet, auf der das Regime beruhte. Hinter den Alternativen »Rheinländer« oder Swing, Naturerlebnis oder Großstadtvarieté, Volkslied oder Babelsberger Traumprodukt, Körperertüchtigung oder Schausport stand das drängende Problem, sich zu arrangieren mit ästhetischen Gewohnheiten und Glücksvorstellungen der großen Mehrheit. So liefen die Kultur- und Freizeitapparate zumeist weiter in den Bahnen, die international, in allen entwickelten Industrieländern verfolgt wurden. Die Nazis forcierten Propaganda und »Volksgemeinschafts«rituale; doch im Zweifelsfall gaben sie dem Populären den Vorzug vor dem Hochkulturellen.

Dabei ist dem »Dritten Reich« jedoch keine außergewöhnliche Modernisierungsleistung zuzusprechen. Sicher, die Dynamik der Massenkultur erstaunt, wenn man an die propagandistischen Versatzstücke »brauner Romantik« und germanischer Mythik denkt. Sie paßt auch schlecht zur erklärten Absicht, die arbeitsfreie Zeit zur Militarisierung der Jugend und für »Volksgemeinschafts«erlebnisse zu nutzen. Im internationalen Vergleich jedoch reduziert sie sich auf ein Niveau, das in etwa dem Industrialisierungsstand Deutschlands entsprach. Wir sahen schon, daß auf vielen Gebieten England die europäische Spitze bestimmte, im Kinobesuch und bei der Rundfunkversorgung beispielsweise. Zwar stand 1939 fast in jedem zweiten deutschen Haushalt ein Radio[257] – aber allen Legenden vom »Volksempfänger« zum Trotz lag die Zahl von 134 Teilnehmern je 1000 Einwohner deutlich niedriger als beispielsweise in Dänemark (190), Großbritannien (184) und Schweden (171).[258] Der deutsche »Volksfernseher« blieb Versprechung; die BBC hingegen strahlte ab dem 2. November 1936 als erster Sender der Welt ein regelmäßiges TV-Programm von zwei Stunden aus. Sportreportagen und Theaterübertragungen, Fernsehfilme und Tiersendungen, Showstars und Politiker-Interviews flimmerten im August 1939 immerhin schon über rund 25 000 private Bildschirme. Dann wurde die Entwicklung abgebrochen; als letztes lief ein Mickey-Mouse-Film, bevor der Krieg das aufwendige Experiment stoppte.[259]

Die Engländer brauchten keine KdF-Organisation, um den bezahlten Urlaub durchzusetzen und am Ende der 30er jedem Dritten eine Urlaubsreise von mindestens einer Woche zu ermöglichen. Moderne Feriencamps boten Unterkunft inclusive Schwimmbad, Kino und anderen Attraktionen sowie professionell animiertes Gemeinschaftsleben schon zu Preisen ab der Höhe eines durchschnittlichen Wochenlohns.[260] 1937 verabschiedete das Parlament den »Physical Training and Recreation Act«, verbunden mit 2 Millionen Pfund Zuschuß für den Bau von Sportanlagen.[261] Die private Motorisierung war in England wie in Frankreich weiter fortgeschritten als in Deutschland,[262] wo Porsches »KdF-Wagen« ein gewaltig aufgeblasenes Versprechen blieb. Zwar besangen die Barden der Reichsautobahn schon die große Freiheit im privaten Pkw. »Freier und freier macht uns das Glücksgefühl über diese Leichtigkeit und Eleganz im Vorankommen, über solche Herrschaft des Menschen über alle Materie und über alle Hindernisse der Natur. Wir schweben, werden fast vogelgleich.«[263] Doch Hunderttausende, die voll Hoffnung Sparmarken geklebt hatten, machten mit dem »Volkswagen« allenfalls als Kübelwagen an der Front Bekanntschaft. Ihr Geld wurde in die Rüstung gepumpt.

Die manchmal gestellte Frage, ob die NS-Führung eine Freizeit- und Konsumgesellschaft nach US-amerikanischem Muster ansteuerte – Eigenheim und Auto, Radio und Fernseher, Urlaubsreise und Fitneßprogramm für jedes Mitglied der »Volksgemeinschaft« –, ist erschreckend akademisch. Aus Plänen kann man ein solches Konzept herauslesen. Aber faktisch nahmen nur die breit angelegte Körperertüchtigung und der Ausbau des innerdeutschen Tourismus mit ein paar Seereisen als Sahnehäubchen Gestalt an. Aufrüstung, Krieg und schließlich die Vernichtung der Juden hatten für die Nazis eindeutig Vorrang. Kanonen statt Butter und Panzer statt Pkw – das war der Kern ihres Wirtschafts- und Freizeit»wunders«. Daß die meisten Lohnabhängigen den Aufschwung nach 1933 begrüßten, widerlegt die nüchterne Bilanz nicht.

Aber nicht allein die Ökonomie der Aufrüstung stand einem freizeitorientierten Lebensstil entgegen. Das Streben nach unbeschwertem, selbstzweckhaftem Genuß mußte mit den Ansprüchen der Diktatur zusammenstoßen. Ziel der Nationalsozialisten war es, das deutsche Volk zu militarisieren. Es sollte geformt werden zum leistungsfähigen und willigen Instrument für ihre aggressiven Vorhaben. »Du bist nichts, dein Volk ist alles« – derartige Losungen sollten Unterwerfung und Verzicht in höchsten Lebenssinn verkehren. Dagegen gilt in der Moderne idealtypisch: Genuß ist selbstbezogen; Amüsement kennt nur die Gegenwart; Vergnügen ist eigensinnig, gehorcht keiner Pflicht.

Diktaturen verfügen durchaus über Strategien, um solche brisanten Potentiale einzuhegen. Sie bieten an, sich auf Kosten von Minderheiten und Wehrlosen zu amüsieren. Sie nutzen die verbreitete Neigung, in der Hochstimmung einer Gruppe aufzugehen. Sie engen die Erwartungen drastisch ein. So wird es schon als Befreiung zum Atemholen und Kraftsammeln empfunden, wenn man in die Nischen unpolitischer Unterhaltung entkommen kann, wo nichts von einem verlangt wird. Doch den modernen Anspruch auf selbstbestimmtes Freizeitleben konnten die Nazis nicht fördern. Sie sahen sich allenfalls gezwungen, ihm einen gewissen Raum zuzugestehen.

Kommerzielle Anzeigen, aber auch Frauenzeitschriften und sogar Beiträge in NS-Publikationen zeichneten individuelle Freizeit, Konsum und Erotik als erstrebenswert.[264] Dafür sorgten Berichte über Hollywood-Stars, Kosmetik-Kurse der DAF, die Propagierung von Modefarben für das Haar oder Werbung für Badeanzüge mit der »Sonnenschnur«, die es erlaube, die »breiten Achselträger herunterzulassen, damit die Sonne ganze Arbeit leisten« könne. Illustriertenfotos von Badenixen, die am Strand unbeschwert dem Sommer entgegenlaufen, lockten zum persönlichen Freizeitgenuß. Selbst System-Propaganda wies diese Tendenz auf. Ein Werbeplakat für den Volkswagen zeigte ein strahlendes Paar, das vor einer Bergkulisse dem Glück entgegenfährt. Es setzte das Ideal von Arbeitsdienst-Mann und straff-sportlicher BDM-Schönheit ins Bild und ordnete die beinahe ekstatische Freude dankbar dem »KdF-Wagen« zu. Aber mit privater Motorisierung verband sich das Versprechen von Freiheit und Selbstgenuß für die kinderlose (!) Zweiergemeinschaft. Die Nationalsozialisten entgingen der Auseinandersetzung mit solchen Widersprüchen zu ihrer Ideologie durch den Krieg.

9 Plakat »Dein KdF-Wagen«, 1939

»Swingheil«

Es gibt jedenfalls wenig Anzeichen dafür, daß individuelle Vergnügungssuche offen aneinandergeriet mit den vom Regime gezogenen Grenzen. Zu kurz war die Friedensperiode – und der Krieg machte es praktisch unmöglich, sich unverhüllt zu ichbezogenem Genuß zu bekennen. Um so bemerkenswerter ist die Ausnahme. An einem Punkt forderte die Praxis moderner Massenkultur den nationalsozialistischen Gleichschaltungsanspruch derart heraus, daß der Unterdrückungsapparat mit voller Härte zugriff. Ausgesprochener Haß traf die »Swingjugend«, die einem konsum- und vergnügungsorientierten Freizeitstil mit teilweise demonstrativem Charakter huldigte.

Wie alle Zensoren hatten auch die Nationalsozialisten Probleme, in der Kunst das Erlaubte vom Verbotenen zu trennen. Heißen Jazz konnten sie identifizieren, aber woran erkannte man Swing? Für einen Fan der 30er Jahre war es einfach »eine flott gespielte rhythmische Tanzmusik«.[265] Neben vorwärtstreibendem Rhythmus waren den Verfechtern »deutscher Tanzmusik« englischsprachige Titel und Texte sowie Soli und Improvisationen von Schlagzeug und Trompete, Saxophon oder Jazzklarinette ein Dorn im Ohr. Aber noch mehr als die Musik provozierte sie die »wilde« und erotische Art, dazu zu tanzen.

Swing, auch Jazz, lebte in Nischen für Eingeweihte. Man konnte Schallplatten kaufen und tauschen, es gab Mitschnitte auf Plastikfolien – eine ganze Welt der Sammler, Musiker, Fans im Halbschatten. Swing (oder was man dafür hielt) wurde von vielen Kapellen, insbesondere ausländischen, gespielt – wie offen und wie »heiß«, das hing ab vom Publikum, den Musikern, aber auch von der Reaktion der Behörden. Bis zum Kriegsbeginn konnte öffentlich getanzt (»gehottet«) werden – wie wild und exzentrisch, akrobatisch und erotisch, das ergab sich ebenfalls aus den Umständen. Daß Swing und Hotten, freundlich formuliert, unerwünscht waren, erhöhte für die Beteiligten den Reiz.

Zunächst waren es vor allem Jüngere aus der großstädtischen Ober- und Mittelschicht, die Swing zum Symbol einer Lebensauffassung machten. »Swingboys« und »Jazzkatzen« pflegten neben dem privaten und öffentlichen Hotten eine »lässige«, anglophile Selbstinszenierung. Geschmeidige Bewegungen, Gehen in tänzelndem Schritt und leicht nach vorn gebeugt, Stockschirm, weicher Hut, weißer Schal zum dunklen Mantel, relativ lange Haare kennzeichneten die jungen Männer. Ebenfalls lange und offene Haare, Kleidung mit erotischem Pfiff und manchmal Hosen trugen die jungen Frauen, wenn die Swings »ohne Tritt im Lotterschritt« und mit dem Gruß »Swingheil« loszogen. Tragbare Grammophone ermöglichten, auch im Freibad oder an der Eislauffläche heiße Musik zu spielen, zu tanzen und so die eigene Besonderheit zu demonstrieren. Schließlich gehörte, wenn die Quellen uns nicht täuschen, auch relativ unbefangenes sexuelles Sich-Ausleben zum Stil der Swingjugend.

»Lässigkeit« und »Lottern« (so die Eigenbezeichnung) setzten sich unmißverständlich ab vom nationalsozialistischen Jugend-Ideal. Der Protest artikulierte sich nicht politisch. Swing und andere Zeichen signalisierten, daß man Militarisierung und Formierung des persönlichen Lebens ablehnte, auf privaten Freiräumen und spontanem Vergnügen bestand. Zackig und schneidig, soldatisch und straff, opferbereit und idealistisch, so wünschte das System »die Jugend des Führers«. Es konnte nicht hinnehmen, daß – mittels Massenkultur – ein Gegenbild vorgeführt wurde. Unterdrückung der Swings in der Öffentlichkeit, Verfolgung ihrer privaten Zusammenkünfte und Druck auf die Kapellen sollten dafür sorgen, daß Unterhaltungsmusik nicht zur Demonstration von Abweichung geriet.

Nach Kriegsbeginn wurde der Freiraum der Heranwachsenden weiter eingeengt. Kinos und Konzerte waren abends für Halbwüchsige unter 18 Jahren gesperrt, Tanzen verboten. Männliche Arbeiterjugendliche fühlten sich zunehmend reglementiert und schikaniert. Ein Hamburger »Swingheini« erinnert sich: »Bei uns [...] nahm die Wut auf die Streifen-HJ zu und artete immer häufiger in Gegenwehr aus. Zu oft hatte man uns aus Kinos und Lokalitäten herausgeholt. Die Unterdrückung unserer Lebensbedürfnisse [...] machte uns wild.«[266]

Auch Cliquen und »Blasen« von Unterschichtjugendlichen

wählten nicht selten den Swing als Symbol dafür, daß sie auf persönlicher Freiheit und Amüsement beharrten. Das wurde zur Frage der Selbstachtung. Die Wiener »Schlurfs« trafen sich in Lokalen oder auf Rummelplätzen, wo es den »Tiger Rag« und andere heiße Musik zu hören gab. Sie umgingen das Tanzverbot, indem sie in Parks zum Klang tragbarer Grammophone hotteten. Auch zu ihrem Stil gehörten lange Haare und ein fließender, betont »lässiger« Gang: »Weil bei der HJ is ja zackig marschiert worden, der Schritt woar ja anders: stramme Haltung, Bauch hinein, Brust heraus, Augen geradeaus.« [267] Besonderen Wert legten die Schlurfs auf Kleidung, die ihnen als elegant und modern galt. Den Stoff für die Modeträume lieferten Hollywoodfilme und nach deren Verbot auch Ufa-Streifen; Johannes Heesters beispielsweise kam in manchen Musikfilmen mit ziviler Frisur, langem Sakko und ausgestellten Hosen sowie »heißen« Tanzposen dem Schlurf-Ideal nahe.

In Paris reagierten die »Zazous« mit unkonventionellem Äußerem auf die deutsche Besetzung. »Der Zazou war ein Halbwüchsiger, gekleidet in ein besonders langes Jackett mit vielen Taschen, in eine ganz enge und ziemlich kurze Hose, Socken in leuchtenden Farben, Schuhe mit dicker und an den Seiten überstehender Sohle und – das unverzichtbarste äußere Kennzeichen – mit einer Frisur, bei der die Haare vorn hoch aufgetürmt waren, um dann nach hinten lang abzufallen. Die Mädchen trugen kurze Faltenröcke, Umhängetaschen und hohe Absätze [...] Genaugenommen war der Zazou das Produkt des brutalen Bruches mit der amerikanischen Kultur (in der Musik, im Film, in modischen Accessoires usw.). Die unverzichtbarsten Produkte waren rationiert oder nicht aufzutreiben, die Freiheiten eingeschränkt, das Tanzen verboten [...] Der Jazz war für ihn die klangliche Dekoration seines amerikanischen Traumes. [...] Er lehnte den Krieg ab und die Deutschen, und er verachtete ideologische Fixierungen aller Art. Er war ein frustrierter Konsument«, so charakterisiert ein Jazzkritiker rückblickend den Zazou. Auch die Aktivisten der Résistance sahen hier nur Spielerei, die mit Widerstand nichts zu tun habe. Die Deutschen und die kollaborierenden französischen Behörden allerdings verfolgten die Swing-Jugendlichen, schnitten ihre Haare ab und verurteilten sie zu Zwangsarbeit.[268]

10 Wiener Schlurfs um 1939

Vom Swingstil führen deutliche Linien in die »Freizeitgesellschaft« der Nachkriegszeit. Der Gleichschaltungsdruck des NS-Systems war weithin mit der Suche nach privat-individuellem Vergnügen beantwortet worden. Die Massen, die ins Kino drängten und sich emotional an Zarah-Leander-Liedern aufrichteten, machten ebenso wie die expressiven Subkulturen Jugendlicher klar: Unterhaltung und Amüsement waren endgültig zu Elementen des nicht verhandelbaren Existenzminimums geworden, zu Lebensmitteln, die jedes System garantieren mußte. Freizeitgenuß als Selbstzweck rückte, gerade weil er von den Nazis bekämpft wurde, unter die vorrangigen Lebensziele; er sollte Freiheit und persönlichen Sinn verbürgen.

Voran gingen Jugendliche mit ihren Stilen. Sie entnahmen den populären Künsten symbolisches Material und bastelten daraus ausdrucksstarke und identitätsstärkende Praxismuster. Industrielle Konsumgüter wurden unverzichtbar als expressive Zeichen zur Ausstattung von Lebensstilen. Arbeiterjugendliche, die über selbständige Einkünfte verfügten und noch nicht in Familienpflichten eingebunden waren, konnten so »die Idee eines ›guten Lebens‹ [...] über den Markt in Ansätzen realisieren. Die Vor-Bilder dazu lieferten ihnen die neuen Unterhaltungsindustrien [...] Die Hollywood-Filme [...] konnten [...] von den ›Schlurfs‹ [...] nicht bloß als Fiction, sondern als Ausdruck einer [...] neuen Lebensweise gesehen werden: Auch für die Beherrschten sollte, so ihre Lesart, der Zugang zu den eleganten Waren und die freie Zeit, sie zu genießen, möglich sein.«[269]

Proletarische Swingheinis wie großbürgerliche Swings zogen sich den geballten Haß der Nationalsozialisten zu. Die spürten: Hier traten der Forderung nach Gleichschaltung und militärischem Gehorsam Jugendliche mit ziviler, antiideologischer und individualistischer Einstellung gegenüber. Die Swings erwarteten, daß ihr Recht auf Vergnügen anerkannt werde – als alltagskultureller Preis sozusagen dafür, daß sie politisch stillhielten und ihre Arbeit taten. Vorstellungen von Glück und moderner Freizeit sowie herausfordernde Symbole bezogen die Jugendlichen aus dem Fundus jener Populärkultur, der die Nazis, als Zugeständnis an die einfachen Leute, hatten Raum lassen müssen. Prügel, Strafexerzieren und zwei bis drei Jahre KZ forderte Himmler für die »Rädelsführer«.[270] Öffentlich auftretende Swings und Schlurfs wurden schikaniert und verhaftet, ihre Schallplatten zerschlagen, der Kopf kahlgeschoren; sie wurden verprügelt, mit Arbeitsstrafen belegt, zur Armee eingezogen, in Straflager oder gar Jugend-KZs eingewiesen.

Zahlenmäßig bildeten die Swing-Gruppen eine verschwindende Minderheit. Ihr Stil verdichtete jedoch Tendenzen, die ein Großteil der Jugendlichen seit den späten 30er Jahren zeigte. Swing hatte Anhänger unter Katholiken wie unter HJlern; er reüssierte in Nischen in der Armee. In Reaktion auf Drill und Militarisierung kultivierten besserverdienende junge Arbeiter zivile Eleganz und Amüsierhunger; nicht selten orientierten sie sich an einem Idealbild von »amerikanischer Lebensweise«. Das strahlte in den letzten Kriegsjahren aus auf die eigenartige Jugendwelt der Flakhelfer, die von mittleren und höheren Schulen kamen. Auch sie pflegten die Aura von Ungezwungenheit und Freiheit, die den Swing umgab. Je näher die alliierten Truppen kamen, desto enger verwob sich die Musik mit dem Bild der US-Armee. Die schien gekennzeichnet durch verschwenderische materielle Ausstattung und unsoldatische Lässigkeit – und gerade deshalb überlegen.

In den 1940ern stieg mit dem Swing erstmals ein Genre der Unterhaltungsmusik zum klassenübergreifenden Stil-Zeichen auf. Mit seiner Hilfe setzte sich eine ganze Jugendgeneration ab von Lebensauffassung und Erziehungsmustern der Eltern. Die bürgerlichen Jazzfans der Nachkriegsjahre wie die proletarischen Halbstarken der 50er knüpften hier an.

Hinterlassenschaften

Welchen Platz nimmt der Nationalsozialismus in der Geschichte der Massenkultur ein? Ob man nun den eigenen Anspruch oder die internationale Entwicklung zum Maßstab nimmt – eine tiefgehende Umwälzung ist nicht zu erkennen. So verringerten die

Unterschiede zwischen Stadt und Land sich kaum, wenn auch das Radio, KdF und die Mobilität Jüngerer Anstöße in die Provinz brachten. Die populären Künste gehörten längst nicht zum Alltag aller. Viele Deutsche pflegten weiterhin traditionelle Freizeittätigkeiten wie Gartenarbeit und Reparaturen, Angeln und Stricken, Spazierengehen und Familiengeselligkeit.

Die Reichweite von KdF bei Breitensport, Laienschaffen und Tourismus blieb insgesamt doch begrenzt; viele konnten sich nicht einmal das leisten. Vor allem die neuen Mittelschichten der Angestellten und Beamten griffen nach Angeboten, die Statusgewinn versprachen. Eine deutliche Erweiterung der Aktivitäten in der Arbeiterschaft (wenn sie denn ernsthaft angestrebt war) gab es in den Jahren bis zum Krieg nicht – und der war ja, das sei wiederholt, keine unwillkommene Störung, sondern oberstes Ziel aller Planungen. Die Mehrheit hielt sich weiterhin an die Massenkünste, in den schon aus der Zwischenkriegszeit bekannten Bahnen: Film, Radio, Unterhaltungsmusik, leichte Lektüre, Schausport, Vergnügungsgewerbe. In dieser Hinsicht folgte Deutschland bis 1939 im großen ganzen der internationalen Entwicklung, ohne eine Vorreiterrolle beanspruchen zu können. Die autoritären Freizeit-Konzepte der Faschisten und Nationalsozialisten waren keineswegs effektiver als Markt und Sozialpolitik in parlamentarisch regierten Ländern.

Tiefere Spuren hat das »Dritte Reich« in Erwartungen und Gewohnheiten hinterlassen, die den Umgang mit Massenkultur nach 1945 prägten. Soziologen sprechen von verstärkter Individualisierung und Privatisierung. Die junge Generation löste sich im Nationalsozialismus aus Herkunftsbindungen und setzte zunehmend auf individuelle Leistung. Anpassungsdruck wurde vielfach mit der Wendung in eine abgeschottete Privatsphäre beantwortet, man verdrängte unliebsame Realität und flüchtete sich in Zerstreuung. Tiefer als bisher prägten sich dem Lebensmittel Vergnügen fragwürdige Züge ein: Sucht nach Ablenkung und dauerhafter Rückzug von der Öffentlichkeit.

Zugleich erweiterte sich deutlich das Spektrum der Wünsche, die Lohnabhängigen erstrebenswert und (durch berufliche Anstrengung) auch mittelfristig zu verwirklichen schienen: Reisen;

Mobilität durchs Auto; intensiveres Erleben mittels gehobener Freizeitgüter vom Fotoapparat bis zur Skiausrüstung; bequemer Genuß populärer Künste im gemütlichen Wohnzimmer, mit der Welt medial verbunden durch Radio, Plattenspieler, Illustrierte und Fernseher. Dieses mentale Erbe lag der Mischung von Arbeitsverbissenheit und Streben nach moderner, »flotter« Freizeit zugrunde, die den Aufschwung ins »Wirtschaftswunder« trug.

Was waren das für populäre Künste, die so unvergleichliche Dienste leisteten bei der Schaffung eines »normalen« privaten Alltags unter dem Hakenkreuz? Nicht die Propaganda stellt bis heute die eigentliche Herausforderung dar, sondern die Rolle der sogenannten »unpolitischen Unterhaltung«. Wenig spricht für die Annahme, »so etwas« könne sich nicht wiederholen. Massenkultur kann mit Massenmord und Terror zusammengehen, sie ist untrennbar verwoben mit den Pathologien der Moderne.

Fernsehschlaf und Pop-Kultur

Der Abschluß des Aufstiegs

Zwischen dem Kriegsende und den späten 60er Jahren kam ein historisches Kapitel zum Abschluß. In voller Reife entfaltete sich der Typ moderner Massenkultur, dessen Umrisse sich bereits am Beginn des Jahrhunderts abzeichneten. Der Aufstieg hatte das Ziel erreicht: soziale Anerkennung. Vielleicht wird man die Phase, die hier zu Ende ging, einmal als klassisch bezeichnen. Doch jeder Abschluß ist zugleich ein Anfang, in der Reifezeit entstehen die Keime des Neuen. So sehen wir, vom Ende des Jahrhunderts her, die Weichenstellungen, die in unsere unübersichtliche Gegenwart führen. Beide Momente sind aufs engste miteinander verwoben, ja teilweise identisch; so schien eine Darstellung in getrennten Kapiteln unangebracht.

Kontinuität und Wandel kann man allerdings deutlich bezeichnen. In den 50ern dominierte, was wir schon vor dem Ersten Weltkrieg aufkommen sahen. Die Blütezeit von Kino und Schausportbesuch, von Radio und Unterhaltungsmusik, der Ausbau bezahlten Urlaubs und die hochgespannten Glückserwartungen an Wochenende und Ferienreise stehen für ausgeprägte Kontinuität – auch und gerade in Wünschen und Alltagsmustern der Menschen. Bürgertum und Bildungsschichten lehnten die Populärkultur noch immer mehrheitlich ab; beim Versuch, sie einzudämmen, griff man zurück auf Rezepte der Zwischenkriegszeit.

Gegen Ende des Jahrzehnts war der Wandel nicht mehr zu übersehen, und in der folgenden Dekade zeichnete sich dann die neue kulturelle Konstellation ab. Die sozialen und geistigen Erschütterungen der späten 60er Jahre, die vor allem von den Hochschulen ausgingen, wurden schon bald als historischer Einschnitt gedeutet. Heute wissen wir: Sie zogen wohl eher eine Bilanz begonnenen

Wandels als daß sie ihn eingeleitet hätten. Nun waren die Weichen gestellt für jene Entwicklung, die inzwischen als Postmoderne bezeichnet wird.

In den Nachkriegsjahrzehnten überschritt die Mehrheit der Bevölkerung dauerhaft die Wohlstandsschwelle. Fünftagewoche und längerer Urlaub brachten eine Freizeit neuer Qualität. Medien verbanden die private Sphäre mit der Welt der populären Künste und trugen städtische Lebensformen in die letzten Winkel des Landes. Bessere Ausbildung weckte neue Interessen. So durchdrang Massenkultur den Alltag und gewann, wie ihr Publikum, an Vielfalt.

Eine besondere Rolle spielten dabei Jugendliche. Sie griffen Angebote der Kulturindustrie auf, um einen eigenen Raum gegen die erwachsenen Autoritäten abzugrenzen. Was Minderheiten von »Teddy Boys«, »Halbstarken« und »Blousons noirs« unter provokativem Einsatz von amerikanischem Rock 'n' Roll begannen, machten sich seit den späten 50ern große Gruppen der städtischen Jugendlichen zu eigen – durch alle sozialen Schichten hindurch und unter aktiver Beteiligung von Mädchen und jungen Frauen. Mit den Beatles etablierte sich die internationale Rockmusik als Kern einer klassenübergreifenden Jugendkultur.

Auch der Nachwuchs der Bildungsschichten war in die Entwicklung einbezogen. Er wuchs auf in einer Umwelt, in der Unterhaltungsmedien einen wichtigen und zunehmend selbstverständlichen Platz einnahmen. Studierende und junge Intellektuelle der Jahrgänge etwa ab 1940 zeigten sich für Kulturpessimismus weit weniger empfänglich als ihre Eltern. Sie öffneten sich für die »niederen Künste« vom Jazz bis zum Film – als Konsumenten wie als Akteure in Bands und Filmclubs. Elitäre Vorbehalte und Streben nach Abgrenzung verschwanden keineswegs. Aber man lernte, populäre Vergnügungen zu schätzen. Die jüngeren Gebildeten grenzten ihren Stil nach zwei Seiten ab: vom Kult des Wahren, Guten und Schönen, den sie als hohl und verstaubt empfanden, und vom Bild des spießigen oder vulgären Massenkultur-Konsumenten.

Man sollte darin keine kalkulierte Strategie sehen. Die Universitäten wurden geöffnet für Kinder aus Elternhäusern, denen das klassische Bildungsverständnis fremd war. In vielen Berufen mit

Hochschulausbildung führten Arbeitsteilung und Leistungsdruck dazu, daß man in der Freizeit vorrangig Entspannung suchte. Die Arbeits- und Lebensanforderungen etwa von Ingenieuren, Ärzten und Managern unterschieden sich nicht mehr derart kraß von denen der Facharbeiter und Büroangestellten wie noch wenige Jahrzehnte zuvor.

Für uns ist vor allem eine Folge dieser Entwicklung wichtig. Seit den 60ern (wir vernachlässigen nationale Unterschiede und Ungleichzeitigkeiten) entwickelte sich ein Phänomen, das man mit einem Begriff von Raymond Williams »Gemeinkultur« nennen kann. Erkennbar wurde ein Netz von Einstellungen, Wünschen und Gewohnheiten, geteilt praktisch von allen Mitgliedern der Gesellschaft. Am deutlichsten zeichnete sich das ab in der Ausrichtung von Freizeit auf Vergnügung, Erholung und Konsum. Man kann sagen, daß sich heute der größte Teil der Bevölkerung innerhalb dieses Horizonts bewegt. Bildungsorientierter Umgang mit Hochkultur ist Reservat einer Minderheit. Zwar ist diese Minderheit, verglichen mit dem Beginn des Jahrhunderts, deutlich gewachsen, doch die meisten Angehörigen der Bildungsschicht bewegen sich alltäglich und mit Behagen in der Gemeinkultur. Entspannter und entspannender Umgang mit Massenmedien und Unterhaltungsindustrie, mit kommerzieller Freizeit, Werbung und Konsum, Reisen, Freude an den sinnlichen Genüssen von Essen, Trinken, Körper sowie Geselligkeit und Kommunikation stecken – bei aller inneren Differenzierung durch Abgrenzungsbemühen – den Raum der Gemeinkultur ab.

Geteilt wird aber inzwischen nicht nur eine Welt von Gütern und Tätigkeiten gleicher Art (wenn auch unterschiedlicher Exklusivität). Verallgemeinert hat sich auch eine bestimmte Haltung im Umgang damit. Gemeinkultur findet statt, wo etwas um des unmittelbaren Wohlbefindens oder »Spaßes« (Bernstein) willen getan wird, wo die Maßstäbe des Wertvollen und Bildenden fehlen oder zumindest beurlaubt sind, wo Sinngebungen und Gebrauchsweisen des Alltags vorherrschen, wo man selbstverständlich und respektlos mit Angeboten umgeht. Wenn Shakespeares Dramen und Mozarts Streichquartette noch selten so gebraucht werden, dann liegt das nicht an den Werken. Die Gebildeten haben im

19. Jahrhundert Redeweisen und Reaktionsmuster durchgesetzt, die diese Werke der Hochkultur zuordneten, dem Anspruch ernster Kunst und respektvoller Bemühung unterwarfen und so der Gemeinkultur unvereinbar gegenüberstellten. Doch die Fronten verschwimmen; das zeigen Inszenierungen angesehener Bühnen, die Action, Effekte, sinnliche Opulenz betonen, ebenso wie die erfolgreiche Vermarktung von Opernstars und »Kuschelklassik«.

Gemeinkultur steht in der Tradition von Vergnügungsgewohnheiten bürgerlicher wie unterschichtlicher Herkunft, die sich nach 1900 zur modernen Populärkultur verbanden. Diese Muster haben sich im 20. Jahrhundert durchgesetzt bis in die obersten Etagen von Besitz und Macht. In den 60ern wurde das beim akademisch ausgebildeten Nachwuchs unübersehbar. Das bedeutete: Diese Generation mußte begründen, wieso das vor kurzem noch als »Schund« Stigmatisierte in den Lebensstil herrschender und privilegierter, ja »gebildeter« Schichten aufgenommen werden konnte. Sie mußte praktisch zeigen, daß ihr Gebrauch von Populärkultur dem der einfachen Leute weit überlegen war: geschmackssicher, kultiviert, postmodern. Die Grenze zwischen »Ernstem« und »Trivialem« trennte nun nicht mehr das soziale »Oben« von den Unterschichten; sie war zumindest in einer Richtung durchlässig geworden. »Unten« wurde nun eingeordnet, wer nur gängige Formen populärer Kultur konsumierte. Wer Massenkünste mit traditioneller Hochkultur und alternativen Experimenten verknüpfen konnte, wer den eigenen Spaß an Trivialität und Erlebnis in elaborierter Rede darzustellen wußte, der demonstrierte kulturelle Überlegenheit neuer Art.

Gemeinkultur hat die Bewertung von ästhetischer Erfahrung nach Bildungsmaßstäben nicht beseitigt, Hierarchien keineswegs eingeebnet. Auch im »Goldenen Zeitalter« (Hobsbawm), in der langen Welle wirtschaftlichen Aufschwungs bis in die 70er Jahre hinein, erhielt sich die Scheidung in »kulturell Arme« und »kulturell Begüterte«. Ihre Grundlage, soziale Ungleichheit, wirkte weiterhin. Aber im Alltag standen sich kaum noch deutlich abgegrenzte Klassen mit unvereinbaren Gewohnheiten gegenüber. Auch Arbeiter und Angestellte lernten, wie man »feine Unterschiede« wahrnimmt und in Szene setzt. Salopp formuliert: Markenbewußtsein verdrängte Klassenbewußtsein. Mit Zigaretten und Autotypen begann es, und mit Urlaubsadressen und Freizeitgütern, Musikgeschmack und Bekleidung wurde das Kaleidoskop der Lebensstile erst richtig durchgeschüttelt.

Aber das müßte Gegenstand einer eigenen Untersuchung sein, und daher endet die Darstellung mit den 60er Jahren. Damals wurden, in der unmittelbaren Vorgeschichte der Gegenwart, Grundzüge einer neuen Konstellation erkennbar. Selbstverständlich widerspiegeln die folgenden Akzentsetzungen die Sicht des Autors auf die postmoderne Situation. Aber vielleicht hilft die Skizze von Kontinuität und Wandel doch, im Blick über 150 Jahre die Aktualität etwas gelassener zu betrachten.

Dem soll auch der Exkurs zum Sozialismus am Beispiel der DDR dienen. Hier ging man das Projekt kultureller Hebung des Volkes entschlossen an. Die »sozialistische Nationalkultur« verstand sich als historisch überlegene Alternative zur »spätkapitalistischen Massenkultur«. Politisch ist sie 1989 gescheitert – doch das ist kein Grund, die gemachten Erfahrungen zu übergehen.

Die Welt im Wohnzimmer

Wenn die Produktion der materiellen Lebensgrundlagen effektiver wird, wenn die Menschen immer weniger Zeit zur Herstellung einer wachsenden Gütermenge benötigen, dann ergeben sich drei Wahlmöglichkeiten. Man kann, bei etwa gleichbleibendem Umfang der Berufstätigkeit, den individuellen Konsum ausweiten und freiwerdende Kapazitäten auf privatwirtschaftliche Dienstleistungen verlagern: Werbung, Psychotherapie, Pizzaservice, Reisen und Unterhaltungsangebote. Man kann die soziale Infrastruktur ausbauen: Kindergärten, Jugendtreffs, Seniorenclubs, Schulen und subventionierte Kultureinrichtungen. Oder man erntet die Früchte gewachsener Leistungsfähigkeit, indem man deutlich kürzer arbeitet und der Erwerbstätigkeit gesellschaftlich wie persönlich einen geringeren Stellenwert zuweist. Diese Alternativen standen in den Nachkriegsjahrzehnten zur Wahl, doch das »Wirtschaftswunder« rief keine Kontroverse um die verschiedenen Optionen hervor. Es scheint, als sei man fraglos von der Vereinbarkeit der drei Ziele ausgegangen: Konsumsteigerung, mehr Sozialstaat und weniger Arbeit. Die vielgelesenen Schriften von Jean Fourastié etwa propagierten diese »große Hoffnung des 20. Jahrhunderts«: In wenigen Jahrzehnten werde die Lebensarbeitszeit halbiert sein.[271]

Schon die 70er gaben vielfältig Anlaß zur Ernüchterung. Doch der Nachkriegskonsens scheint bis ins 21. Jahrhundert zu halten. Er beruhte darauf, die Produktivitätssteigerung nur sehr begrenzt in Freizeit umzusetzen. Vergleichsweise geringe Arbeitszeitkürzungen (10 Wochenstunden seit 1918) wurden zum langen Wochenende gebündelt und durch zusätzlichen Urlaub ergänzt. Im Ergebnis polarisierte sich das Leben zunehmend in zwei Blöcke. Der »normale« Alltag stand unter dem Diktat verdichteter Erwerbs- und Arbeitszwänge. Bedürfnisse nach Entlastung und Anregung konzentrierten sich auf Phasen reiner Freizeit. Hier suchte man intensive Erlebnisse, und die versprachen weithin die modernen Konsumgüter: Auto, Sport- und Campingausrüstung, Ferienreise, Fotoapparat. Diese Freizeit kostete eine Menge Geld; das förderte die Bereitschaft, den »normalen« Alltag Beruf und Erwerb unterzuordnen. Die Polarisierung von Arbeit und Freizeit wiederholte sich in einer Polarisierung der Massenkultur zwischen privatem Mediengebrauch und außerhäuslicher Erlebnissuche.

Die Kritiker zeichneten zumeist boshafte Karikaturen der Entwicklung. Der fernsehsüchtige Vidiot, der in Rock 'n' Roll-Trance enthemmte Fan oder der sonnengeile Pauschalreisende, dem an der Fremde die Versorgung mit heimatlicher Küche das Wichtigste sei, taugten nur als Pappkameraden selbstgerechter »Kulturträger«. 1957 attackierte Jürgen Habermas die Konsumkritik, die nur den »Zynismus der Gegenaufklärung« für eine konformistische Bildungsschicht aufbereite.[272] In England begannen die Kulturwissenschaftler Richard Hoggart und Raymond Williams zu fragen nach Motiven, Traditionen und Werten der Menschen, die von der kommerziellen Kultur intensiv Gebrauch machten. Insgesamt aber blühte noch einmal der »Ethnozentrismus der Intellektuellen«

(Bourdieu), der das populäre Vergnügen als kulturlos und unvernünftig abwehrte.

Erst in den beiden Nachkriegsjahrzehnten, in Frankreich deutlich später als in England und der Bundesrepublik, überschritt die Mehrheit der Arbeitnehmerhaushalte, auch die Mehrheit der Arbeiterfamilien, dauerhaft die Schwelle zu einer »dispositiven Lebensführung«. Nun blieb nach Befriedigung der zivilisatorischen Grundbedürfnisse an Nahrung, Wohnung und Kleidung *regelmäßig* ein nennenswerter Teil des Einkommens für Unterhaltung und entwickelten Genuß, für Reisen und Information, Annehmlichkeiten und (populäre) Kunst. Ein großer Teil des Einkommenszuwachses wurde hierfür verwendet. Von 1954 bis 1971 verdoppelten sich in der untersten Sozialschicht Großbritanniens die Ausgaben für Unterhaltung und Urlaub; bei den bessergestellten Arbeiterfamilien stiegen sie um knapp die Hälfte. Hatten 1958 11 von 100 westdeutschen Arbeiterhaushalten einen Fernseher, so waren es 1969 81; ihr PKW-Besitz stieg von 5 auf 49 %.[273]

Erneut wurden Lernprozesse angestoßen. Über Generationen waren unterhaltsame Horizonterweiterung und ästhetische Anregung nur Spitzenverdienern der Arbeiterschaft und einer Minderheit der Angestelltenfamilien regelmäßig zugänglich gewesen. Die meisten gönnten sich Derartiges nur zu besonderen Gelegenheiten, nicht selten vom Munde abgespart. Vor der Heirat oder bei guter Konjunktur leistete man sich etwas mehr, doch es blieb ungesichert. Nun konnten Künste und Vergnügungen fest in der Lebensführung verankert werden. Welche Muster bildeten sich heraus? Ständige Verfügbarkeit scheint das wichtigste Anliegen gewesen zu sein. Das Radio, möglichst eine Musiktruhe mit Plattenspieler, garantierte Unterhaltung und sogar Tanz im eigenen Heim. Der Fernsehapparat brachte attraktive Veranstaltungen und Filme ins Haus. Der PKW erlaubte den Wochenendausflug nach freier Wahl. Die komfortable Einrichtung des Wohnzimmers bot weitere Annehmlichkeiten, die es bisher nur außer Hause gab: die Bequemlichkeit des gepolsterten Kinosessels etwa, in dem man zum Film Süßigkeiten oder Salzgebäck knabberte, ein Bier oder eine Cola trank. Und die Männer konnten sich bedienen lassen wie in der Gaststätte! Schließlich gab es für die vielen, die am Abend nur noch alle viere von sich strecken wollten, die Möglichkeit, vor dem Bildschirm sanft hinüberzugleiten in den Fernsehschlaf.

Man sparte und machte Schulden für ein gemütliches Heim mit Polstermöbeln, Hausbar und Musiktruhe. Das schloß nicht aus, daß man weiterhin die Atmosphäre im Stadion oder im Tanzlokal genoß und den Reiz eines Farbfilms im Cinemascope-Format schätzte. Aber wenn man die Kosten oder die Energie zum Ausgehen nicht aufbrachte – Abwechslung und Entspannung daheim waren gesichert. Auch die Blüte unterhaltsamer Periodika in den Nachkriegsjahrzehnten – Illustrierte, Frauenzeitschriften, Sonntagszeitungen und Wochenendbeilagen, Programmzeitschriften, Heftromanserien und (ein in Frankreich wie Italien erfolgreiches neues Genre) Fotoromane – verweist auf das Motiv der Regelmäßigkeit. So wurden Zerstreuung, ästhetische Erfahrung und Horizonterweiterung zum festen Element alltäglicher Privatheit gemacht.

Die häuslichen Medien banden (manche würden sagen: sie fraßen) Zeit. Nachdem in mehr als 90 % der Haushalte zumindest *ein* Radio stand (in der Bundesrepublik wie in England um 1955, in Frankreich anfangs der 60er Jahre), als vier von fünf Familien ein Fernsehgerät besaßen (in England um 1965, in der Bundesrepublik fünf Jahre darauf, in Frankreich zur Mitte der 70er),[274] als ein großer Teil der Jugendlichen über eigene Plattenspieler verfügte, wurde rechnerisch der größte Block an freier Zeit mit diesen Medien verbracht.

Doch die großen Zahlen – im Schnitt zwischen 15 und 20 Stunden pro Woche[275] – überzeichnen die wirkliche Bedeutung. Auch beim Fernsehen ließ die Faszination mit den Jahren nach. Beiläufiger Umgang mit dem eingeschalteten Gerät wurde zur Norm; nebenher erledigte man häusliche Arbeiten, aß und unterhielt sich, las und schaute wieder hin, wenn es auf dem Bildschirm interessant wurde. Sportereignisse, Filme und Shows, die wirklich die Mehrheit in ihren Bann zogen, waren in den 70ern schon selten – und vielleicht gerade deswegen wichtig, weil hier die Gesellschaft Gemeinsamkeit erfuhr. Aber oft waren zwei Stunden im Gespräch mit Freunden oder Verwandten viel bedeutsamer für die eigene Selbstverständigung. Das Material für den persönlichen Gedankenaustausch wurde häufig den Medien entnommen, doch das war schon in den Städten der Jahrhundertwende so. Hier gilt wie bei vielen Änderungen in Einstellung und Verhalten, die der Massenkultur zugeschrieben werden: Es handelte sich um die Verallgemeinerung städtischer Lebensformen, die zum Anonymen und Individualisierten, zur Aufwertung der Privatheit, zu Gleichgültigkeit und Unverbindlichkeit des Urteils tendierten.

Der Umgang von Jugendlichen mit populären Künsten zielte zunehmend darauf, einen eigenen Raum abzugrenzen. Musik erwies sich als besonders geeignet zum Aufbau einer Welt, in der man, unter Gleichaltrigen oder allein, tagträumend und kreativ an der persönlichen Identität basteln konnte. Texte, mit Melodie und Rhythmus verknüpfte Gefühle, gemeinsame Praktiken um die Musik herum lieferten Material für die experimentelle Beantwortung der Grundfragen des Heranwachsens: »Wer bin ich? Wie bin ich? Wie will ich, wie könnte ich sein?« Die Medien stellten Bilder scheinbar hysterischer Fans heraus; sensationshascherisch bedienten sie die Vorurteile des erwachsenen Publikums insbesondere gegenüber Mädchen und jungen Frauen. Inzwischen zeigen biographische Studien, daß schwärmerische Identifikation mit Stars der Kulturindustrie und öffentliche Regelverletzungen wie die »Beatlemania« der Entwicklung zur emanzipierten, selbständigen Frau keineswegs entgegenstanden.[276]

Doch die Aggressivität der Reaktionen war symptomatisch. Hier führten die Gegner populärer Freizeit ihr letztes offenes Gefecht – bis sie sich dann, etwa nach der Anerkennung der Beatles, auf Kulturkritik und larmoyantes Klagen über die Jugend zurückzogen. Nach 1945 lieferte der Antiamerikanismus noch einmal die Stichworte. Die Stationierung von US-Truppen im Krieg hatte Kulturimporte, insbesondere musikalische, nach England gebracht, die längst nicht allen behagten. Jazz und die Hits von Superstars wie Frank Sinatra und Bing Crosby, Boogie-Woogie und amerikanische Filme ließen viele befürchten, das Land werde flächendeckend mit vulgärer Populärkultur überzogen. Lord Keynes, Vorsitzender des »Arts Council«, rief 1945 aus: »Laßt jeden Teil von Merry Old England sich auf seine Weise vergnügen. Nieder mit Hollywood!«[277] Amerikanische Horror-Comics, Krawalle im Umfeld der Rock'n'Roll-Begeisterung ab 1956 und Straßenkämpfe 1964 bis 1966 zwischen »Mods« und »Rockern«, die unterschiedliche Jugendstile verkörperten, lieferten besorgten Volkserziehern Anlässe, moralische Panik zu erzeugen.[278] Noch einmal verbanden sich Befürchtungen, die moderne »amerikanische« Zivilisation bedeute das Ende wirklicher Kultur, mit der Abwehr einer Massendemokratisierung, die Geschmack und Bedürfnisse der einfachen Leute in den Vordergrund treten ließ.

In Frankreich war schon am Ende der 40er Jahre das Schlagwort von der *Cocacolonisation* in aller Munde. Die »Mandarine«, die Pariser Großintellektuellen, weigerten sich, industrialisierter und internationalisierter Massenunterhaltung ein Lebensrecht zuzugestehen. Amerikanische Konsumgüter, Hollywood-Streifen und Schlager bedrohten, so hieß es, französische Lebensart. Im Juli 1949 wurde mit einer Mehrheit, die von katholischen Konservativen bis zu den Kommunisten reichte, ein Gesetz über Jugendschriften verabschiedet, das insbesondere Comics einer moralischen Zensur unterwarf – in der Praxis vor allem solche amerikanischer Herkunft. Eine Kampagne gegen »Tarzan« erreichte, daß die Serie 1953 eingestellt wurde.[279]

In der Bundesrepublik sprachen die führenden Schichten nur hinter vorgehaltener Hand von »Amerikanisierung«. Sie wollten keine Zweifel an ihrer gerade frisch erworbenen Westorientierung aufkommen lassen – und in der Propaganda der DDR rangierte das Schlagwort von der »amerikanischen Unkultur« ganz oben. Aber wenn im wiederaufgenommenen Kampf gegen »Schmutz und Schund« Pin-ups und Western angeprangert wurden, wenn man Rock 'n' Roll und Filme wie »Denn sie wissen nicht, was sie tun« (USA 1955, mit James Dean) für Jugendprobleme verantwortlich machte, wenn der »Spiegel« 1951 Comics als »Opium in der Kinderstube« verteufelte und der Bundesgerichtshof 1955 zu dem zweifelhaften Freispruch kam, man dürfe den Bildstreifen nicht von vornherein eine schwere sittliche Gefährdung unterstellen[280] – dann schien klar: Die neue Offensive der Massenkultur kam aus den USA.

Die Niedergangsprophezeiungen wurden in vieler Hinsicht praktisch widerlegt. Der Einzug von Funk und Fernsehen in die

Wohnungen hat die Palette der Freizeitaktivitäten keineswegs verarmen lassen; man schloß sich nicht in den eigenen vier Wänden ein. Sicher verloren Kneipe, Pub und Café als Orte männlicher Geselligkeit an Boden, am stärksten wohl in Deutschland. Das Kinopublikum begann gegen Ende der 50er dramatisch zu schrumpfen, in Frankreich halbierte es sich zwischen 1957 und 1965 beinahe. Die Engländer hatten 1948, auf dem Höhepunkt der Filmbegeisterung, 1,5 Milliarden Karten gekauft; 1960 wurde nur noch ein Drittel davon gezählt – aber 10 Millionen Fernsehempfänger.[281] Insbesondere Ehepaare entschieden sich öfter dafür, den Abend gemütlich zu Hause zu verbringen. Es scheint, als habe die Intimisierung und Veralltäglichung durch das private Fernsehgerät dem Filmerlebnis und den Stars ihre herausragende Rolle im psychischen Haushalt genommen. Das schrumpfende Kinopublikum wurde nun überwiegend von jungen Leuten unter 25 aus allen Sozialschichten und von Filmliebhabern mit höherer Bildung gestellt.

Auch in Stadien und Sporthallen fanden sich weniger Zuschauer ein. Das traf Veranstaltungen von lokaler und regionaler Bedeutung am stärksten. Das Fernsehen setzte Maßstäbe für Spitzenleistungen, und die waren hier nicht zu erwarten. Aber die Medien ließen die sozialen Beziehungen keineswegs verdorren. Im Gegenteil: Für Abwechslung, Kontakt und Geselligkeit außer Haus, in Vereinen und Clubs, Veranstaltungen und Gaststätten, zusammen mit Verwandten, Freunden und Bekannten, nahm man sich eher mehr Zeit.[282]

Das Fernsehen der 50er und 60er Jahre war in ganz Westeuropa nichtkommerziell, mehr oder minder staatsnah organisiert. Nur Großbritannien ließ 1955 ein zweites Programm zu, das sich allein aus Werbeeinnahmen finanzierte. Private Radiostationen wurden erfolgreich in Frankreich und Luxemburg eröffnet; in den 60ern strahlten Sender begrenzter Reichweite von Schiffen im Ärmelkanal nach Deutschland und England hinein. Die in öffentlicher Regie betriebenen Funk- und Fernsehanstalten verfolgten allesamt eine erzieherische Programmpolitik. Maßstab waren nicht die demoskopisch erhobenen Wünsche nach mehr Unterhaltung, nach Quiz- und Showveranstaltungen, Spielfilmen, Serien und Sportübertragungen. Der Geschmack sollte verbessert werden. Vor allem der BBC wurde deshalb vorgeworfen, sie behandele die einfachen Leute von oben herab.

Die Anstalten bemühten sich um einen Kompromiß. Den an Information, Bildungswissen und Hochkultur Interessierten boten sie entsprechende Sendungen. Aktuelle politische Themen wurden zur besten Sendezeit in durchaus staatserhaltender Weise präsentiert. Populäre Unterhaltung verstanden sie als notwendiges Zugeständnis. Fernsehspiele, die bei BBC und ARD immerhin 10 bis 15 % der Sendezeit einnahmen, und eigenproduzierte Serien orientierten sich deutlich an den Maßstäben von ernster Kunst und Lebenshilfe. Das schloß hohe Professionalität und die Verarbeitung neuer Formen, vor allem aus dem kommerziellen amerikanischen Fernsehsystem, nicht aus. Man produzierte Publikumsschlager, die Mediengeschichte schrieben. Aber die erzieherische Schlagseite des Programms war unverkennbar. Es setzte stets eine Stufe über den vorherrschenden Bedürfnissen an, um den Massengeschmack zu heben.[283]

Die Wirkung war zwiespältig. Einerseits entstand Ärger wegen der oberlehrerhaften Mißachtung verbreiteter Wünsche. Damit machten populistische Politiker Stimmung gegen eine angebliche Diktatur volksfremder Intellektueller in den Redaktionen. Und große Medienkonzerne warben schließlich erfolgreich für die unbegrenzte Zulassung privater Sender. Andererseits blieben Arbeits- und Wirkungsmöglichkeiten für Künstler und Publizisten mit weniger gängigen Ausdrucksformen erhalten. Minderheiten mit traditionellem Bildungs- und Kunstanspruch fanden ein Angebot. Insgesamt markierten die öffentlichen Sendeanstalten eine Alternative zur kommerziellen Jagd nach Einschaltquoten; die Korrekturfunktion sollte man nicht unterschätzen.

Allerdings lebte nach dem Zweiten Weltkrieg der herkömmliche, in der Großstadtkultur der 20er Jahre schon teilweise überwundene Gegensatz von Bildung und Unterhaltung wieder auf. Die nichtkommerziellen Medien verfügten über beträchtliche Möglichkeiten und standen nicht unter dem Druck unmittelbaren Publikumserfolgs. Doch nutzten sie die günstige Situation kaum für Versuche, mit neuen Formen die Grenze zwischen E und U aufzuheben. Selten baute man auf Neugier, Phantasie, Witz und die Fähigkeit zum spielerischen Umgang mit den Standards der populären Künste beim breiten Publikum.

Es pendelte sich ein Basisnutzen von Radio, Fernsehen, Schallplatte ein: Ausgleich von Alltagslasten durch ästhetische Erfahrung im mittlerweile schon routinierten Wechsel von Spannung und Entspannung. Das schloß lebhaftes Interesse an Problemen anderer Menschen und an den Zuständen in der Welt ein – unter dem entlastenden Vorzeichen der verabredeten Folgenlosigkeit. Geistige Herausforderung und Auseinandersetzung mit Angeboten, die Konzentration verlangten, suchte man normalerweise in anderen Medien und anderen Situationen: im persönlichen Gespräch, bei Sachbuchlektüre oder in der Volkshochschule. Aber auch das gehörte zu Film, Radio und später zum Fernsehen: die Möglichkeit (und seitens des Publikums die Erwartung), daß ab und zu eine Produktion in Bann zog, mitriß in eine nicht mehr folgenlose Auseinandersetzung und so die Verständigung über gesellschaftlich Umstrittenes voranbrachte. Übertragungen politischer Entscheidungen und enthüllende Dokumentationen hatten immer wieder diese Funktion, aber auch dem Kino- und Fernsehfilm schlugen solche Sternstunden. Stanley Kramers melodramatische Atom-Apokalypse »Das letzte Ufer« von 1959 oder Fritz Kortners provozierend pazifistische »Lysistrata«-Inszenierung für das westdeutsche Fernsehen wären hier zu nennen.

Die traditionelle Hochkultur konnte ihre Reichweite in den Nachkriegsjahrzehnten deutlich erweitern. In der Bundesrepublik stieg zum Beispiel der Besuch der Stadt- und Staatstheater von 11 Millionen in der Spielzeit 1949/50 auf 20 Millionen 1956/57 und blieb die nächsten 10 Jahre auf diesem Niveau.[284] In Frankreich verdoppelte sich die Zahl der Museumsbesucher von 1960 bis 1978.[285] Neue Theater und Konzertsäle wurden gebaut, und das wachsende Publikum umfaßte mehr Menschen mit mittlerem und selbst einfachem Schulabschluß. Allerdings pflegte man wie bisher den relativ ehrfürchtigen und weihevollen Umgang mit der Tradition.

Daß sich diese Haltung bei den höher Ausgebildeten auflöste, zeigte zuerst die Lesekultur. In den 50er Jahren hatten Taschenbuchreihen Erfolg, die Bildungswissen und Kunst aus Vergangenheit und Gegenwart für jedermann erschwinglich machen sollten. Ein Titel wie »Rowohlts deutsche Enzyklopädie« signalisierte den Aufklärungsanspruch. Das Echo war gerade unter der geistigen Elite gespalten. »Bildung als Konsumgut« betitelte Hans Magnus Enzensberger 1958 einen kritischen Überblick. Galten die preiswerten Klassikerausgaben des 19. Jahrhunderts bis hin zu den Heftchen der Reclam und Meyer noch uneingeschränkt als verdienstvoll, so war nun die Sorge unüberhörbar, Erbe und Anspruch würden auf dem Massenmarkt kurzlebiger Gebrauchsgüter verramscht. Aus den wenig strapazierfähigen Taschenbüchern entstehe keine Bibliothek fürs Leben oder gar für Generationen. Angesichts einiger brutal gekürzter Ausgaben, etwa von großen Romanen des 19. Jahrhunderts, war manche Sorge nachvollziehbar. Letztlich tendierte aber die Kritik am Taschenbuch dahin, den beschränkten Zugang und die ehrfürchtige Haltung zum kulturellen Erbe festzuschreiben.

Fahrstuhleffekt

Doch die alten Barrikaden waren nicht zu halten gegen die tiefgreifenden Veränderungen der Sozialstruktur vor allem in Frankreich und der Bundesrepublik (in Großbritannien mit seiner vergleichsweise fortgeschrittenen Wirtschaft fiel der Modernisierungsschub weniger dramatisch aus). Die Beschäftigung in Land- und Forstwirtschaft sowie im Kleingewerbe ging deutlich zurück; entsprechend wuchs der Bevölkerungsanteil der Lohnabhängigen in Industrie und Dienstleistung. Die Zahl der Angestellten und Beamten nahm weiter zu. Damit verband sich ein Verstädterungsschub. Er beruhte gar nicht so sehr auf dem Zuzug in Metropolen; vielmehr näherten sich die Infrastruktur und vor allem die Lebensweise im kleinstädtisch-ländlichen Raum urbanen Mustern an. Medien und Massenkünste beförderten die Angleichung, indem sie Vorbilder und Anregungen aus den Zentren im ganzen Land verbreiteten. Schließlich begann schon in den 50ern, geradezu revolutionär beschleunigt dann in den 60ern, eine neue Phase der Demokratisierung im Bildungswesen. Das Niveau der Abschlüsse stieg insgesamt deutlich, und vor allem Jugendliche aus Familien von Facharbeitern, mittleren Angestellten und Beamten konnten aufsteigen bis in akademische Berufe.

Das beeinflußte das Kulturverständnis der jungen Intelligenz, zunächst eher unmerklich. Die linksoppositionellen Bewegungen der späten 60er in Betrieben, Hochschulen und außerparlamentarischem Protest vollzogen dann einen unverkennbaren Bruch. Ihre Grundsätze kultureller Erneuerung lauteten: Nicht der »Besitz« von Wissen und Fähigkeiten sollte im Zentrum stehen; die Qualität von Lebensweisen und Alltagspraktiken war künftig nicht mehr an konventionellen bürgerlichen Maßstäben zu messen. Kunst, Bildung, verfeinerte Umgangsformen verloren ihren Rang als alleinige Zeichen für Kultur; gelebte Solidarität, Kompetenzen in Fußball und Taubenzucht, kreative Nutzung von Gebrauchsgütern oder ein fachkundiger Umgang mit Rockmusik und Comics sollten von nun an als gleichwertig gelten. Hier entdeckten Akademiker neue Dimensionen von Kultur, fremde Praktiken und bislang übersehene Künste. Sie konnten Gegenstand wissenschaftlichen Interesses am Alltag der Vielen werden; man konnte sie sich aber auch zu eigen machen und so den strengen bildungsbürgerlichen Normen ein zeitgemäßes Modell für stilvolle Lebensführung und Genuß entgegenstellen.

Die kulturelle Schichtung der Nachkriegsgesellschaften hatte teil an einem »Fahrstuhleffekt« (Beck). Insbesondere in den 60er Jahren nahm die Vielfalt des Möglichen außerordentlich zu; es öffnete sich die Schere zwischen »ästhetisch Reichen« und »Armen«, zwischen denen, die weltweit herausragende Ausstellungen und Inszenierungen besuchten, und jenen, die auf Romanhefte und TV-Serien beschränkt waren. Zugleich wurde jedoch das gesamte System angehoben. Armut ist jeweils im Rahmen einer Gesellschaft zu bestimmen, und die »ästhetisch Armen« der späten 60er standen weitaus besser da als ihre Vorgänger in den 30ern oder um 1900. Das hatte eine ökonomische Seite: Kaum jemand war noch materiell von einem Minimum an populärer Kunst ausgeschlossen. Und es hatte bildungsgeschichtliche Ursachen: Schulische und berufliche Übung des Geistes sowie die Erweiterung ästhetischer Erfahrungen im Alltag (von der Wohnungseinrichtung bis zur Mode) hatten Ansprüche und Vergleichsmaßstäbe vermittelt.

Idealtypisch gegenübergestellt heißt das: »Ästhetisch arm« meinte noch in den 30er Jahren, praktisch abgeschnitten zu sein von allen zeitgenössischen Unterhaltungskünsten. In den späten 60ern paßte das Etikett für jene, die beschränkt waren auf standardisierte, einfallslose Genres und sie meist isoliert und passiv konsumierten. Immerhin, Radio und Fernseher, Plattenspieler und Romanheft zählten zum kulturellen Minimum. Und ökonomische Benachteiligung mußte durchaus nicht immer mit »ästhetischer Armut« einhergehen. Das galt allerdings auch umgekehrt. Herkunft aus einem bildungsfernen Milieu, extreme Arbeitsbelastungen (gerade berufstätiger Mütter), altersbedingte Isolation (die ebenfalls Frauen häufiger traf) oder das Fehlen von Angeboten am Ort – solche Bedingungen konnten nun einzeln oder in Kombination die Beschränkung auf wenige stereotypisierte Sparten der Populärkultur zur Folge haben.

Die Entwicklung innerhalb der fahrstuhlartig angehobenen Gesellschaften verlief äußerst zwiespältig. Das wird deutlich, wenn man den »Armen« etwa die Universitätsabsolventen gegenüberstellt. Umgang mit Hochkultur war für diese Gruppe stets selbstverständlich. Er wurde nun seltener, wohl distanzierter und vielleicht auch zufälliger; doch das gesamte Feld zwischen Erbe und Avantgarde stand weiterhin offen. Und hinzu kamen die Reize von Breitwand und wilden Tänzen, Action und Flippern, Rockmusik und Klamotte.

Der Zuwachs an Gemeinsamkeiten ist unübersehbar – im Gebrauch von populären Künsten wie in der Suche nach Entspannung und Erlebnis. Doch zugleich wuchs der Abstand zwischen »ästhetisch Armen« und »Wohlhabenden«. Für das eigentliche Bildungsbürgertum galt noch, daß seine Kompetenz nur einen schmalen Sektor der Künste betraf: die klassischen Genres. Nun begann sich abzuzeichnen: Wo die *Vielfalt* der Aktivitäten am größten war, da waren auch Wissen und Genußfähigkeit konzentriert. Oberschüler und Studenten hörten seit den 60ern Bach und die Rolling Stones, lasen Camus und »Barbarella«, sahen Hawks und Eddie Constantine. Ihre intellektuellen Gewohnheiten prägten den Umgang mit dem Populären; sie suchten und fanden nicht einfach ihren Spaß, sondern durch Vergleich und Reflexion aufgewertete Unterhaltung. Kritiken und Essays, historische Studien und Filmclubs lieferten den Stoff für Kennerschaft.

In mancher Hinsicht trug das Züge einer ästhetischen Enteignung. Über Jahrzehnte hatte man die populären Künste von oben ausgegrenzt und den Unterschichten als ihre eigentliche (minderwertige) Geistesnahrung zugewiesen. Nun wurden diese Genres Stück für Stück in die Lebensweise der »ästhetisch Wohlhabenden« einmontiert – und die zeigten bald, wie man »richtig« damit umging, distanziert genießend und in elaborierter Rede. Die Aufnahme des weithin Beliebten in ein modernes Kulturverständnis beendete Ausgrenzung und Abwertung. Doch es entstanden neue Hierarchien, errichtet und vorgeführt mit der Macht der Sprache. Nicht mehr allein, was man konsumierte, machte den kulturellen Unterschied, sondern wie anspielungsreich man darüber reden konnte. Man ist geneigt zu kommentieren: Die einfachen Leute waren wieder einmal die Dummen.

Über dem Blick auf die Unterscheidungen sollten wir den Aufstieg des Fahrstuhls nicht aus den Augen verlieren. Das Bildungsniveau hob sich deutlich, die Zahl der Oberschüler und Studierenden vervielfachte sich zwischen 1950 und 1970. Im großen Mittelbereich der Gesellschaft gewöhnte man sich an abwechslungsreichen und souveränen Gebrauch populärer Künste. Und die »ästhetisch Wohlhabenden« waren keine luxurierende Oberklasse, sondern eine recht breite Schicht von ökonomisch nicht notwendig Privilegierten mit Hochschulabschluß oder intellektueller Tätigkeit.

Mit den Veränderungen in Sozialstruktur und Bildungswesen war schließlich die folgenreichste Umwälzung verbunden: Jugend verselbständigte sich und erhob Popmusik zum Leitmedium ihres Alltags, ja von Massenkultur insgesamt. Seit jeher hatten Heranwachsende eine bedeutende Rolle im Publikum gespielt. Insbesondere in der arbeitenden und angestellten Jugend war man es sich schuldig, Begeisterung für das jeweils neueste Amüsement zu zeigen. Man war relativ unabhängig in diesem Lebensabschnitt, und so wurde es in den lohnabhängigen Schichten geradezu biographische Norm: Bis zur Eheschließung kostete man die Vergnügen aus (wobei jungen Männern sehr viel mehr zugestanden wurde als Frauen). Bürgerliche und proletarische Swingjugend in den 30ern sowie die Zazous im besetzten Frankreich lassen dann etwas Neues erkennen: Um populäre Musik herum schufen sie einen ganzen Stil. Das war mehr als ein zeitweiliges Sichausleben. Musik und Freizeitgüter sollten eine eigenständige Jugendwelt abgrenzen und symbolische Opposition gegen die Gesellschaft der Erwachsenen ausdrücken.

Weitere Schritte in diese Richtung unternahmen Jugendliche der 50er Jahre. Sie nutzten wilde Tänze wie Boogie-Woogie oder Jitterbug und Konzerte mit »heißer Musik«, Tourneen von Louis Armstrong und Lionel Hampton etwa, zum ekstatischen, herausfordernden Selbstausdruck. Zwischen 1956 und 1958, eng verbunden mit dem Aufkommen des Rock 'n' Roll, beschäftigten sich fast alle europäischen Gesellschaften mit dem Phänomen rebellischer, »randalierender« (männlicher) Jugendlicher. Gleichzeitigkeit und Gleichartigkeit dieser Internationale der »Halbstarken« (Deutschland), »Teddy Boys« (Großbritannien), »Blousons noirs« (Frankreich), »Nozems« (Niederlande), »Vitelloni« (Italien) usw. mögen weithin eine Erfindung von Medien auf der Suche nach Sensation und »Amerikanisierung« gewesen sein. Aber in Westdeutschland und England gaben diese kleinen Gruppen von Arbeiterjugendlichen folgenschwere Anstöße. Sie inspirierten viele Gleichaltrige, sich mittels Musik, Kleidung und

Konsumstilen einen eigenen Raum und damit mehr Selbständigkeit zu erringen.

Noch zum Ende der 50er Jahre bezeichnete »populäre Musik« ein Sammelsurium aus Operettenmelodien, Märschen und »volkstümlichen« Stücken, aus überwiegend einheimischen und wenigen importierten Schlagern sowie nationalen Liedtraditionen. Die große Mehrheit der Heranwachsenden trat damals mit ihrem Geschmack in die Fußstapfen der Eltern; eine Minderheit begann gerade, sich als »Teenager« zu fühlen und für entsprechende Musik zu schwärmen, vorgetragen von Sängerinnen und Sängern ihres Alters. 1965 war Rockmusik etabliert: ein transnationales Genre elektronisch produzierter und verstärkter kommerzieller Musik, dargeboten von Künstlern unter 30 für Menschen, die entschlossen waren, keinem über 30 zu trauen. Am Anfang standen die Beatles, die Rolling Stones, The Kinks, The Who und weitere britische Beat- und Rockbands, deren Manager und Plattenfirmen sowie Millionen Heranwachsende in vielen Ländern, die gewillt waren, mit dieser Musik eine eigene Lebenswelt aufzubauen. Die Arbeiterjugendlichen der späten 50er hatten Rock 'n' Roll noch eingesetzt zur Selbstdarstellung mit antibürgerlicher Spitze; sie inszenierten, wie gut man sich mit dieser Musik fühle – ohne jeden idealistischen Überbau. Nun beherrschten Mittelschichtjugendliche die Szene, die Rockmusik als Träger einer Generations-Botschaft anlegten.

Die Botschaft steckte nicht in einzelnen Elementen wie Text, Melodie, Rhythmus oder Instrumentierung. Sie wurde produziert von den Jugendlichen, die um kulturindustriell verbreitete Musik herum eine eigene Lebenswelt mit besonderen Verhaltensformen, Symbolen, Ritualen und Bedeutungen aufbauten. Populärkultur bot den Rohstoff, aus dem sie sich ein eigenes Medium schufen. Es diente einzelnen und Gruppen zu Selbstverständigung und Selbstausdruck. Es half, sich in einer Gemeinschaft gleich Empfindender aufgehoben zu fühlen und nach außen Besonderheit zu markieren. Anfang der 70er ging die Rockmusik dann auf im Panorama kommerzieller Popmusik. Die lieferte fortan Material, mit dem Jugendliche an ihrer Identität bastelten, mögliche Entwürfe von sich selbst im Umgang mit anderen erprobten.

Der Historiker John Gillis hat in den 50er und 60er Jahren das »Ende der Jugend« verortet. Damit meint er das bürgerliche Rezept einer Lebensphase als Moratorium zur Selbstfindung, als pädagogisch kontrollierter Aufschub vor dem »Ernst des Lebens«. Dieses Modell lief allerdings aus. Ihm kam das Gegenbild abhanden, von dem es sich abgrenzte: die »frühreifen«, spätestens mit 14 Jahren arbeitenden und Geld verdienenden proletarischen Jugendlichen. Ausbildungszeiten verlängerten sich für alle, Erziehungsstile wurden auch in der Arbeiterschaft liberaler und von pädagogischen Ratschlägen beeinflußt; hinzu traten grundlegende Verbesserungen wie das eigene Zimmer für Heranwachsende. Pubertät und Adoleszenz konnten auch für Kinder einfacher Leute zu einer Lebensphase werden, die Raum für Experimente und Selbstfindung in symbolischer Auseinandersetzung mit der Erwachsenenwelt vorsah.

Aber Einflüsse verliefen nicht nur in einer Richtung. Zwar nahmen Arbeiterfamilien Muster der Mittelschichterziehung auf. Doch andererseits hatten Halbstarke und Teddyboys mit der öffentlichen Vorführung ihres Stils bürgerliche Jugendliche beeindruckt. Die Zurschaustellung proletarischen guten Lebens in Verbindung mit dem Rock 'n' Roll hatte ihnen Appetit gemacht auf die Reize der »Frühreife«. Ihre Altersgenossen verfügten über eigenes Geld, nutzten moderne Konsum- und Unterhaltungsgüter, hatten frühere und anscheinend weniger verklemmte Beziehungen zum anderen Geschlecht. Das Verlangen wuchs, den vergleichsweise sterilen und reglementierten Schutzraum der Mittelschichterziehung zu verlassen. Und schon 1962 kennzeichnete der Soziologe Friedrich Tenbruck die entstehende schichtübergreifende Jugendkultur als »Sozialisierung in eigener Regie«.[286]

Wieso griffen Halbwüchsige gerade zu kommerzieller Unterhaltungsmusik, um sich den Kontrollansprüchen erwachsener Autoritäten zu entziehen und eine Welt eigener Bedeutungen zu errichten? Die Unternehmen der Kulturindustrie warfen sich selbstverständlich auf das neue Marktsegment. Sie heizten die Inszenierung von Jugendstilen mittels Kleidung, Freizeittätigkeiten, Kunst- und Gebrauchsprodukten an in der Hoffnung, so die künstliche Alterung der Waren im Zyklus der Moden zu beschleunigen. Nicht ohne Erfolg verbreiteten sie die Ideologie, daß allein der Besitz der aktuellsten Güter zeitgemäße Jugendlichkeit, »In«-Sein, Anerkennung und Befriedigung verspreche. Geschäftliches Interesse bildete zweifellos eine Voraussetzung dafür, daß sich Jugendkultur verselbständigte. Die Unternehmen lieferten sozusagen die Inneneinrichtung für die schöne neue Jugend. Das hieß: Im Umgang mit diesem Material hatten sich Eigenregie und Autonomiestreben zu bewähren und zu beweisen. Aber als Erklärung reicht der Hinweis aufs Kapitalinteresse nicht aus.

Technische Neuerungen ermöglichten es, daß Popmusik zum Leitmedium der Populärkultur aufstieg. Auf den Markt kamen wirklich individuell nutzbare Tonträger; Radio und Fernsehen erreichten nun praktisch alle und boten Auswahl beim Musikempfang. Es entstand ein flächendeckendes System – und genügend Jugendliche besaßen Geld, Zeit und Kreativität, um den allgegenwärtigen Medienverbund in ein flexibles Netzwerk eigener Praktiken zu verwandeln. Gegen Ende der 60er stellten sie 80 % der Schallplattenkäufer.[287] Die preiswerte und unempfindliche Single in Verbindung mit erschwinglichen und transportablen Plattenspielern, tragbare Radios und später Kassettenrecorder machten Musik an jedem Ort, in jeder Situation verfügbar. In Frankreich verachtfachte sich die Herstellung der (leichteren, kleineren, billigeren) Transistorempfänger zwischen 1958 und 1961 von 260 000 auf 2,2 Millionen;[288] viele der neuen Geräte wurden von Jugendlichen genutzt und, batteriebetrieben, zu ihren Zusammenkünften mitgenommen.

Die Langspielplatte erweiterte (wie die elektronisch ausgerüsteten Studios) die kreativen Möglichkeiten der Musiker. Seit dem Beatles-Album »Sergeant Pepper« (1967) entwarf man LPs samt Umschlag als Gesamtkunstwerk. In dieser Form wurde Popmusik zum idealen Jugend-Medium. Sie erlaubte, sich in Kunst zu versenken, tagträumend von Problemen Abstand zu gewinnen, genußvoll Sinne und ästhetische Kompetenz zu entwickeln. Der oder die Heranwachsende, im eigenen Zimmer stundenlang dem Sound mit voller Lautstärke hingegeben, verkörperte Popmusik als praktizierte Jugendkultur. Den ebenso bedeutsamen Gegenpol bildeten Festivals und Großkonzerte der späten 60er. Sie inszenierten auf überwältigende Weise den Mythos der Generation: Rockmusik als Inspirator einer anderen Lebensweise, von »Love and Peace«, wie das Hippie-Motto lautete.

Hier wurde deutlich, daß Popmusik ein Hyper-Medium war und über die ästhetische Kraft des Gesamtkunstwerks verfügte. Bühnenausstattung und Show banden die Stücke in eine dramatische, optisch überwältigende Inszenierung ein, und die Gewalt der Lautsprecher machte den Klang zur körperlichen Erfahrung. Die Praktiken der versammelten Menge – Essen und Trinken, Tanzen und Mitsingen, gemeinschaftliche Begeisterung, Steigerung der Sinnlichkeit in Sex und Drogenrausch – vollendeten das Gesamterlebnis.

Es waren, in absoluten Zahlen, nur relativ kleine Gruppen, die die Rockmusik der 60er Jahre zur Weltanschauung steigerten. Sie wollten die Gesellschaft durch Jugendkultur verändern und engagierten sich, nicht selten militant, gegen den Krieg der USA in Vietnam, für Reformen in Bildung und Politik. Der Mythos von »My Generation« (The Who, 1965) und die Subkultur von »Sex, Drugs and Rock 'n' Roll« erfaßten vor allem Gruppen der Mittelschichtjugend. Doch auch nach dem Abklingen von Euphorie und sozialem Aufbruch blieb Popmusik das Leitmedium der Heranwachsenden.

Sie wurde zum Mittelpunkt eines dichten Netzes von Einrichtungen und Verhaltensmustern: Platten und Festivals, Parties und Discos, Radio- und Fernsehsendungen, Jugendzeitschriften, Kleidung und Frisuren, stilisiertes Auftreten, Sprache usw. Nach Ansicht des Soziologen Paul Yonnet hat sich die Jugend der westlichen Industriestaaten damit als »transnationales Volk« erfunden.[289] Das ist kein schlechtes Bild. Zu einem Volk gehören sowohl das Gefühl der Zusammengehörigkeit wie innere Unterschiede und Auseinandersetzungen.

Schon früh entstanden Organe, die das Gemeinsamkeitsbewußtsein der Altersgleichen gegenüber der Gesellschaft der Erwachsenen förderten. Im August 1956 wurde in der Bundesrepublik »Bravo« gestartet. Mit der Halbstarkenwelle und dem anschließenden Teenager-Stil etablierte sich die Zeitschrift schnell als maßgebendes Jugend-Magazin; im Frühjahr 1960 betrug die

Leserschaft weit über 1,5 Millionen. Bis Rock- und Popmusik regelmäßig bei öffentlich-rechtlichen Stationen zu hören war, vergingen allerdings noch einige Jahre. Ab September 1959 strahlte der französische Privatsender »Europe 1« täglich die Jugend-Musiksendung »Salut les copains« aus. Die unter demselben Titel im Juni 1962 auf den Markt gebrachte Zeitschrift zählte ein Jahr darauf bereits eine Auflage von 1 Million. Noch ein Jahr später strömten auf der Place de la Nation zwischen 150000 und 200000 Jugendliche zusammen, um bei einem von »Europe 1« organisierten Konzert Johnny Halliday, Sylvie Vartan und Richard Anthony zu bejubeln.[290]

Abgesehen von einigen landwirtschaftlich geprägten Gebieten gehörte es am Ende der 60er zum normalen Aufwachsen, eine von Gleichaltrigen und Musikstilen bestimmte Phase der Jugendkultur zu durchleben. In ein Volk wird man hineingeboren, und diese quasi natürliche Selbstverständlichkeit hatte die Zugehörigkeit zur neuen Jugend für Heranwachsende aller Schichten gewonnen. Popmusik und darum gruppierte Stile boten den einzelnen Material zur Selbstfindung. Zugleich lieferten sie Stoff zur kollektiven Ortsbestimmung – eingeschlossen die nicht selten aggressive Auseinandersetzung mit anderen Stilen im »Volk der Jugendlichen«. In den 60ern waren derartige Subkulturen noch deutlich schichtspezifisch geprägt. Holzschnittartig gegenübergestellt: Proletarische Rocker, mittelschichtorientierte Mods und studentische Hippies kombinierten unterschiedliche Genres der Popmusik mit Kleidung und Konsumgütern, um ihre Leitwerte expressiv zur Schau zu stellen. Auseinandersetzungen zwischen ihnen waren im England der 60er nicht selten.

Mit der Wahl des Mediums Popmusik erschuf sich das Volk der Jugendlichen ohne Rücksicht auf politische und sprachliche Schranken, als transnational und transkulturell. Diese Massenkunst und ihre Verbreitungsformen kannten keine Grenzen und Herkunftsbindungen. Die Texte waren überwiegend in der Weltsprache der zweiten Jahrhunderthälfte, irgendeiner Variante des Englischen, verfaßt; doch Komponisten und Interpreten stammten aus den verschiedensten Staaten des »Nordens«, der reichen Industrieländer. An den Namen der Gruppen konnte man das allerdings nicht ablesen, und große Studios und moderne Aufnahmetechniken arbeiteten nach einheitlichen Standards – in München so wie in London oder New York. Doch wäre es verkürzt, hier von Gleichmacherei und kulturindustriell vorgefertigter Einheitsmusik zu sprechen. Erst die Jugendlichen gaben dem Material die eigentliche Bedeutung – und die hing entscheidend davon ab, welcher Nationalität und welcher Schicht sie angehörten, welche Hautfarbe und welches Geschlecht sie hatten. Sie machten den Unterschied, indem sie Produkte in ihren Lebenszusammenhang einmontierten und auf ihre Probleme bezogen. Popmusik taugte zur Demonstration von Gemeinsamkeit und Differenz, von Gemeinsamkeit auch in der Differenz. Ausgesprochene Regionalvarianten wie der »Deutschrock« zeichneten sich erst in den 70ern ab. Sie ordneten sich aber durch Alltagsthemen, Sprache und musikalische Machart deutlich dem transkulturellen Pop zu.

Nicht alle Jugendlichen gehörten zu Beginn der 70er zum transkulturellen Volk Jugend, aber doch die Mehrheit. Popmusik definierte nun die Generationsgrenze. Sentimentale Schlager und Chansons, einschmeichelnde Instrumentalstücke oder gar kommerzialisierte »Volksmusik« charakterisierten die ältere Generation, auch wenn es noch brave Kinder gab, die derartige Klänge schätzten. Der Bruch ging tief, und die Bindung an den in der Jugend praktizierten Musikstil hielt auch beim Älterwerden. Das schloß eine ganze Weltsicht und Grundpfeiler persönlicher Identität ein. Als in den 1990ern die Rock-Veteranen der Rolling Stones auf Tournee gingen, füllten zahlreiche Männer zwischen 40 und 50 die Stadien; sie bekannten sich zur Musik und in gewisser Weise auch zur Lebensauffassung, die sie mit ihrer Jugend verbanden.

Popmusik hat den Film als führendes Genre der internationalen Massenkultur abgelöst. Als »Musikteppich« vom Wecken an, zur Arbeit, beim Einkaufen oder im Restaurant wurde sie von nun an eingesetzt, um dem Alltag eine Atmosphäre von Wohlgefühl und Dynamik zu verleihen. Es war möglich geworden, gezielt und beliebig wiederholbar Titel zu hören, die der jeweiligen Stimmungslage und den psychischen Bedürfnissen entsprachen. Populäre Musik verkörperte jetzt wie kein anderes Genre Massenkunst als Grundnahrungsmittel, unentbehrlich im Gefühlshaushalt.

Die Höhen der Kultur erstürmt?

Die sozialistischen Staaten Osteuropas erhoben den Anspruch, eine Alternative zur »imperialistischen Massenkultur« aufzubauen: die »einheitliche sozialistische Nationalkultur«. Im Westen, so hieß es, habe nur eine verschwindende Minderheit teil an den Schätzen der Weltkultur; die werktätigen Massen würden mit ästhetisch Minderwertigem abgespeist und durch Pseudokunst manipuliert. Der Sozialismus werde die Klassenspaltung überwinden und das schöpferische Erbe der Menschheit allen zugänglich machen. Die angestrebte Kulturrevolution wurde offen als Erziehung von oben ausgewiesen. Man begründete das mit dem Hinweis auf eine vorangegangene Verzerrung der Bedürfnisse durch kapitalistische Ausbeutung und Entfremdung. Die Bildungsabsicht in der Tradition der Aufklärung sicherte dem sozialistischen Projekt bis zum Zusammenbruch Sympathien vieler westlicher Intellektueller – trotz Enttäuschungen und scharfer Kritik. Auch deswegen scheint es angebracht, exemplarisch nach den Erfahrungen der DDR zu fragen.

Zu Beginn der 50er Jahre, mit der Zuspitzung des kalten Krieges, wurde der Kultur östlich der Elbe definitiv das sowjetische Modell übergestülpt – ein Modell, das allerdings seit der Jahrhundertwende viele deutsche Anregungen aufgenommen hatte. Feldzüge gegen »Formalismus«, »Kosmopolitismus« und »Amerikanisierung« setzten die Dogmen um, die Stalins oberster Kulturfunktionär Shdanow formuliert hatte; »Volkstümlichkeit« und »nationaler Charakter« lauteten die Vorgaben. Die Historiker werden noch zu klären haben, wie stark der sowjetische Einfluß war. Der Umgang der SED mit Vergnügungsansprüchen und populären Künsten jedenfalls knüpfte in vieler Hinsicht an einheimische Denkmuster an, die dem Volk schlicht »falsche Bedürfnisse« zuschrieben. Es lassen sich deutlich zwei Perioden unterscheiden; dazwischen fand ein dramatischer Wechsel der Strategie statt, verkörpert in der Ablösung Walter Ulbrichts als Erster Sekretär des Zentralkomitees (ZK) durch Erich Honecker 1971.

Unter Ulbricht gelang es trotz erheblicher Anstrengung nicht, im

Alltag ein alternatives Kulturmodell durchzusetzen; unter Honecker reduzierte sich der Anspruch auf Sonntagsreden, während man faktisch erfolglos versuchte, dem Volk Unterhaltung und Konsum nach westlichen Standards zu bieten. Dabei ist »westlich« nicht gleichzusetzen mit »kapitalistisch«. Nur millimeterweise akzeptierte die DDR-Führung, daß zur Lebensweise in modernen Leistungsgesellschaften populäre Künste und Vergnügungen gehörten, die man nicht am klassischen Modell von Kultur und Bildung messen konnte. Das war aber der einzige Maßstab, über den die Vordenker der SED verfügten. »Sozialistische Unterhaltung« kam nie über den Status einer Mogelpackung hinaus.

Ulbricht, Jahrgang 1893 und gelernter Tischler, war noch geprägt vom sozialdemokratischen Arbeiterbildungselan des 19. Jahrhunderts. Dieses Ideal bestimmte die Kulturpolitik unter seiner Ägide. Sozialismus bedeutete, daß nun auch der Arbeiter den »Faust« lesen und Beethoven hören werde. Kunst nach klassisch-realistischem Muster, in erster Linie Literatur, leuchtete als Leitstern voran. »Kulturelle Massenarbeit« sollte die Werke ins Volk tragen und populäre Vergnügungen schrittweise im Sinne des Bildungsideals läutern. Das »Hebungsprogramm« der sozialistischen Gegenmoderne führte »zur Pädagogisierung aller Bereiche des sozialen Lebens und zur Verwandlung der Gesellschaft in eine Umerziehungsanstalt mit Schule und Betrieb als bestimmenden Sozialisationsinstanzen«.[291]

Auf dem V. Parteitag der SED 1958 gab Ulbricht die Losung aus, die Arbeiterklasse solle »nun auch die Höhen der Kultur stürmen und von ihnen Besitz ergreifen«; er verkündete die vom *uomo universale* der Renaissance inspirierte Vision, aus den lesenden zukünftig schreibende Arbeiter zu machen.[292] Die Bitterfelder Konferenz vom April 1959 verabschiedete dann das kulturelle Kampfprogramm. Hauptschauplatz sollten nicht Freizeit und Medien sein (1961 hatte schon jede vierte Familie einen Fernseher),[293] sondern die Betriebe. Man wollte Hochkultur unter den Werktätigen verbreiten, das künstlerische Laienschaffen intensiv fördern und in der »leichten Muse« (so Ulbricht) Kunst und Unterhaltung zusammenführen.

In den Großbetrieben entstanden Zirkel schreibender und malender Arbeiter, angeleitet von renommierten Künstlern. Arbeiter- und Bauernfestspiele von der örtlichen bis zur nationalen Ebene sollten demonstrativ die schöpferischen Kräfte im Volk herausstellen. Doch das Unternehmen blieb ohne Breitenwirkung. Zu weit verfehlte es Erholungsbedürfnisse und Unterhaltungsgewohnheiten der Menschen, denen Arbeit und Mangelwirtschaft alles abverlangten. Ästhetische und ideologische Reglementierung im engen Korsett des »sozialistischen Realismus« trug ein übriges dazu bei, daß der sogenannte Bitterfelder Weg in den »Mühen der Ebene« (Brecht) versandete.

Fehlende und geschönte Daten machen es schwer, das Erreichte zu beurteilen. Nach Angabe der Statistischen Jahrbücher besuchten 1979 23 von 100 Westdeutschen ein Theater, hingegen 62 von 100 DDR-Bürgern.[294] Läßt man einmal die mögliche Manipulation der Zahlen außer acht, so verweisen sie auf zwei Besonderheiten. Erstens spielte in der DDR der gemeinsame, meist über Arbeitsbrigaden organisierte Besuch traditioneller Kultureinrichtungen eine große Rolle. Das hatte oft mehr mit Geselligkeit zu tun als mit einem Interesse an ernster Kunst. Zweitens und vor allem hatten herkömmliche Künste über Jahrzehnte beinahe ein Monopol darauf, gesellschaftliche Probleme und Mißstände öffentlich anzusprechen. Romane, Dramen, Gemälde durften, mehr oder minder verblümt, Fragen aufwerfen, die in den streng kontrollierten Massenmedien, in der Schule oder Gewerkschaftsversammlung tabu waren.

Darin steckte eine Chance, und sie wurde genutzt. Hier lag ein wesentlicher Unterschied zur Kultur der Bundesrepublik. In der DDR zielten viele bedeutende Künstler auf ein breiteres Publikum; dazu knüpften sie an vertraute realistische Darstellungsweisen an. Die Unterschicht der Angelernten und Alten, der Arbeitermütter und der von den Mühen des Alltags Aufgesogenen erreichten sie nicht; aber der lesende Arbeiter war doch keine Randfigur. Romane wie Christa Wolfs »Der geteilte Himmel« und Erik Neutschs »Die Spur der Steine«, aber auch Lieder von Wolf Biermann lösten in den 60er Jahren breite und relativ offene Debatten aus. In den 70ern gelang das auch einigen Bildern, von

Heidrun Hegewald und Sighard Gille etwa, die anläßlich der DDR-Kunstausstellung von den Medien zum Diskussionsgegenstand gemacht wurden.

In Film und Fernsehen, also für die eigentlichen Massenkünste, schloß die Zensur Vergleichbares aus. Eine geradezu panische Angst vor ideologischer Unterwanderung bestimmte den Umgang mit Jugendkultur und Popmusik. Rock 'n' Roll und Beatklänge, Jeans und Langhaarfrisuren wurden als »westliche Unkultur« verfolgt. Versuche, dagegen eigene Modetänze wie den »Lipsi« zu setzen, wirkten nur komisch.

Dennoch: Die im Westen unvorstellbare Rolle von Literatur und Malerei als Ersatz-Öffentlichkeit nährte nicht nur bei Funktionären die Hoffnung, im Zentrum der Nationalkultur könne sozialistisch-realistische Kunst stehen, flankiert und teilweise transportiert von den Massenmedien. In der Intelligenz und auch bei westlichen Beobachtern erhielten die propagandistisch herausgestellten Beispiele eine Bedeutung, die ihnen nicht zukam. An der großen Mehrheit der DDR-Bürger gingen solche Veranstaltungen vorbei. Ihre Lebensweise und vor allem ihre Vergnügungswünsche zeigten die gleichen Muster wie bei abhängig Beschäftigten in westlichen Industriegesellschaften – und sie wurden in der Ära Honecker zunehmend mit denselben Produkten befriedigt.

Zu Beginn der 70er Jahre ergab sich folgendes Bild.[295] Ernste Musik, Theater und Bildende Kunst spielten nur in der Freizeit von Hochschulabsolventen und Intellektuellen eine nennenswerte Rolle, und selbst auf schöne Literatur wurde insgesamt wenig Zeit verwandt. Noch vor Geselligkeit, körperlichem Ausgleich und Gartenarbeit (in der »Datsche«) rangierten Funk und Fernsehen und für die Jugendlichen Popmusik. Bei Umfragen wurden mehr Unterhaltung, Spannendes, Sportübertragungen verlangt. Auch wenn Motorisierung und touristische Infrastruktur bescheiden waren – Wochenendausflüge und Sommerurlaub hatten einen ebenso hohen Stellenwert wie bei den Westdeutschen. Schätzungen deuten darauf hin, daß 1966 der Anteil der Ferienreisenden in der DDR etwa so hoch lag wie in der Bundesrepublik (40 bis 50 % der Erwerbstätigen; davon 15 % Auslandsurlaub).[296] Die Empfindung, willkürlich von den Sehenswürdigkeiten der Welt ausgeschlossen zu sein, wurde in den 80ern beinahe unerträglich und erschütterte schließlich das Regime.

Bei Umfragen gaben damals 70 % der Bevölkerung einen täglichen Radio- und Fernsehkonsum von jeweils zwei Stunden an.[297] Dahinter steckte überwiegend Beschäftigung mit Westmedien, mit bundesdeutschem Fernsehen und internationaler Popmusik. Den Bannstrahl der Staatsfeindlichkeit hatte man inzwischen von ihnen genommen – mit zwiespältigen Folgen. Der mit dem VIII. Parteitag 1971 von Honecker eingeleitete Kurs war durchaus realistisch, indem er Gewohnheiten und Wünsche der arbeitenden Menschen als Ausgangspunkt der Gesellschaftsstrategie akzeptierte. Er erwies sich als selbstmörderisch, weil die DDR, wirtschaftlich und politisch eingemauert, keine Chance hatte, erfolgreich mit den Ressourcen und dem Know-how etwa der Bundesrepublik zu konkurrieren. Vielleicht hätte eine überzeugend angepackte Suche nach eigenständigen Lösungen etwas von der materiellen Unterlegenheit wettmachen können. Aber der sozialistische Alternativanspruch schwand unter dem Regime alter Männer, für die bald nur noch die Beschwörung von Dogmen und die äußerliche Erhaltung ihrer Macht zählten. Die Entwicklung der Populärkultur ist dafür durchaus beispielhaft.

Bis in die 70er hatten herkömmliche Künste noch profitieren können von ihrer Sonderstellung im Klima allgemeiner geistiger Reglementierung; doch nun schlug die Situation um. Wer ernsthaft Probleme aufwarf, geriet sofort in den Geruch des Staatsfeindlichen. Debatten und Wünsche der Mehrheit erwiesen sich als bedeutungslos für die Entscheidungen der Macht. Deren Realitätsverleugnung und Demokratisierungsangst bestimmten spätestens mit den 80ern die Alltagserfahrung. Gegenwartsliteratur verlor dramatisch an Widerhall. Wo man noch las, und das war unter der Jugend immer weniger der Fall, wurden aus dem beschränkten Angebot Exotisches, Abenteuer und historische Stoffe gewählt. Aber am beliebtesten war westliche Unterhaltungs- und Serienliteratur, die schon in relativ breitem Strom über die Grenze floß.[298]

Jeder Versuch, in den populären Künsten gesellschaftliche Lernprozesse im Sinne Brechts anzustoßen, führte ins Abseits, zerrieben zwischen der Zensur und dem allgemeinen Zweifel an der

Veränderbarkeit des Systems. Die Kreativen beschieden sich mit kleinsten Impulsen. Krimi-Serien des Fernsehens beispielsweise konnten Sachverhalte besprechbar machen, die im offiziellen Bild der Realität nicht vorkamen. Eine Folge behandelte die Vergewaltigung eines Mädchens durch den Stiefvater. Daraufhin erhielt die Redaktion viele Briefe von Frauen, denen Ähnliches widerfahren war und die nun erstmals die Möglichkeit sahen, mit ihrer Erfahrung ernstgenommen zu werden.[299]

Angestoßen durch die Begeisterung für die Beatles, waren 1964/65 in der DDR viele Beatgruppen gegründet worden. Daraus hätte vielleicht eine musikalische Jugendkultur entstehen können, in der einheimische Bands Eigenständigkeit und Selbstausdruck mit dem Horizont transnationaler Popmusik verknüpften. Doch die Entwicklung wurde 1965 mit dem 11. Plenum des ZK abgewürgt, Beatfans in Arbeitslager eingewiesen. In den 80ern entstand zwar eine deutschsprachige Rockszene und avancierte zum hochgeschätzten Exportartikel der DDR. Aber nun taugte die Gratwanderung zwischen lyrischer Stimmungsschilderung und angedeuteter Kritik nur noch dazu, die Jugend beim geistigen Ausstieg aus dem Sozialismus zu begleiten.

Allerdings machte nicht nur die Angst der Parteiführung vor unkontrollierten Initiativen den Gedanken einer eigenständigen sozialistischen Populärkultur zur Illusion. Wahrscheinlich wog ein anderes Faktum noch schwerer: das Fehlen der materiellen Voraussetzungen. Kluge Konzepte wurden erörtert und veröffentlicht; an der Ostberliner Humboldt-Unversität lehrte mit Peter Wicke ein international anerkannter Theoretiker der Rock-Kultur. Es gab hervorragende Ausbildungsgänge für Unterhaltungskünstler und gelungene Versuche, den Graben zwischen E und U zu überwinden. Aber Popmusik oder Filme, die im internationalen Wettbewerb bestehen konnten, waren schon in den 70ern sehr aufwendig. Man brauchte außer Studiotechnik Fachkräfte – Musiker und Techniker, Spezialisten für Dialoge, Effekte usw. – und Erfahrungswissen. Ein solches Potential benötigt Jahrzehnte, um heranzuwachsen, und ist letztlich nur auf dem Weltmarkt zu amortisieren. Dieser Weg wurde aus vielen Gründen nicht beschritten. Wahrscheinlich wäre selbst eine ökonomisch effektive DDR überfordert gewesen.

Doch in den 80ern reichte es nicht einmal dazu, die offiziell erwünschten Bücher zu drucken und die Platten zu pressen, die trotz ihres bescheidenen technischen Standards gefragt waren.

1983 wurde das DDR-Fernsehen auf die sogenannte »alternative Programmstruktur« verpflichtet. Spielfilme (oft im Westen angekauft) und aufwendige Shows, Ufa-Nostalgie, Spannung und ein Hauch Erotik sollten das Publikum auf DDR-Frequenz halten, wenn die bundesdeutschen Anstalten ihre attraktivsten Sendungen ausstrahlten – ein gleichermaßen symptomatischer wie vergeblicher Versuch. Über Jahrzehnte hatte die Kulturpolitik sich geweigert, Eigenrecht und Eigengesetzlichkeit moderner Populärkünste in einer nichtkapitalistischen Gesellschaft anzuerkennen. In den 70ern und 80ern fehlten dann die Voraussetzungen, hier eigene Wege zu bahnen oder gar konkurrenzfähig zu werden. Hollywoodfilme in den großen Kinos und Tourneen westlicher Popstars wurden von der Bevölkerung auf die gleiche Weise interpretiert wie die Berichte der Westverwandten vom Urlaub in Spanien oder Thailand: Künste und Freizeitmöglichkeiten, die ein anstrengendes Leben verschönten, fanden einfache Leute in bester Qualität im Kapitalismus; die eigene Führung hechelte diesem Standard mit wachsendem Abstand hinterher. Importe bestätigten nicht die »Weltoffenheit der sozialistischen DDR«, sondern schufen einen Raum für jene, die sich innerlich schon vom System verabschiedet hatten.

Ankunft in der Massendemokratie

Im Übergang zu den 70er Jahren endete der Aufstieg der Massenkultur. Sie war flächendeckende Basiskultur geworden, mehr und mehr anerkannt als Grundlebensmittel in der Industriegesellschaft. Radio, Fernseher und Plattenspieler zu Hause, regelmäßiger Besuch von Freizeit- und Unterhaltungseinrichtungen sowie eine Urlaubsreise etwa im Zweijahresturnus galten als berechtigter Anspruch des Normalbürgers – auch wenn längst nicht alle den

Standard erreicht hatten. 1970 unternahm zum Beispiel nur knapp die Hälfte der Westdeutschen eine Ferienreise von mindestens einer Woche, und damit lagen sie in Europa schon an der Spitze. Noch war das Fernsehen schwarzweiß, und im Kinderzimmer (so vorhanden) stand kein Gerät. An den Kult der Lautsprecher und Verstärker war ebensowenig zu denken wie an erschwinglichen Urlaub in Thailand oder Kenia. Doch die Gleise waren gelegt, auf denen die große Mehrheit die Fahrt in eine vielfältigere und aufwendigere Populärkultur antrat – in Abteilen, die deutlich nach Einkommen, Bildung, Geschlecht, Alter und ethnischer Zuordnung unterschieden waren.

Jugendszenen hatten am Ende der 60er eine Art Avantgarderolle übernommen. Sie wurden zu Innovationszentren der Kultur- und Konsumgüterindustrie. Hier entstanden ständig neue Stile für Musik und Outfit, und die Konzerne suchten diese dann als Moden verbindlich zu machen. Dabei rangen die Kreativen ständig mit den Unternehmern. Die einen wollten künstlerische Experimente und Gesellschaftskritik an ihr Publikum vermitteln; die anderen wollten Neuerungen möglichst breit vermarkten und zu diesem Zweck entschärfen. So entwickelten sich Musik- und Jugendstile im Zyklus von Rebellion, Kommerzialisierung und erneuter Suche nach herausforderndem Selbstausdruck.

Wegen ihrer Neuerungsbereitschaft wurden Heranwachsende zum wichtigsten Marktsegment. Die Industrie stanzte daraus Formeln von Jugendlichkeit, die in der Massenkultur als Leitbild dienten. Auch Erwachsene sollten, mit Hilfe entsprechender Waren und Dienstleistungen, dieser Norm genügen. Jugendlichkeit signalisierte nicht nur zeitgemäße Lebensstilkompetenz, sie versprach auch Vorteile auf dem Arbeitsmarkt für Angestellte und Serviceberufe. Jugendliche Erscheinung (zu erreichen durch Freizeitsport und Fitneßtraining, Diät und Kleidung, Tanzstil und Trendbewußtsein) wurde in Werbung, Starkult, Mode als Ideal propagiert. Das schlug bis in die Politik durch. Nach dem Muster des J. F.-Kennedy-Images konnte Willy Brandt erfolgreich als dynamische Alternative zum erstarrten CDU-System auftreten.

Die Kulturindustrie wuchs in neue Größenordnungen. Die Kaufkraft Jugendlicher stieg schnell, und die Märkte für Popmusik oder Mode kannten keine nationalen Grenzen mehr. Mit den Gewinnchancen wuchsen auch Investitionen und Risiken der konkurrierenden Medienkonzerne. Entschieden machten sie sich an das fast(?) Unmögliche: Der Markt der Künste für ein Massenpublikum sollte seine Unberechenbarkeit verlieren, planbar werden. Systematisch ging man daran, Moden und Geschmack zu prägen. Produkte wurden nach Erfolgsrezepten, quasi am Reißbrett entwickelt, Stars und Stile mit geballter Anbietermacht durchgesetzt. Der Traum der Konzerne vom perfekten Plastikprodukt, von der Ersetzung persönlicher Kreativität durch die Künste der Bedürfnisanalyse, Werbung und Marktbeherrschung, wird wohl nicht in Erfüllung gehen; er wird sich am Eigensinn des Publikums und an der Logik schöpferischer Arbeit brechen. Aber unzweifelhaft begann mit dem Erfolg der Popmusik der Raum für Anregungen und Innovationen von unten, aus den jugendlichen Szenen und von unabhängigen Produzenten, enger zu werden.

Mit der gewaltigen Nachfrage nach Unterhaltungselektronik – Radios, Plattenspielern, Fernsehern, Kassettenrecordern usw. – wuchsen auch die Gerätehersteller zu internationalen Konzernen zusammen. Die Preise jeder neuen Produktgeneration sanken durch Massenfertigung und technologische Innovation schnell und anhaltend; wie auf kaum einem anderen Gebiet machten die Konsumenten die Erfahrung, vom wissenschaftlichen Fortschritt zu profitieren. Zugleich versuchten die Hersteller, im Konkurrenzkampf und zur Durchsetzung neuer Systeme auch auf die künstlerische Arbeit, auf die kreative Seite, Einfluß zu nehmen. Sie setzten beispielsweise gegen Ende der 60er mit massivem Druck die Produktion und Ausstrahlung farbiger Fernsehsendungen durch, gerade weil es noch kaum entsprechende Empfänger in den Haushalten gab; eine ganze Generation von Geräten sollte künstlich entwertet werden.

Schließlich begann unter den jungen Intellektuellen jene Umorientierung, die ins unübersichtliche Gelände der Postmoderne führte. In ihrer eigenen Lebensweise wie in ihrer professionellen Arbeit trugen sie das bürgerliche Kulturmodell des 19. Jahrhunderts zu Grabe. Seine Normen wurden von Künstlern, Theoretikern, Kritikern radikal in Frage gestellt. Konsum, Werbung,

Massenkünste, Rausch und unsublimierte Sinnlichkeit, Sexualität und Pornographie, Schausport, alle Sensationen des Körpers und des Bewußtseins sollten als Quelle und Vergegenständlichung kultureller Werte gelten – mit dem gleichen Anspruch wie Hochkunst und Philosophie. Erneut kamen wichtige Anstöße aus den USA. Die Suppendosen und Medienidole Andy Warhols, die Comic-Bildsprache Roy Lichtensteins und die hinreißend gemalten Autokörper und Schaufenster der Fotorealisten drückten die Herausforderung aus. In die gleiche Richtung zielte die Kulturwissenschaft Leslie Fiedlers, der schon 1955 Trivialgenres wie Comics und Horrorgeschichten denselben Rang bei der Auseinandersetzung mit existentiellen Erfahrungen zusprach wie dem abendländischen Geisteserbe. Die Beatles griffen in »Michelle« und »Yesterday« zu Instrumentierungen und Satztechniken der Klassischen Musik, und die Gruppen des »Classic Rock« wie Emerson, Lake & Palmer, Deep Purple und Procol Harum verarbeiteten Werkfragmente aus allen Epochen der Musikgeschichte. Vertreter der Populärkunst rissen tradierte Abgrenzungen nieder und stellten sich selbstbewußt neben die Hochkultur.

Daß Warhol »Campbells Soup« 1962 zum kunstwürdigen Gegenstand erhob, enthielt eine besondere historische Ironie. In der ersten Hälfte des Jahrhunderts hatten englischsprachige Autoren ihren Abscheu vor dem Geschmack der einfachen Leute häufig mit einem Negativsymbol verdeutlicht: der Konservennahrung.[300] Nun zogen Warhols Suppendosen als Ikonen einer respektlosen populären Gegenwartskunst in die exklusiven Galerien und bald auch in die Museen ein.

Die amerikanische Avantgarde fand Widerhall bei europäischen Intellektuellen, die ihre geistigen Lehrjahre in den 60ern durchliefen. Sie hatten sich mit dem hochkulturellen Kanon auseinandergesetzt, aber ebenso mit dem Mythos von »Sex, Drugs and Rock 'n' Roll«, mit Italo-Western und »Frankenstein«, mit Henry Miller und dem »Playboy«; sie kannten die Freude am ersten Auto und an witzigen Werbespots. Diese Generation war verloren für das Modell einer abendländischen, elitären, sublimierten Kultur, zugeschnitten auf geistige Bildung in Distanz zu allen äußeren Zwecken. Mit ihr begann für die kulturelle Selbstverständigung der nachbürgerlichen Gesellschaft eine neue Phase, eine Periode der Verunsicherung, des Orientierungsverlusts, der Relativierungen und der scheinbaren Beliebigkeit. Auch die Intellektuellen waren auf dem unsicheren Boden der kulturell pluralen, offenen Massendemokratie angekommen.

Wonnen der Gewöhnlichkeit

Wunder

Es scheint, als hätten wir das Staunen angesichts der »Wunder des Fortschritts« endgültig verlernt. Das ist sicher gut so, wenn man an die Gegenwart denkt. Wissenschaftliche Entdeckungen, technische Spitzenleistungen und auch viele Erleichterungen des Alltags wurden in diesem Jahrhundert mit einem hohen Preis bezahlt. Ihre Anwendung hat Probleme zur Folge gehabt, denen wir noch immer ziemlich hilflos gegenüberstehen. Aber für den historischen Rückblick erweist sich die frisch erworbene Nüchternheit als Problem. Wohlstand, Bildungschancen, Lebenserwartung und soziale Absicherung der großen Mehrheit in den Industriegesellschaften haben sich während dieses Jahrhunderts grundlegend verbessert, und das Fortschrittsdenken bezieht seine Anziehungskraft aus diesem harten Kern an Erfahrungen. Doch was der Normalbürger heute an Essen und Trinken, Kleidung und Wohnqualität, an Bequemlichkeiten und freier Zeit genießt, erreicht keineswegs den Umfang dessen, was die Oberschicht um 1900 kannte. Und gemessen an den Träumen des Volkes vom Schlaraffenland bleibt unser Wohlstand weit zurück hinter dem Überfluß, den man sich jahrhundertelang ausgemalt hatte.

Anders die Massenkultur. Technische Speicherung und preiswerte Abspielgeräte haben künstlerische Sensation und ästhetische Erfahrung in einem Maß alltäglich gemacht, von dem vor 1900 allenfalls utopische Schriftsteller phantasierten. Kein gekröntes Haupt und kein Rothschild wurden mit Musik in Hifi-Qualität – je nach Laune Klassik, Pop oder Blasmusik – geweckt, und das Repertoire ihrer Abendunterhaltung war ärmlich, verglichen mit dem Angebot, das uns Fernsehen und Video, passend zur Stimmung, bequem ins Zimmer bringen. Viele junge Europäerinnen und Europäer sind schon mit 25 Jahren weiter in der Welt herumgekommen als der wegen seiner Reiselust belächelte Kaiser Wilhelm II. im ganzen Leben.

Der Aufstieg der Massenkultur konnte als eines der großen Wunder des Fortschritts erfahren werden, als traumhafte Bereicherung des Alltags. Damit gerieten populäre Künste und Vergnügungen, wie sehr auch immer über sie geklagt wurde, zu Stützpfeilern des gesellschaftlichen Status quo. Auch sie zählen inzwischen zum anerkannten Besitzstand. Die Definition des Existenzminimums hat sich verändert. Dem Arbeitslosen wird die jährliche Urlaubsreise zugestanden, und selbst den Ärmsten der Armen darf der Fernsehapparat nicht gepfändet werden.

Der Wandel vollzog sich in historisch kurzer Frist, und wir sind noch dabei, ihn zu bewältigen. Moderne Massenkünste und Freizeitvergnügen sind ein Spätprodukt der kapitalistischen Industriegesellschaft. Es wäre mehr als ein Wunder, wenn wir den souveränen Umgang damit bereits nach wenigen Generationen beherrschten.

Ein unerwünschtes Kind

Schon die Ausgangsbedingungen für den Lernprozeß waren äußerst ungünstig. Die Utopien der Neuzeit entwarfen allesamt Bilder einer Arbeitsgesellschaft. Morus' »Utopia« (1516), Campanellas »Sonnenstaat« (1602), Bacons »Neu-Atlantis« (1627), Schnabels »Insel Felsenburg« (1731), Fouriers Idee der »Phalanstère« (1822), Cabets »Reise nach Ikarien« (1840), noch Bellamys »Rückblick aus dem Jahre 2000« (1888) und Morris' »Nachrichten von Nirgendwo« (1890) – diese Zukunftsgemälde sind durchgängig um die Arbeit als Pflicht oder höchstes Vergnügen herum organisiert. Ihre Beschränkung fällt recht eigentlich ins Auge, wenn man sie mit dem älteren Themenkreis des Schlaraffenlands vergleicht, der das Nichtstun und die elementaren sinnlichen Genüsse pries. So unterschiedlich wie die Lebensauffassung in diesen Phantasien war der Kreis derer, bei denen sie Widerhall fanden. Während Utopien und Staatsromane unter Gelehrten und Gebildeten zirkulierten, reichten Lieder, Erzählungen und populäre Drucke vom Schlaraffenland weit in die mündliche Kultur hinein; sie standen für die Wunschwelten der körperlich Arbeitenden.

Nur eine nennenswerte Ausnahme gab es. 1534 erschien der erste Band von Rabelais' »Gargantua«; er gipfelte in der Vision der vom Helden gestifteten Abtei Thelema. Stehen die mittelalterlichen Klöster obenan in der Ahnenreihe von Arbeitserziehung und Disziplinierung, so benannte Rabelais sein humanistisches Anti-Kloster programmatisch nach dem griechischen Wort für freien Willen. Die Ordensregel enthält nur einen Paragraphen; er lautet: »Tue, was Dir gefällt!« Und so führen Rabelais' Thelemiten, Männer und Frauen, ein freies und ehrenvolles Leben, das ganz den Vergnügungen des Körpers und des Geistes gewidmet ist.

Staat, Kirchen und Volkserzieher der Neuzeit erklärten dieses Ideal zum Feindbild. Sie hatten schon Jahrhunderte erfolgreich den »Kulturkreuzzug« (Bauman) für Disziplin, Arbeitsamkeit und Mäßigung geführt, als im 19. Jahrhundert die arbeitenden Massen das lockende Feld der Freizeit betraten. Ein komplizierter Lernprozeß begann. Aber darin fehlte eine ganze Linie westlichen Denkens: das athenische Muße-Ideal öffentlichen Lebens in der Demokratie, die hedonistische Philosophie souveränen Gegenwartsgenusses, die sinnliche Diesseitsfreude der Renaissance, das romantische Vergnügen am ironischen Spiel mit dem Realitätsprinzip.

Arbeit, Nutzen, Nüchternheit, Selbstkontrolle, Realismus – so sah der Tugendkanon der Volkserzieher gegen Ende des 19. Jahrhunderts aus. Lehrer und Pfarrer huldigten ihm ebenso wie Unternehmer und Aktivisten der Arbeiterbewegung. Die Gebildeten weigerten sich, ernstlich auf Gewohnheiten und Vorlieben der Mehrheit einzugehen. Sie beharrten auf der Bekehrung zu ihrem Ideal – alles andere verfiel dem Bannspruch. Sie überließen es den »schwarzen Schafen« des eigenen Standes, die neuen populären Künste zu gestalten. Auch die Sozialisten, die doch der Arbeiterklasse eine Stimme verleihen wollten, traten dem Volk als Gesetzgeber, nicht als Übersetzer seiner Wünsche entgegen.[301]

Das war nicht nur ein Geburtsfehler. Ablehnung bestimmte die prägenden Kinderjahre der Massenkultur, und daran, daß es sich um einen ungewollten Sprößling aus der Verbindung von Demokratisierung und Kultur-Markt handelte, krankt das Verhältnis der Gesellschaft zu den populären Vergnügungen bis heute. Ästhetisch wie moralisch gelten sie vielen immer noch als zweifelhaft.

Zwar haben die Anhänger der Arbeitsreligion ein Stück weit gelernt, den Eigenwert von Massenkünsten und Amüsement zu schätzen. Doch fällt es in den konkurrenzgetriebenen Industriegesellschaften schwer, mit den Möglichkeiten von Muße und »Nichtstun« zu experimentieren. Noch stehen Freizeitwünsche im Vordergrund, die ein hohes Einkommen erfordern und damit an das Modell des lebenslangen Vollzeitjobs fesseln. Kaum jemand mag anerkennen, daß die Kultivierung von Spiel und Vergnügen einen Ausweg eröffnen könnte aus der Arbeitsgesellschaft, die immer mehr Ressourcen verschlingt und immer weniger Menschen ein befriedigendes, sinnerfülltes Auskommen ermöglicht. Was es bislang an Bereitschaft zum Wertewandel gibt, verdankt sich jedoch nicht zuletzt der Populärkultur und ihren Avantgarden.

Überfüllung

Der Aufstieg der populären Lustbarkeiten fand ohne, ja gegen die Gebildeten und Mächtigen statt. Abgesehen vom Reservat einer winzigen Geisteselite wurden alle sozialen Schranken überrollt. Der Spanier Ortega y Gasset eröffnete 1929 seinen Essay vom »Aufstand der Massen« mit der Klage über »die Tatsache der Überfüllung«: Es gebe keinen Raum mehr, an dem die Eliten ungestört sein könnten. Überfüllt mit gewöhnlichen Menschen seien Städte und Züge, Hotels und Cafés, Theater, Kinos und Badeorte. »Was früher kein Problem war, ist es jetzt unausgesetzt: einen Platz zu finden. [...] Wir sehen die Menge als solche im Besitz der von der Zivilisation geschaffenen Einrichtungen.«[302]

Innerhalb von 150 Jahren haben sich die Verhältnisse umgekehrt. Gab es noch um 1850 nur wenige öffentliche Orte, an denen Arbeiter und Dienstboten nicht unpassend, als Störung der Ordnung wirkten, so ist heute die Oberschicht für wirklich exklusives Vergnügen auf wenige Reservate verwiesen. Zur aktiven Massendemokratisierung, von der Max Weber sprach, zu einer neuen Balance gesellschaftlicher Machtverhältnisse gehörte auch die selbstbewußte körperliche Anwesenheit einfacher Leute in der Öffentlichkeit – und das war wesentlich ein Effekt moderner Freizeit.

Ortega beklagte, das »Recht der Gewöhnlichkeit« habe sich soziale Anerkennung erzwungen. »Charakteristisch für den gegenwärtigen Augenblick ist es [...], daß die gewöhnliche Seele sich über ihre Gewöhnlichkeit klar ist, aber die Unverfrorenheit besitzt, für das Recht der Gewöhnlichkeit einzutreten und es überall durchzusetzen.«[303] Lassen wir die aristokratische Arroganz beiseite, dann ist offenbar: Nichts hat so durchschlagend für die Anerkennung dieses Rechts gewirkt wie der Aufstieg kommerzieller Populärkultur. Mit ihr wurden Kunstgeschmack und Vergnügungsgewohnheiten der »Ungebildeten« zum wirtschaftlichen Faktor und zur gesellschaftlichen Macht, umworben vom Kapital und mit demonstrativen Respektsbezeugungen gewürdigt seitens der Politik.

Doch Ortega dachte beim Schlagwort »Gewöhnlichkeit« keineswegs nur an die einfachen Leute. Er brandmarkte damit einen kulturellen Gestaltwandel in den Oberschichten, bei Besitzenden, Mächtigen, Regierenden. Mit dem Ideal einer durch Selbstzucht ausgezeichneten Führungsschicht hatten sie in seinen Augen nichts mehr gemein. Es drängt sich die Formulierung eines Autors auf, der diesen Habitus noch verkörperte: Thomas Mann. In seiner Novelle »Tonio Kröger« erfährt der Held schmerzlich, welch hohen Preis er für die erstrebte herausragende Leistung zu zahlen hat. Er verzichtet auf die lockenden »Wonnen der Gewöhnlichkeit« und wird damit zum Einsamen in der Welt des Bürgertums, das das Recht auf Gewöhnlichkeit zusehends für sich in Anspruch nimmt.

Inzwischen hat die Entwicklung zu Verhältnissen geführt, von denen Mann und Ortega nicht einmal alpträumten. In den Führungsetagen von Wirtschaft und Politik, Wissenschaft und Technik, unter den akademisch ausgebildeten Berufen wird das Recht auf die Wonnen der Gewöhnlichkeit ausgiebig in Anspruch genommen. Populäre Künste und Vergnügungen sind zur Gemeinkultur geworden. Daran teilzuhaben, zieht keinen Ausschluß von der »guten Gesellschaft« mehr nach sich, und kaum noch jemand schließt sich von der Teilhabe aus. Die Frage drängt sich auf, ob in der Massendemokratie eine Pflicht zur Gewöhnlichkeit erwachsen sei. Wird ausgeschlossen, wer sich von Populärkultur ausschließt?

Machtverschiebungen

Ehe wir das uralte Klagelied über Gleichmacherei anstimmen, noch ein Blick auf die Habenseite der Bilanz. Der Aufstieg der Populärkultur ist nicht unterschiedslos als Aufstieg der einfachen Leute zu sehen; er hat quer durch die Klassen, auf allen Etagen der sozialen Hierarchie, Machtunterschiede abgeflacht und egalisierend gewirkt. Das gilt insbesondere für das Verhältnis der Geschlechter und der Altersgruppen. Frauen und Heranwachsende konnten häufig als Vorhut handeln; mittels populärer Kultur haben sie Bewegungsräume erweitert und ihre Position gestärkt. Nach herrschenden Maßstäben, gesetzt von erwachsenen Männern, galten sie als nicht – zumindest nicht ernsthaft – Arbeitende. Sie haben den Makel umdefiniert in die Chance, als Avantgarde moderner Freizeitpraxis aufzutreten.

Den Platz dafür haben ihnen die erwachsenen Männer und Familienväter eingeräumt. Nicht nur, weil sie nach harter Arbeit schlecht für die Rolle des kreativen Mußepioniers taugten. Im männlichen Wertsystem handelte es sich hier um Nichtstun – und für Nichtstun gab es nur eine anerkannte Begründung: schwere Arbeit. Unterhaltung und Vergnügung waren in dieser Sicht kein Selbstzweck; sie standen denen – nur denen! – zu, die durch ihre Plackerei die Familie ernährten. Männer spülten den Ärger aus dem Betrieb in der Kneipe herunter, sie waren mit ihren Kumpels zusammen fröhlich, sie trafen sich mit anderen Männern auf dem Sportplatz. Wie sie ihre freien Stunden verbrachten, das kennzeichnete sie gerade als Arbeitende – nicht etwa als Muße-Künstler. »Nutzlose Spielerei, Gefühlsduselei, Firlefanz« hätten ihr Ansehen beschädigt. Ihre Macht über Frauen und Heranwachsende beruhte auf der Rolle als Ernährer und auf der Autorität als (Berufs-)Arbeitende. Daher lehnten sie die Erwerbstätigkeit der Ehefrauen ab, duldeten sie allenfalls als erzwungene, »unnatürliche« Notlösung. Neben männlicher Berufsarbeit galt jede andere Tätigkeit als Nichtarbeit: Haus- und Erziehungsarbeit der Ehefrauen, Schularbeit der Kinder und selbstverständlich auch die jugendliche Spiel- und Vergnügungswelt.

Eine Folge war: Immer wieder gingen sowohl Frauen als auch Kinder und Jugendliche voran beim Erproben und Durchsetzen neuer Freizeitmöglichkeiten. Seit dem späten 19. Jahrhundert gaben sie hier häufig den Ton an. Ihr vergleichsweise weniger reglementierter Tagesablauf ließ Raum für Neigungen, Alternativen, Unterhaltungen. Das beeinflußte z. B. die populäre Musik auf ihrem Weg zu Schallplatte und Radio. Heranwachsende verbreiteten und parodierten die Schlager der Saison in Höfen und Straßen. Abgesehen von der Militärmusik hatten populäre Melodien in erster Linie den weiblichen Geschmack zu treffen.

Noch in der Zwischenkriegszeit stellten die »Nichtarbeitenden« den Großteil der Kinobesucher. Nachmittags waren sie weithin unter sich. An den Abenden stieg der Anteil erwachsener Männer zwar deutlich, aber bei den Paaren bestimmte meist die Frau das Programm. »›Er‹ will ›ihr‹ doch ›etwas bieten‹, und die Dramen entsprechen meist ganz und gar ›ihrem‹ Geschmack«, stellte die Soziologin Emilie Altenloh fest.[304]

Ohne Klischees von »männlich« und »weiblich« Vorschub zu leisten, darf man wohl doch festhalten, daß populäre Belletristik im gesamten 19. Jahrhundert überwiegend auf Leserinnen zugeschnitten wurde. Backfisch- und Liebesserien führten diese Zuordnung fort. Parallel dazu waren es vor allem Knaben, die in ihrer freien Zeit die neuen Groschenhefte verschlangen und so der modernen Massenliteratur zum Durchbruch verhalfen.

Das mag zunächst bei Männern den Eindruck verstärkt haben,

Freizeit sei gerade in ihren modernen, mit den Massenmedien verbundenen Formen weibisch und kindisch. Entscheidend aber wurde: Durch öffentliches Auftreten haben Halbwüchsige wie Frauen vielen populären Künsten ihren Stempel aufgeprägt. Sie bewiesen Kompetenz in einem neuen Handlungsfeld – und derartige Fähigkeiten wurden mit kürzeren Arbeitszeiten für alle wichtiger. Berufstätige Männer konnten nicht länger an konservativen Freizeitmustern festhalten; sie änderten ihre Alltagspraxis – quasi im Schlepptau von Jugendlichen und Frauen. Damit werteten sie deren Lebensformen auf. Unübersehbar wurde das mit der Durchsetzung der Jugendkultur seit den 50ern. Jugendlichkeit ist inzwischen zum Vorbild, fast schon zur Pflicht für alle Altersgruppen geworden. Mit dem Aufstieg der Populärkultur errangen machtarme Gruppen einen Platz in der Öffentlichkeit, radfahrende Frauen ebenso wie musikbegeisterte Halbwüchsige.

Befremden

Interkulturalität – Geben und Nehmen, Aneignen und Umarbeiten über die Barrieren von Sprache und Politik hinweg – kennzeichnet die Entwicklung der Künste in Europa spätestens seit der Blüte ritterlicher Kultur im 12. Jahrhundert. Zugleich mit den modernen Nationen und ihren Abgrenzungstendenzen entwickelte sich nach 1800 das Geschäft mit Vergnügen und Unterhaltung. Nun waren es nicht mehr allein die Kreativen, die sich von Nachbarn anregen ließen. Der erfolgreiche Verleger von Literatur und Musik, der Betreiber eines Varietés oder populären Theaters war stets auf der Suche nach Erfindungen und Erfolgsrezepten, nach Zugnummern und technischen Neuerungen. Übersetzung und Gastspiel, der Blick über die Grenze und das Studium des Unterhaltungsgewerbes im Ausland wurden zur Norm. Der wachsende Appetit des Publikums im 20. Jahrhundert machte die Vorstellung vollends absurd, ein Land könne sich mit Massenkultur allein aus nationaler Produktion versorgen. Ohne die Erfahrungen der amerikanischen

Populärliteratur, der *dime novel*, sind die modernen europäischen Heftserien undenkbar. Stummfilm und Tänze vor dem Ersten Weltkrieg kannten keine nationalen Schranken, und auch einfache Leute schätzten die Horizonterweiterung. Seit den 1920ern war für die Europäer – für das große Publikum wie für viele Künstler – »Amerika« gleichbedeutend mit perfekter Unterhaltung.

Mit der Entwicklung einer weltweit vernetzten Kulturindustrie wurde das Angebot nicht gleichartig, sondern vielfältiger als im 19. Jahrhundert. Allerdings konnte die Internationalität der Massenkünste auch als bedrohlich erfahren werden, als Überforderung durch die Moderne. Davor zu erschrecken und mit gewaltsamer, rückwärtsgewandter Abwehr zu reagieren, war allerdings keine spontane, sozusagen allgemeinmenschliche Reaktion. Schlagworte wie »Überfremdung«, »Verjudung«, »Verniggerung« stammten aus der Giftküche politischer Demagogen. Sie lenkten Gefühle der Ohnmacht und des Abstiegs, die in Antwort auf wirtschaftliche Krisen, soziale Umbrüche und undurchschaute Machtkämpfe entstanden, auf fremde und herausfordernde Erscheinungen der Populärkultur.

Die Erklärung soll nicht das Problem der Überforderung wegreden. Wir stehen vor einem neuen Schub an Begegnung, Vermischung, Konfrontation von Kulturen in der enger zusammenrückenden Welt. Doch scheint der Hinweis sinnvoll, wie alltäglich in der Massenkultur Austausch, Neugier auf Fremdes und Verschmelzung über Grenzen hinweg mittlerweile geworden sind.

A-Moralität

Im Rückblick auf ein Jahrhundert modernen Amüsements nimmt die nationalsozialistische Erfahrung einen besonderen Platz ein. Die Grenzenlosigkeit des Vergnügens zeigte hier ihre dunkelste Seite. Heute dominieren zwei gegensätzliche Weisen, mit diesem Erbe umzugehen. Die einen wollen die Auseinandersetzung mit der Vergangenheit beenden, um endlich wieder unbehelligt Unterhaltung aus dem »Dritten Reich« genießen zu dürfen. Dem steht eine Haltung pauschaler Verdammung, ja Dämonisierung gegenüber. Populärkultur der NS-Periode wird dem Reich des Bösen, der Täuschung und Verderbnis zugeschlagen. Doch unbeabsichtigt stilisiert dieser Rigorismus die Lebensrealität der deutschen Normalbürger zwischen 1933 und 1945 zu etwas Unvergleichlichem, das mit unserer Gegenwart absolut nichts gemein habe. Und damit kann er ebenso zur moralischen und intellektuellen Entlastung der Heutigen dienen wie die Schlußstrich-Mentalität.

Beide Positionen wehren die Erkenntnis ab, daß alle Massenkunst in gewisser Hinsicht a-moralisch ist, ebenso wie ihre Nutzer. Das ist heute nicht grundsätzlich anders als nach 1933. Stars wie Zarah Leander und Marika Rökk, Heinz Rühmann und Hans Albers, Filme wie »Amphitryon« und »Glückskinder«, »La Habanera« oder »Unter den Brücken« repräsentieren Spitzenleistungen der Populärkultur. Getrennt von ihrem politischen Kontext, betrachtet im Rahmen der internationalen Unterhaltungsszene, zeigen sie keine besondere Beziehung zum Nationalsozialismus.

Wirklich beunruhigend ist die Gemeinsamkeit der Alltagsentwürfe. Die große Mehrheit der »deutschen Volksgenossinnen und -genossen« konnte sich über lange Jahre »Normalität« aufbauen – und diese »Normalität« war vielleicht gar nicht grundlegend verschieden von der unsrigen in einer Welt der ethnischen Säuberungen, entgrenzter und entmenschter Kriege, zu denen wir die Waffen liefern. In dieser Welt dienen auch uns Massenkünste als Lebensmittel, und deren Spitzenleistungen zeigen – außerhalb des politischen Kontextes – ebenfalls keine Beziehung zur Barbarei.

Der Hinweis auf die subjektive Konstruktion von »Normalität« im Nationalsozialismus verharmlost die Verbrechen nicht. Aber er sollte klarmachen, daß Menschen wie du und ich sich darin einzurichten vermögen und daß populäre Vergnügungen dabei eine wichtige Rolle spielen. Die Aura des moralisch Fragwürdigen jedenfalls kann moderne Massenkultur nach Auschwitz nicht abstreifen. Adornos strenges Urteil, daß es kein richtiges Leben im falschen gebe, taugt nicht für den Alltag, aber man darf es sich ab und zu ins Bewußtsein rufen. Denn es sieht so aus, als müßten wir akzeptieren, daß Vergnügen in der Moderne grenzenlos verfügbar ist. Die Beteiligung an Barbarei ist von Bemühungen um privates Durchkommen praktisch nicht zu trennen. Im moralischen Sinne böse kann Massenkunst in Extremverhältnissen nur der nennen, der von jedem Menschen zu jeder Zeit rückhaltlosen Widerstand gegen Unmenschlichkeit verlangt. Es macht wenig Sinn, populäres Amüsement unter dem Gesichtspunkt des Holocaust bewerten zu wollen. Damit wird die Verantwortung politischen Handelns heruntergespielt. Denn letztlich verlangt die Einsicht in die A-Moralität der Unterhaltungskünste, die Etablierung eines Terrorsystems zu verhindern, bevor dann jedes Schweigen, jedes Lachen zur Komplizenschaft gerät.

An neuen Grenzen?

Um die Jahrhundertwende war die Yacht das Symbol der Plutokratie, der Könige und Kaiser, exklusiver Ort für die Freizeit der Mächtigen fernab von der Menge. Als der deutsche Reichspräsident Ebert anfangs der 1920er im Badekostüm fotografiert und das Bild von der Massenpresse verbreitet wurde, sah die große Mehrheit der Deutschen die Würde des Amtes beschädigt. Zum Ende der 50er Jahre schon gewann der Patriarch Adenauer Sympathien, als er sich beim Bocciaspiel im Urlaubsort Cadenabbia ablichten ließ; der Pepitahut des Kanzlers wurde fast zum Markenzeichen für Volksnähe. Inzwischen gieren – am auffälligsten in Deutschland – Herren der politischen Klasse geradezu danach, sich der Wählerschaft in kurzen Hosen beim Sport oder auch als Spaßmacher zur besten Sendezeit präsentieren zu dürfen. Der Aufstieg der Populärkultur hat Grenzen zwischen Regierenden und Regierten niedergerissen. Der Habitus der Mächtigen hat sich dem der Mehrheit angenähert.

Darin steckt immer ein Stück Inszenierung, doch sie ist nicht das Entscheidende. Die Massendemokratisierung dieses Jahrhunderts hat Distanzen zwischen Lebensstilen verringert. Populäre Künste und Vergnügungen haben weiterbestehende Herrschaftsverhältnisse mit einem Netz von Gemeinsamkeiten durchzogen. Die Wünsche der Vielen sind in den Führungsetagen zu berücksichtigen, und sie decken sich nicht selten mit denen der Eliten. Das bedeutet nicht, daß es vernünftiger zugeht. Mehrheiten der Bürger können ebenso selbstzerstörerisch handeln wie die Mächtigen; aber nach diesem Jahrhundert spricht nichts für die Annahme, ihre Entscheidungen seien notwendig schlechter als die von Experten und Eliten.

Der Aufstieg der Massenkultur hat beigetragen zu den Demokratisierungsprozessen dieses Jahrhunderts – nicht unbedingt durch inhaltliche Botschaften, wohl eher durch die Annäherung von Praktiken und Wertmaßstäben. »Mehr Demokratie wagen« hieß es in der Reformära der 70er, und die Aufforderung steht noch. Sie schließt die Frage nach der Zukunft der populären Künste ein. Ihre Möglichkeiten sind längst nicht ausgeschöpft, auch wenn der Betrieb oft den Eindruck erweckt, es werde Immergleiches nur noch aufwendiger verpackt. Hat unsere Gesellschaft die Aufgabe wirklich angenommen, investiert sie genügend Kreativität und Phantasie in ihre populäre Kultur? Deren Geschichte, so möchte man hoffen, hat gerade erst begonnen. An Grenzen, die zur Überwindung reizen, wird es auch künftig nicht mangeln.

Anhang

Abbildungsnachweis

Umschlag: Ausstellung »Das Wochenende«, Berlin 1927. Foto: Adolf Dinges (Ullstein Bilderdienst).

Abb. 1: Das Palace Theatre, London, um 1900. Aus: Ronald Pearsall, Edwardian Popular Music, Newton Abbot 1975, S. 52.

Abb. 2: Fußball-Übungen an einem französischen Gymnasium, um 1890. Aus: Alfred Wahl, Les archives du football, Paris 1989, Abb. 3.

Abb. 3: Pariser Radlerin um 1900. Aus: Gudrun Maierhof/Katinka Schröder, Sie radeln wie ein Mann, Madame, Dortmund 1992, S. 75.

Abb. 4: Odeon Filmpalast, Woolwich, 1937. Aus: Jeffrey Richards, The Age of the Dream Palace, London 1984.

Abb. 5, 6: Sammeln und Verbrennen von »Schund«, Berlin 1922 (Agentur für Bilder zur Zeitgeschichte).

Abb. 7, 8: Broschüre »Freizeitgestaltung« in einem süddeutschen Rüstungsbetrieb, 1941 (Stadtarchiv Villingen).

Abb. 9: Plakat »Dein KdF-Wagen«, 1939 (Bundesarchiv Koblenz).

Abb. 10: Wiener Schlurfs um 1939. Aus: Gloria Sultano, Wie geistiges Kokain… Mode unterm Hakenkreuz, Wien 1995, S. 215.

Anmerkungen

1 Max Weber, Wirtschaft und Gesellschaft, Tübingen ^{5}1972, S. 862.
2 Statistisches Jahrbuch 1994 für die Bundesrepublik Deutschland, Stuttgart 1994, S. 416.
3 Günther Dehn, Berliner Jungen, in: Die Innere Mission im evangelischen Deutschland, NF 7 (1912), S. 97.
4 Raymond Williams, Gesellschaftstheorie als Begriffsgeschichte, München 1972, S. 359.
5 Walter Benjamin, Das Kunstwerk im Zeitalter seiner technischen Reproduzierbarkeit, Frankfurt/M. 1963, S. 48.
6 Jürgen Reulecke, »Veredelung der Volkserholung« und »edle Geselligkeit«. Sozialreformerische Bestrebungen zur Gestaltung der arbeitsfreien Zeit im Kaiserreich, in: Gerhard Huck (Hg.), Sozialgeschichte der Freizeit, Wuppertal 1980, S. 143.
7 Leonard Bernstein, »Spaß« an der Kunst, in: ders., Erkenntnisse, Hamburg 1983, S. 48.
8 So für Deutschland in der zweiten Hälfte des 18. Jahrhunderts Gert Ueding, Glanzvolles Elend, Frankfurt/M. 1973, S. 10.
9 Karl H. Müller-Sachse, Unterhaltungssyndrom: Massenmediale Praxis und medientheoretische Diskurse, Frankfurt/M. 1981, S. 22.
10 Ernst Bloch, Das Prinzip Hoffnung, Gesamtausgabe Bd. 5, Frankfurt/M. 1959, S. 476.
11 Ueding, Elend [wie Anm. 8], S. 66.
12 Ernst Bloch, Erbschaft dieser Zeit, Gesamtausgabe Bd. 4, Frankfurt/M. 1959, S. 177, 181.
13 Paul Lafargue, Das Recht auf Faulheit, Frankfurt/M. 1966, S. 23.
14 Thomas Carlyle, Arbeiten und nicht verzweifeln, Düsseldorf/Leipzig o. J. (1910), S. 8.
15 Ottilie Baader, Ein steiniger Weg. Lebenserinnerungen einer Sozialistin, Stuttgart/Berlin 1921, S. 15.
16 Karl Marx, Ökonomisch-philosophische Manuskripte (1844), in: ders./Friedrich Engels, Werke, Ergänzungsbd. I, Berlin (DDR) 1968, S. 514.
17 Karl A. Otto, Die Arbeitszeit!, Pfaffenweiler 1989, S. 59–61.
18 Harold Wilensky, Die Umverteilung von Freizeit und Arbeit, in: Erwin K. Scheuch/Rolf Meyersohn (Hg.), Soziologie der Freizeit, Köln 1972, S. 155.

19 Edward P. Thompson, Zeit, Arbeitsdisziplin und Industriekapitalismus, in: ders., Plebeische Kultur und moralische Ökonomie, Frankfurt/M. 1980, S. 46.

20 Hans-Ulrich Wehler, Deutsche Gesellschaftsgeschichte, Bd. 3, München 1995, S. 773 f.

21 Robert D. Storch, Introduction, in: ders. (Hg.), Popular Culture and Custom in Nineteenth-Century England, London 1982, S. 14 f.

22 Elisabeth Kosok, Arbeiterfreizeit und Vereinswesen, in: Ulrich Zumdick, Hüttenarbeiter im Ruhrgebiet, Stuttgart 1990, S. 361, 363.

23 Anthony Delves, Popular Recreation and Social Conflict in Derby, 1800–1850, in: Eileen Yeo/Stephen Yeo (Hg.), Popular Culture and Class Conflict 1590–1914, Brighton 1981, S. 104.

24 Margaret Baker, Discovering English Fairs, Tring o. J., S. 24, 33.

25 Reulecke, Veredelung [wie Anm. 6].

26 Victor Böhmert, Die Erholungen der Arbeiter außer dem Hause, in: Die zweckmäßige Verwendung der Sonntags- und Feierzeit (= Schriften der Centralstelle für Arbeiter-Wohlfahrtseinrichtungen, Nr. 2), Berlin 1893, S. 19.

27 Lynn Abrams, Worker's Culture in Imperial Germany, London 1992, S. 151.

28 Hans Ostwald, Die Berlinerin. Kultur- und Sittengeschichte Berlins, Berlin o. J. (um 1920), S. 317 f.

29 Zit. n. Uwe Geese, Eintritt frei, Kinder die Hälfte. Kulturgeschichtliches vom Jahrmarkt, Marburg 1981, S. 140, 142 (Hervorh. im Orig.).

30 Wolfgang Braungart, Bänkelsang, Stuttgart 1985, S. 393.

31 Trübners Deutsches Wörterbuch, Bd. 7, Berlin 1956, S. 108.

32 Günther Dehn, Die alte Zeit – Die vorigen Jahre, München 1962, S. 11.

33 M. Pierre Véron, Paris s'amuse, zit. n. Richard Sennett, Verfall und Ende des öffentlichen Lebens, Frankfurt/M. 1983, S. 236.

34 Richard Wagner, »Zukunftsmusik«, in: ders., Gesammelte Schriften und Dichtungen, Bd. 7, Leipzig 1888, S. 124.

35 Eugen Weber, France – Fin de Siècle, Cambridge, Mass. 1986, S. 162–167.

36 Zit n. Karsten Schrum, Meldorfs Theaterleben in der Kaiserzeit, in: Silke Göttsch/Wolf Könenkamp/Kai Detlev Sievers (Hg.), Geschichte und Museum, Kiel 1995, S. 221.

37 Charles Rearick, Fin-de-siècle Fairs: Social and Cultural Crossroads, in: Marc Bertrand (Hg.), Popular Traditions and Learned Culture in France, Stanford 1985, S. 211–225.

38 René Faber, Von Donnerbalken, Nachtvasen und Kunstfurzern, Frankfurt/M. 1994, S. 296–309.

39 Elisabeth Kosok, Die Reglementierung des Vergnügens, in: Dagmar Kift (Hg.), Kirmes – Kneipe – Kino. Arbeiterkultur im Ruhrgebiet zwischen Kommerz und Kontrolle 1850–1914, Paderborn 1992, S. 70.

40 Ebd., S. 72.
41 Abrams, Worker's Culture [wie Anm. 27], S. 38–42.
42 Maxime du Camp, Paris, ses organes, ses fonctions et sa vie dans la seconde moitié du XIXe siècle, Bd. 6, Paris 1875, S. 327; zit. n. Timothy J. Clark, The Bar at the Folies-Bergères, in: J. Beauroy/M. Bertrand/E. T. Gargan (Hg.), The Wolf and the Lamb. Popular Culture in France from the Old Regime to the Twentieth Century, Saratoga, Cal. 1977, S. 240.
43 A. Desrousseaux, Mœurs populaires de la Flandre française, Bd. 1, Lille 1889, S. 53; zit. n. Michael R. Marrus, Modernization and Dancing in Rural France, in: Beauroy/Bertrand/Gargan, Wolf [wie Anm. 42], S. 154.
44 Ebd., S. 156.
45 Jürgen Kuczynski, Das Entstehen der Arbeiterklasse, München 1967, S. 114.
46 Kosok, Reglementierung [wie Anm. 39].
47 James Walvin, Leisure and Society 1830–1950, London 1978, S. 101–104.
48 Hugh Cunningham, Leisure and Culture, in: F. M. L. Thompson (Hg.), The Cambridge Social History of Britain, Bd. 2: People and their Environment, Cambridge 1990, S. 325.
49 Norbert Linke, Musik erobert die Welt oder Wie die Wiener Familie Strauß die »Unterhaltungsmusik« revolutionierte, Wien 1987, S. 204–207.
50 Lukas Richter, Der Berliner Gassenhauer, Leipzig o. J. (1970), S. 139, 414.
51 Cunningham, Leisure [wie Anm. 48], S. 334.
52 Tony Mason, Sport and Recreation, in: Paul Johnson (Hg.), Twentieth-Century Britain: Economic, Social and Cultural Change, London 1994, S. 112.
53 Walvin, Leisure [wie Anm. 47], S. 65.
54 Cunningham, Leisure [wie Anm. 48], S. 309.
55 Charles Booth, Life and Labour of the People in London, Bd. 5: Poverty, 1903 (ND Kelley 1970), zit. nach Walvin, Leisure [wie Anm. 47], S. 63.
56 Walvin, Leisure [wie Anm. 47], S. 6.
57 Ebd., S. 67.
58 Hans-Werner Prahl/Albrecht Steinecke, Der Millionen-Urlaub, Darmstadt 1979, S. 14 f.
59 Walvin, Leisure [wie Anm. 47], S. 19f.; zum folgenden ebd., S. 69–82.
60 Mason, Sport [wie Anm. 52], S. 121; James Walvin, The People's Game. A Social History of British Football, London 1975, S. 86.
61 Walvin, Game [wie Anm. 60], S. 77; Stephen G. Jones, Workers at Play. A Social and Economic History of Leisure 1918–1939, London 1986, S. 38.
62 Penny Dreadfuls and Comics. English Periodicals for Children from Victorian Times to the Present Day. A Loan Exhibition from the Library of Oldenburg University, West Germany, at the Bethnal Green Museum of Childhood, o. O. (London) 1983, S. 6, 11 f.

63 Victor E. Neuburg, Popular Literature, Harmondsworth 1977, S. 224.
64 Ebd., S. 231 ff.
65 Cunningham, Leisure [wie Anm. 48], S. 312.
66 John Carey, Haß auf die Massen, Göttingen 1996, S. 135 f.
67 Neuburg, Literature [wie Anm. 63], S. 231; Edward R. Tannenbaum, 1900. Die Generation vor dem Großen Krieg, Frankfurt/M. 1978, S. 251ff.; Carey, Haß [wie Anm. 66], S. 18.
68 Patrice Flichy, Tele. Geschichte der modernen Kommunikation, Frankfurt/M. 1994, S. 120; Irmgard Keldany-Mohr, »Unterhaltungsmusik« als soziokulturelles Phänomen des 19. Jahrhunderts, Regensburg 1977.
69 Abrams, Worker's Culture [wie Anm. 27], S. 93.
70 Ostwald, Berlinerin [wie Anm. 28], S. 340.
71 Illustrirter Neue Welt-Kalender für das Jahr 1913, Hamburg 1913.
72 Curt Riess, Knaurs Weltgeschichte der Schallplatte, Zürich 1966, S. 137, 150.
73 Flichy, Tele [wie Anm. 68], S. 126; Ronald Pearsall, Edwardian Popular Music, Newton Abbot 1975, S. 142 f.
74 Karl Storck, Gegen die musikalische Schundliteratur, in: ders., Musik-Politik, Stuttgart 1911, S. 167.
75 Richter, Gassenhauer [wie Anm. 50], S. 346 f., 417 f.
76 »Fort, geh' deiner Wege, meine Brust ist französisch.« Zit. n. Rudolf Schenda, Volk ohne Buch. Studien zur Sozialgeschichte der populären Lesestoffe 1770–1910, Frankfurt/M. 1970, S. 378.
77 Richard Holt, Sport and Society in Modern France, London 1981, S. 9.
78 Ebd., S. 144.
79 Ebd., S. 10.
80 Zit. n. Alfred Wahl (Hg.), Les Archives du Football, Paris 1989, S. 26.
81 Holt, Sport [wie Anm. 77], S. 40.
82 Horst Groschopp, Zwischen Bierabend und Bildungsverein, Berlin 1985, S. 45.
83 Holt, Sport [wie Anm. 77], S. 85.
84 Ebd., S. 100.
85 Georg Kaiser, Von Morgens bis Mitternachts, in: ders., Gesammelte Werke, Bd. 2, Potsdam 1928, S. 83.
86 John F. Sears, Bierstadt, Buffalo Bill, and the Wild West in Europe, in: Rob Kroes/Robert W. Rydell/Doeko F. J. Bosscher (Hg.), Cultural Transmissions and Receptions. American Mass Culture in Europe, Amsterdam 1993, S. 3–14; Nils Minkmar, Vom Totschlagen kostbarer Zeit, in: Historische Anthropologie 1 (1993), S. 432.
87 Mason, Sport [wie Anm. 52], S. 115.
88 Zit. n. Lisa Kosok/Mathilde Jamin (Hg.), Viel Vergnügen. Öffentliche Lustbarkeiten im Ruhrgebiet der Jahrhundertwende, Essen 1992, S. 189.
89 C. E. B. Russell, Social Problems of the North, London 1914, S. 98;

zit. n. Andrew Davies, Leisure, Gender and Poverty, Buckingham 1992, S. 74.

90 Emilie Altenloh, Zur Soziologie des Kino, Jena 1914, S. 67.

91 Hans Traub, Die UFA, Berlin 1943, S. 11.

92 Altenloh, Kino [wie Anm. 90], S. 52.

93 James C. Robertson, The Hidden Cinema. British Film Censorship in Action, London 1989, S. 1.

94 Siegfried Kracauer, Von Caligari zu Hitler, Frankfurt/M. 1984, S. 22.

95 Tom Gunning, The Cinema of Attraction, in: Wide Angle 8 (1986), S. 63–70.

96 Jerzy Toeplitz, Geschichte des Films, Bd. 1, Berlin 1979, S. 60.

97 Berthold Viertel, in: März 4 (1910), H. 4, S. 173 f.; zit. n. Hätte ich das Kino! Die Schriftsteller und der Stummfilm, München 1976, S. 24/26.

98 Detlev J. K. Peukert, Die Weimarer Republik. Krisenjahre der Klassischen Moderne, Frankfurt/M. 1987.

99 Theodor W. Adorno, Jene zwanziger Jahre, in: ders., Gesammelte Schriften, Bd. 10.2, Frankfurt/M. 1977, S. 501.

100 The Gramophone 4/1923, zit. n. D. L. Le Mahieu, A Culture for Democracy. Mass Communication and the Cultivated Mind in Britain Between the Wars, Oxford 1988, S. 377.

101 Jones, Play [wie Anm. 61], S. 44.

102 Heinz Pollack, Die Revolution des Gesellschaftstanzes, Dresden 1922, S. 72 f.

103 Astrid Eichstedt/Bernd Polster, Wie die Wilden. Tänze auf der Höhe ihrer Zeit, Berlin 1985, S. 53.

104 Le Mahieu, Democracy [wie Anm. 100], S. 83; A. Howkins/J. Lowerson, Trends in Leisure, 1919–1939, o. O. (London) 1979, S. 16; Sue Bowden, The New Consumerism, in: Johnson, Britain [wie Anm. 52], S. 256.

105 Le Mahieu, Democracy [wie Anm. 100], S. 81.

106 Howkins/Lowerson, Trends [wie Anm. 104], S. 16; Riess, Schallplatte [wie Anm. 72], S. 288.

107 Riess, Schallplatte [wie Anm. 72], S. 238.

108 Heribert Schröder, Tanz- und Unterhaltungsmusik in Deutschland 1918–1933, Bonn 1990, S. 317.

109 Robert Dinse (Hg.), Das Freizeitleben der Großstadtjugend, Eberswalde 1932, S. 32.

110 Gloria Sultano, Wie geistiges Kokain ... Mode unterm Hakenkreuz, Wien 1995, S. 312 (Zitat sprachlich leicht angepaßt).

111 August Soppe, Die Einführung des Rundfunks in Deutschland, in: Massen/Medien/Politik (= Argument-Sonderbd. 10), Karlsruhe 1976, S. 122 f.

112 Carsten Lenk, Die Erscheinung des Rundfunks, Diss. Tübingen 1994, S. 94 f.

113 Zit. n. Friedrich Kittler, Grammophon Film Typewriter, Berlin 1986, S. 150 f.

114 Zit. n. Horst Halefeldt, Das erste Medium für alle?, in: Rundfunk und Fernsehen 34 (1986), S. 30, 40.

115 Egon Bandmann, Weltwirtschaftliche Fragen, in: Die Sendung 1 (1924), S. 99; zit. ebd., S. 36.

116 Carl Hagemann, Die künstlerisch-kulturelle Zielsetzung des deutschen Rundfunks (Beitrag zur Sitzung des Programmausschusses der deutschen Rundfunkgesellschaften, 5./6. Juni 1928), in: Hans Bredow, Aus meinem Archiv, Heidelberg 1950, S. 229.

117 LeMahieu, Democracy [wie Anm. 100], S. 183.

118 1000 Hörer antworten. Eine Marktstudie, Berlin 1935, S. 53; zit. n. Lenk, Erscheinung [wie Anm. 112], S. 212.

119 Peukert, Weimarer Republik [wie Anm. 98], S. 173; Heide Riedel, 60 Jahre Radio, Berlin 1983, S. 62.

120 Asa Briggs, The Golden Age of Wireless, London 1965, S. 253; Bowden, Consumerism [wie Anm. 104], S. 246.

121 Zit. n. Walvin, Leisure [wie Anm. 47], S. 137.

122 Shaun Moores, »The Box on the Dresser«: Memories of Early Radio and Everyday Life, in: Media, Culture and Society 10 (1988), S. 23–40.

123 Walvin, Leisure [wie Anm. 47], S. 140.

124 Briggs, Golden Age [wie Anm. 120], S. 46 f.

125 Schröder, Tanzmusik [wie Anm. 108], S. 318; Asa Briggs, The Birth of Broadcasting, London 1961, S. 275.

126 Briggs, Golden Age [wie Anm. 120], S. 271.

127 Howkins/Lowerson, Trends [wie Anm. 104], S. 24.

128 René Rémond, Frankreich im 20. Jahrhundert. Erster Teil 1918–1958, Stuttgart 1994, S. 297.

129 Paul Monaco, Cinema and Society. France and Germany During the Twenties, New York 1976, S. 21; Rémond, Frankreich I [wie Anm. 128], S. 297; Jeffrey Richards, The Age of the Dream Palace. Cinema and Society in Britain 1930–1939, London 1984, S. 11; Howkins/Lowerson, Trends [wie Anm. 104], S. 25.

130 Günter Heintz (Hg.), Deutsche Arbeiterdichtung 1910–1933, Stuttgart 1974, S. 293 f. (Hervorh. im Orig.).

131 »Mein Arbeitstag – mein Wochenende«: Arbeiterinnen berichten von ihrem Alltag 1928, neu hg. v. Alf Lüdtke, Hamburg 1991, S. 21 (Hervorh. im Orig.).

132 Alfred Lehmann, Zwischen Schaubuden und Karussells, Frankfurt/M. 1952, S. 14.

133 Helmut Steiner, Soziale Strukturveränderungen im modernen Kapitalismus, Berlin 1967, S. 31; Le Mahieu, Democracy [wie Anm. 100], S. 8.

134 Le Mahieu, Democracy [wie Anm. 100], S. 228 f.

135 Stefan Zweig, Die Welt von gestern, Frankfurt/M. 1970 (1944), S. 226 ff.

136 Andrew Davies, Cinema and Broadcasting, in: Johnson, Britain [wie Anm. 52], S. 264.

137 Holt, Sport [wie Anm. 77], S. 85, 86, 99.

138 Christiane Eisenberg, Massensport in der Weimarer Republik, in: Archiv für Sozialgeschichte 33 (1993), S. 168 f., Tab. 8; S. 148.

139 Martin L. Müller, Turnen und Sport im sozialen Wandel, in: Archiv für Sozialgeschichte 33 (1993), S. 134 f.

140 Ross McKibbin, Working-Class Gambling in Britain 1880–1939, in: Past & Present 82 (1979), S. 147–178; Walvin, Game [wie Anm. 60], S. 117 ff.

141 Eisenberg, Massensport [wie Anm. 138]; Yves Lequin, Histoire des Français XIXe-XXe siècles: Les citoyens et la democratie, Paris 1984, S. 268 f.

142 Eisenberg, Massensport [wie Anm. 138], S. 151 f.; Holt, Sport [wie Anm. 77], S. 205.

143 Berechnet n. Eisenberg, Massensport [wie Anm. 138], S. 162, Tab. 6.

144 Vgl. zum folgenden Peter Reichel, Der schöne Schein des Dritten Reiches, München 1991, S. 262–272.

145 Ebd., S. 269 f.

146 Zit. n. ebd., S. 99.

147 Klaus Kreimeier, Die UFA Story, München 1992, S. 195, 197 f.

148 Ebd., S. 224.

149 Ebd., S. 200; Monaco, Cinema [wie Anm. 129], S. 31.

150 Monaco, Cinema [wie Anm. 129], S. 76–79.

151 Ebd., S. 48–60; Klaus Petersen, Zensur in der Weimarer Republik, Stuttgart 1995; Davies, Cinema [wie Anm. 136], S. 275 f.

152 Davies, Leisure [wie Anm. 89], S. 95.

153 Victoria de Grazia, Mass Culture and Sovereignty: The American Challenge to European Cinemas 1920–1960, in: The Journal of Modern History 61 (1989), S. 86; Richards, Dream [wie Anm. 129], S. 13ff.; Davies, Leisure [wie Anm. 89], S. 73 f.; Michael Maaß, Freizeitgestaltung und kulturelles Leben in Nürnberg 1930–1945, Nürnberg 1994, S. 131.

154 Richards, Dream [wie Anm. 129], S. 24–27; Davies, Cinema [wie Anm. 136], S. 274.

155 Zu letzterem ausführlicher im Kapitel »Jugendschutz und ›Nigger‹-Jagd«.

156 Dazu insgesamt Jost Hermand/Frank Trommler, Die Kultur der Weimarer Republik, München 1978, Zit. S. 118.

157 Zit. n. Erhard Schütz, Medien, in: Handbuch der deutschen Bildungsgeschichte, Bd. V: 1918–1945, hg. v. Dieter Langewiesche/Heinz-Elmar Tenorth, München 1989, S. 385.

158 Erich Fromm, Arbeiter und Angestellte am Vorabend des Dritten Reiches, Stuttgart 1980, S. 166.

159 Adolf Hitler, Mein Kampf, München [60]1933, S. 278, 279.

160 Adelheid von Saldern, Massenfreizeitkultur im Visier, in: Archiv für Sozialgeschichte 33 (1993), Zit. S. 27, 38.
161 Robert J. Bezucha, The Moralization of Society, in: Beauroy/Bertrand/Gargan, Wolf [wie Anm. 42], S. 179.
162 Norman St. John-Stevas, The Church and Censorship, in: J. Chandos (Hg.), »To Deprave and Corrupt …«. Original Studies in the Nature and Definition of »Obscenity«, London 1962, S. 104.
163 Morag Shiach, Discourse on Popular Culture, Cambridge 1989, S. 78–94.
164 Eric J. Hobsbawm, Das imperiale Zeitalter 1875–1914, Frankfurt/M. 1995, S. 276.
165 Stellungnahme von Schulinspektor Fricke für die Polizeibehörde, 22. Oktober 1912; Staatsarchiv Hamburg, Oberschulbehörde V, 58a, Bd. I.
166 Ernst Schultze, Der Kinematograph als Bildungsmittel, Halle a. d. S. 1911, S. 71 f.
167 Ders., Die Schundliteratur, Halle a. d. S. ^{2}1911, S. 44.
168 Die Post, Berlin, 6. 8. 1907.
169 Clemens Schultz, Die Halbstarken, Leipzig 1912, S. 14.
170 Gesellschaft der Freunde des vaterländischen Schul- und Erziehungswesens, Jahresbericht über das Vereinsjahr 1908, Hamburg o. J. (1909), S. 48.
171 Hamburger Nachrichten, 8. 1. 1909.
172 Maßnahmen zur Bekämpfung der Schundliteratur, in: Mitteilungen der Zentralstelle des Deutschen Städtetages 2 (1909), S. 177.
173 Staatsarchiv Hamburg, Oberschulbehörde V, 480a Bd. I.
174 Konrad Lange, Der Kinematograph vom ethischen und ästhetischen Standpunkt, in: Robert Gaupp/Konrad Lange, Der Kinematograph als Volksunterhaltungsmittel, München 1912, S. 16.
175 Zit. n. Clark, Bar [wie Anm. 42], S. 244.
176 Hamburger Echo, 24. März 1907, 1. Beiblatt.
177 Hamburger Echo, 23. Oktober 1912, 2. Beiblatt.
178 W. Lottig, Lebende Photographien, in: Hamburger Echo, 25. November 1905.
179 Handbuch für Jugendpflege, hg. v. d. Deutschen Zentrale für Jugendfürsorge, Langensalza 1913, S. 24.
180 Ebd., S. 400.
181 Ebd., S. 81.
182 Le Mahieu, Democracy [wie Anm. 100], S. 101.
183 Robert Sinclair, Metropolitan Man: The Future of the English, London 1937, S. 114, zit. n. Jones, Play [wie Anm. 61], S. 82.
184 Werner Sombart, Der proletarische Sozialismus, Jena ^{10}1924, Bd. II, S. 170, 173.
185 Die Literarische Welt 2 (1926) Nr. 49, 3. Dez. 1926, S. 1.
186 Heinrich Mann, Schmutz und Schund (1926), in: ders., Essays, Hamburg 1960, S. 527.

187 Ebd., S. 541.
188 Schröder, Tanzmusik [wie Anm. 108], S. 351.
189 Preuß. Landtag, 157. Sitzung, 4. April 1930, Sp. 13463 f., zit. n. Adelheid von Saldern, Überfremdungsängste. Gegen die Amerikanisierung der deutschen Kultur in den zwanziger Jahren, in: Alf Lüdtke/Inge Marßolek/Adelheid v. Saldern (Hg.), Amerikanisierung. Traum und Alptraum im Deutschland des 20. Jahrhunderts, Stuttgart 1996, S. 218.
190 Schröder, Tanzmusik [wie Anm. 108], S. 355 f.
191 Zit. n. Ekkehard Jost, Jazz in Deutschland – Von der Weimarer Republik zur Adenauer-Ära, in: Annette Hauber (Hg.), That's Jazz, Darmstadt 1988, S. 362.
192 Eichstedt/Polster, Tänze [wie Anm. 103], S. 71.
193 Jost, Jazz [wie Anm. 191], S. 362 f.
194 Der SA-Mann, 26. Februar 1938, zit. n. Thorsten Müller, Feindliche Bewegung, in: Hauber, Jazz [wie Anm. 191], S. 381 (Hervorh. im Orig.).
195 Dietrich Aigner, Die Indizierung »schädlichen und unerwünschten Schrifttums« im Dritten Reich, in: Archiv für Geschichte des Buchwesens 11 (1971), Sp. 933–1034.
196 Maaß, Freizeitgestaltung [wie Anm. 153], S. 275 f.
197 Rolf Peter Sieferle/Clemens Zimmermann, Die Stadt als Rassengrab, in: Manfred Smuda (Hg.), Die Großstadt als »Text«, München 1992, S. 53–71.
198 Wolfhard Buchholz, Die Nationalsozialistische Gemeinschaft »Kraft durch Freude«, Diss. München 1976, S. 45; Victoria de Grazia, The Culture of Consent. Mass Organization of Leisure in Fascist Italy, Cambridge 1981, S. 229.
199 De Grazia, Consent [wie Anm. 198], S. 55.
200 Buchholz, KdF [wie Anm. 198], S. 48.
201 De Grazia, Consent [wie Anm. 198], S. 163.
202 Ebd., S. 277, Anm. 28.
203 Ebd., S. 159 f., 216 f.
204 Horst Wagenführ, »Kraft durch Freude« und »Dopolavoro«, in: Hochschule und Ausland 14 (1936), S. 208.
205 Andries Sternheim, Zum Problem der Freizeitgestaltung, in: Zeitschrift für Sozialforschung 1 (1932), S. 339.
206 Professor Ernst Schuster, Weltanschauung und Freizeitgestaltung, in: Weltkongreß für Freizeit und Erholung vom 23. bis 30. Juli 1936 in Hamburg/Berlin. Bericht, Hamburg 1937, S. 170.
207 Archibald E. Evans, Work and Leisure 1919–1969, in: International Labour Review 99 (1969), S. 50.
208 Gustavus Town Kirby, Freizeitorganisation durch die Regierung, in: Weltkongreß [wie Anm. 206], S. 106.
209 I. Glynn-Jones, Die Freizeit des Jungarbeiters, in: ebd., S. 527.

210 Gustave Bonvoisin, Betrachtungen zur Freizeitgestaltung in Frankreich, in: ebd., S. 113.
211 Entschließung der Kommission VII: Die grundsätzlichen Beziehungen zwischen Freizeit und Arbeit – Der Einfluß der Arbeit auf Kunst und Kultur – Die Beziehungen zwischen Arbeit und Volkskultur, in: ebd., S. 37.
212 Fernand Braudel/Ernest Labrousse, Histoire économique et sociale de la France, Bd. IV. 1–2, Paris 1993, S. 922.
213 Le Peuple, 20. April 1937, S. 4; zit. n. Bénigno Cacérès, »Allons au-devant de la vie«. La naissance du temps des loisirs en 1936, Paris 1981, S. 43 f.
214 Holt, Sport [wie Anm. 77], S. 209.
215 Zit. n. Reichel, Schein [wie Anm. 144], S. 168.
216 Ebd., S. 356.
217 Die Deutsche Artistik, 14. November 1937, zit. n. Wolfgang Jansen, Das Varieté, Berlin 1990, S. 246.
218 Hans Dieter Schäfer, Das gespaltene Bewußtsein. Über deutsche Kultur und Lebenswirklichkeit 1933–1945, München 1981.
219 Robert Ley, Die Gründung der NS-Gemeinschaft »Kraft durch Freude«, in: ders., Durchbruch der sozialen Ehre, Berlin 1935, S. 35.
220 Volk nach der Arbeit, zusammengestellt v. G. Müller-Gaisberg, Berlin 1936, S. 22.
221 Detlev J. K. Peukert, Volksgenossen und Gemeinschaftsfremde. Anpassung, Ausmerze und Aufbegehren unter dem Nationalsozialismus, Köln 1982, S. 137 ff.; Otto, Arbeitszeit [wie Anm. 17], S. 246–250.
222 Verordnung Hitlers zur DAF vom 24. Oktober 1934, in: Völkischer Beobachter, 25. Oktober 1934; zit. n. Otto, Arbeitszeit [wie Anm. 17] S. 255.
223 Ley, Gründung [wie Anm. 219], S. 34.
224 Buchholz, KdF [wie Anm. 198], S. 368; Bruno Frommann, Reisen im Dienste politischer Zielsetzungen. Arbeiter-Reisen und »Kraft durch Freude«-Fahrten, Diss. Stuttgart 1993, insbes. S. 267 f.
225 Jakob Schaffner, Volk zu Schiff. Zwei Seefahrten mit der »KdF«-Hochseeflotte, Hamburg 1936.
226 Maaß, Freizeitgestaltung [wie Anm. 153], S. 319 f.
227 Hasso Spode, »Der deutsche Arbeiter reist«. Massentourismus im Dritten Reich, in: Huck, Sozialgeschichte [wie Anm. 6], S. 295, Tab. 1; Buchholz, KdF [wie Anm. 198], S. 286 f.; Frommann, Reisen [wie Anm. 224].
228 Spode, Massentourismus [wie Anm. 227], S. 305.
229 Fränkische Tageszeitung (nationalsozialistisch), 4./5. August 1934, zit. n. Maaß, Freizeitgestaltung [wie Anm. 153], S. 321.
230 Zit. n. Konrad Dussel/Matthias Frese, Freizeit in Weinheim, Weinheim 1989, S. 140.
231 Reichssportführer von Tschammer und Osten, in: Volk nach der Arbeit [wie Anm. 220], S. 192.
232 Berechnet nach Buchholz, KdF [wie Anm. 198], S. 296, 290.

233 Zit. n. Maaß, Freizeitgestaltung [wie Anm. 153], S. 188.
234 Zum folgenden ebd., S. 170–205.
235 Buchholz, KdF [wie Anm. 198], S. 272 f.
236 Anordnung vom 30. Jan. 1941; Abschrift Stadtarchiv Tübingen, E 104/PolDir 245.
237 Fränkische Tageszeitung, 6. November 1936, zit. n. Maaß, Freizeitgestaltung [wie Anm. 153], S. 245.
238 Maaß, Freizeitgestaltung [wie Anm. 153], S. 148–153; Schäfer, Bewußtsein [wie Anm. 218], S. 129–132; Bernd Polster (Hg.), »Swing Heil«. Jazz im Nationalsozialismus, Berlin 1989, S. 231 f.
239 Carsten Laqua, Wie Mickey unter die Nazis fiel. Walt Disney und Deutschland, Reinbek 1992.
240 Buchholz, KdF [wie Anm. 198], S. 273; Maaß, Freizeitgestaltung [wie Anm. 153], S. 155.
241 Buchholz, KdF [wie Anm. 198], S. 329 ff., 347.
242 Gerd Albrecht (Hg.), Film im Dritten Reich – eine Dokumentation, o. O., o. J. (Köln 1974), S. 242. Berechnet pro Einwohner über 15 Jahren, in der Besucherzahl ist ein nennenswerter Anteil von Fremd- und Zwangsarbeitern enthalten; vgl. Boguslaw Drewniak, Der deutsche Film 1938–1945, Düsseldorf 1987, S. 639.
243 Nanny Drechsler, Die Funktion der Musik im deutschen Rundfunk 1933–1945, Pfaffenweiler 1988, S. 33, 44.
244 Gerd Albrecht, Nationalsozialistische Filmpolitik, Stuttgart 1969, S. 106–111.
245 Vgl. Birgitta Welzel, Die Beliebigkeit der filmischen Botschaft – aufgewiesen am »ideologischen« Gehalt von 120 NS-Spielfilmen, Rheinfelden 1994.
246 Albrecht, Film [wie Anm. 242], S. 249; Drewniak, Film [wie Anm. 242], S. 398, 631.
247 Albrecht, Filmpolitik [wie Anm. 244], S. 221–231.
248 Ebd., S. 110.
249 Peter Bächlin, Der Film als Ware, Frankfurt/M. 1975, S. 244; Drewniak, Film [wie Anm. 242], S. 621.
250 Zit. n. Heinz-Jürgen Priamus/Stefan Goch, Macht der Propaganda oder Propaganda der Macht?, Essen 1992, S. 92.
251 Das Folgende nach Wilhelm Schepping, Zeitgeschichte im Spiegel eines Liedes, in: Günter Noll/Marianne Bröcker (Hg.), Musikalische Volkskunde aktuell, Bonn 1984, S. 435–464.
252 Michael H. Kater, Different Drummers. Jazz in the Culture of Nazi Germany, New York 1992, S. 176.
253 Jansen, Varieté [wie Anm. 217], S. 221–236.
254 Horst Lange, Jazz in Deutschland, Berlin 1966; Kater, Drummers [wie Anm. 252].

255 Thomas Mann, Politische Schriften und Reden. Zweiter Band, Frankfurt/M. 1968, S. 191.
256 Drechsler, Musik [wie Anm. 243], S. 58–95.
257 Chup Friemert, Radiowelten, Stuttgart 1996, S. 77, Anm. 51.
258 Peter Longerich, Nationalsozialistische Propaganda, in: Karl Dietrich Bracher/Manfred Funke/Hans-Adolf Jacobsen (Hg.), Deutschland 1933–1945, Düsseldorf 1992, S. 300.
259 Briggs, Golden Age [wie Anm. 120], S. 594–622.
260 Jones, Play [wie Anm. 61], S. 19f., 28; Howkins/Lowerson, Trends [wie Anm. 104], S. 9f., 12.
261 Jones, Play [wie Anm. 61], S. 91f.
262 Heidrun Edelmann, Der Volkswagen, eine konkrete Erfahrung des Wirtschaftswunders, in: Lutz Niethammer u.a. (Hg.), Bürgerliche Gesellschaft in Deutschland, Frankfurt/M. 1990, S. 548.
263 Zit. n. Reichel, Schein [wie Anm. 144], S. 285.
264 Zum folgenden Schäfer, Bewußtsein [wie Anm. 218], S. 123ff., 150f., Abb. S. 164ff.; Zit. S. 124.
265 Gunter Lust, »The Flat Foot Floogee ... treudeutsch, treudeutsch«. Erlebnisse eines Hamburger Swingheinis 1936 bis 1966, Hamburg 1992, S. 47.
266 Ebd., S. 50.
267 Christian Gerbel/Alexander Mejstrik/Reinhard Sieder, Die »Schlurfs«. Verweigerung und Opposition von Wiener Arbeiterjugendlichen, in: Emmerich Talos u.a. (Hg.), NS-Herrschaft in Österreich 1938–1945, Wien 1988, S. 255.
268 Frank Ténot, in: Jazz Magazine, April 1978, zit. n. Ekkehard Jost, Le Jazz en France, in: Hauber, Jazz [wie Anm. 191], S. 323f.; Rainer Pohl, »Schräge Vögel, mausert Euch!« Von Renitenz, Übermut und Verfolgung – Hamburger Swings und Pariser Zazous, in: Wilfried Breyvogel (Hg.), Piraten, Swings und Junge Garde, Bonn 1991, S. 256–270.
269 Gerbel u.a., Schlurfs [wie Anm. 267], S. 256.
270 Detlev Peukert, Edelweißpiraten, Meuten, Swing. Jugendsubkulturen im Dritten Reich, in: Huck, Sozialgeschichte [wie Anm. 6], S. 321.
271 Jean Fourastié, Die große Hoffnung des 20. Jahrhunderts, Köln 1949; ders., Die 40000 Stunden, Düsseldorf 1966.
272 Jürgen Habermas, Konsumkritik – eigens zum Konsumieren, in: ders., Arbeit – Erkenntnis – Fortschritt. Aufsätze 1954–1970, Amsterdam 1970, S. 47–55.
273 Johannes Paulmann, Freizeit in der britischen Klassengesellschaft von der großen Depression zur Wohlstandsgesellschaft, in: Archiv für Sozialgeschichte 33 (1993), S. 224–228; Ditmar Brock, Der schwierige Weg in die Moderne. Umwälzungen in der Lebensführung der deutschen Arbeiter zwischen 1850 und 1980, Frankfurt/M. 1991, insbes. S. 354, 358.
274 Axel Schildt, Moderne Zeiten. Freizeit, Massenmedien und »Zeitgeist« in

der Bundesrepublik der 50er Jahre, Hamburg 1995, S. 511, Anm. 84; Paulmann, Freizeit [wie Anm. 273], S. 230f.; Georges Gallais-Hamonno, Des loisirs, Paris 1972, S. 397; Jérôme Bourdon, The Growth of Opinion Polls in French Television 1958–74, in: Brian Rigby/Nicholas Hewitt (Hg.), France and the Mass Media, Houndsmills 1991, S. 177.

275 Vgl. John P. Robinson/Philip E. Converse, The Impact of Television on Mass Media Usage, in: Alexander Szalai (Hg.), The Use of Time, The Hague 1972, S. 199.

276 Susan J. Douglas, Where the Girls Are. Growing up Female with the Mass Media, New York 1994.

277 J. Donald, How English is it?, in: New Formations, Nr. 6, 1988, S. 32; zit. n. David Morley, Electronic Communities and Domestic Rituals, in: Jostein Gripsrud (Hg.), Cultural Identity and the Media, Bergen 1992, S. 23.

278 Martin Barker, A Haunt of Fears. The Strange History of the British Horror Comics Campaign, London 1984; Stanley Cohen, Folk Devils and Moral Panics, London 1972.

279 Richard F. Kuisel, Seducing the French. The Dilemma of Americanization, Berkeley 1993; Maurice Crubellier, Histoire culturelle de la France XIXe–XXe siècles, Paris 1974, S. 261.

280 Bernd Dolle-Weinkauff, Comics. Geschichte einer populären Literaturform in Deutschland seit 1945, Weinheim 1990, S. 97, 102.

281 René Bonnell, Le Cinéma Exploité, Paris 1978, S. 24–29; Paulmann, Freizeit [wie Anm. 273], S. 231.

282 Vgl. Kaspar Maase, Lebensweise der Lohnarbeiter in der Freizeit, Frankfurt/M. 1984.

283 Vgl. Gerhard Eckert, Das Fernsehen in den Ländern Westeuropas, Gütersloh 1965.

284 Henning Rischbieter, Theater, in: Wolfgang Benz (Hg.), Die Bundesrepublik Deutschland, Bd. 3: Kultur, Frankfurt/M. 1983, S. 80.

285 René Rémond, Frankreich im 20. Jahrhundert. Zweiter Teil: 1958 bis zur Gegenwart, Stuttgart 1995, S. 453.

286 Friedrich H. Tenbruck, Jugend und Gesellschaft, Freiburg 1962, S. 92.

287 Peter Wicke, Vom Umgang mit Popmusik, Berlin 1993, S. 31.

288 Flichy, Tele [wie Anm. 68], S. 260.

289 Paul Yonnet, Jeux, Modes et Masses. La Société Française et la Moderne 1945–1985, Paris 1985, S. 141–204.

290 Crubellier, Histoire [wie Anm. 279], S. 268.

291 Dietrich Mühlberg, Die DDR als Gegenstand kulturhistorischer Forschung, in: Mitteilungen aus der kulturwissenschaftlichen Forschung 16 (1993), H. 33, S. 39.

292 Walter Ulbricht, Der Kampf für den Frieden, für den Sieg des Sozialismus und für die nationale Wiedergeburt Deutschlands als friedliebender, demokratischer Staat, Berlin 1958, S. 120f.; zit. n. ebd., S. 43.

293 Gerlinde Petzoldt, Erforschung des Freizeitverhaltens in der DDR und der Sowjetunion, Berlin 1988, S. 69.
294 Friedrich-Ebert-Stiftung (Hg.), Freizeit in der Deutschen Demokratischen Republik, Bonn 1981, S. 37.
295 Das Folgende v. a. nach Helmut Hanke, Freizeit in der DDR, Berlin 1979.
296 Gunhild Fuhrmann, Ferienscheck und Balaton, in: Mitteilungen aus der kulturwissenschaftlichen Forschung 16 (1993), H. 33, S. 302.
297 Lothar Bisky, Sozialistische Ideologie und Unterhaltung, in: Aktuelle Probleme der kulturellen Massenarbeit, Leipzig 1983, S. 88, zit. n. Wolfgang Haible, Schwierigkeiten mit der Massenkultur, Mainz 1993, S. 75.
298 Helmut Göhler/Cordula Günther/Bernd Lindner/Dietrich Löffler, Leseland DDR: Ein Mythos und was davon bleiben wird, in: Media Perspektiven H. 7/1990, S. 438–454.
299 Haible, Schwierigkeiten [wie Anm. 297], S. 174, Fn. 484.
300 Carey, Hass [wie Anm. 66], S. 34 f.
301 Zygmunt Bauman, Legislators and Interpreters. On Modernity, Post-modernity and Intellectuals, Ithaca, N. Y. 1987.
302 José Ortega y Gasset, Der Aufstand der Massen, Hamburg 1956, S. 7.
303 Ebd., S. 12.
304 Altenloh, Kino [wie Anm. 90], S. 74.

Tabellen

Tabelle 1: Urbanisierung im Deutschen Reich

	Einwohner der Gemeinden über 5000 Ew (in Mio)	Großstädte	Einwohner der Großstädte über 100 000 Ew. (in Mio)
1871	14,8	8	2
1910	31,7	48	13,8

Nach Jürgen Reulecke, Geschichte der Urbanisierung in Deutschland, Frankfurt/M. 1985, S. 202, Tab. 2.

Tabelle 2: Kinos in Europa 1914

England	ca. 3200
Deutschland	ca. 2500
Frankreich	ca. 1200
Rußland	ca. 1200

Zusammengestellt, teilw. geschätzt nach Traub, UFA [wie Anm. 91], S. 8; Walvin, Leisure [wie Anm. 47], S. 133; Robertson, Cinema [wie Anm. 93], S. 1; Robert J. Goldstein, Political Censorship of the Arts and the Press in Nineteenth-Century Europe, Houndsmills 1989, S. 176. Pro Kino ist durchschnittlich mit 200 bis 400 Plätzen zu rechnen.

Tabelle 3: Verkauf von Grammophonen und Schallplatten in Deutschland 1925–1938

	Grammophone	Schallplatten
1925	196 000	
1927	329 000	25 Mio
1929	427 000	30 Mio
1932	180 000	15 Mio
1935		5 Mio
1936		7 Mio
1938		12–15 Mio

Zusammengestellt nach Schröder, Tanzmusik [wie Anm. 108], S. 315; Riess, Schallplatte [wie Anm. 72], S. 246, 284, 291; Lenk, Erscheinung [wie Anm. 112], S. 269.

Tabelle 4: Rundfunkgeräte in Europa 1924–1946

	Deutschland	Frankreich	Großbritannien
Jan. 1924			595 000
April 1924	9900		
Jan. 1925	549 000		1 130 000
Jan. 1927	1 277 000		2 178 000
Jan. 1928	2 010 000		
Jan. 1930	2 630 000	ca. 500 000	
Jan. 1933	4 310 000		
1938	9 087 000	4 164 000	8 856 000
1946		5 577 000	10 770 000

Zusammengestellt nach Peter Dahl, Radio, Reinbek 1983, S. 52; Schröder, Tanzmusik [wie Anm. 108], S. 318; Lequin, Histoire [wie Anm. 141], S. 219; Briggs, Birth [wie Anm. 125], S. 18; Asa Briggs, The War of Words, London 1970, Appendix B, C.

Tabelle 5: Kinos in Europa 1934

Deutschland	4900
England	4900
Frankreich	3900
Spanien	2600
Italien	2500
ČSR	2000
Rußland	2000
Schweden	1100

Zusammengestellt nach Max Kullmann, Die Entwicklung des deutschen Lichtspieltheaters, Kallmünz 1935, S. 56; Traub, UFA [wie Anm. 91], S. 155; Richards, Dream [wie Anm. 129], S. 12 (teilweise abgerundet).

Tabelle 6: Anteil von US-Produktionen an den gezeigten Filmen in Europa 1925 (in %)

Großbritannien	95
Frankreich	83
Italien	65
Deutschland	60

Zusammengestellt nach Frank Costigliola, Awkward Dominion, Ithaca 1984, S. 176; de Grazia, Mass Culture [wie Anm. 153], S. 62.

Auswahlbibliographie

Theoretische Gesichtspunkte, Überblicksdarstellungen

Peter Alheit, Zivile Kultur. Verlust und Wiederaneignung der Moderne, Frankfurt/M. 1994

Peter Bailey, Leisure, Culture and the Historian: Reviewing the First Generation of Leisure Historiography in Britain, in: Leisure Studies 8 (1989), S. 107–127

Georg Bollenbeck, Bildung und Kultur. Glanz und Elend eines deutschen Deutungsmusters, Frankfurt/M. 1994

Pierre Bourdieu, Die feinen Unterschiede. Kritik der gesellschaftlichen Urteilskraft, Frankfurt/M. 1982

Christa Bürger/Peter Bürger/Jochen Schulte-Sasse (Hg.), Zur Dichotomisierung von hoher und niederer Literatur, Frankfurt/M. 1982

Rosemary Deem, All Work and no Play? A Study of Women and Leisure, Milton Keynes 1986

Umberto Eco, Apokalyptiker und Integrierte. Zur kritischen Kritik der Massenkultur, Frankfurt/M. 1984

John Fiske, Understanding Popular Culture, Boston 1989

John R. Gillis, Geschichte der Jugend. Tradition und Wandel im Verhältnis der Altersgruppen und Generationen in Europa von der zweiten Hälfte des 18. Jahrhunderts bis zur Gegenwart, Weinheim 1980

Salvador Giner, Mass Society, London 1976

Max Horkheimer/Theodor W. Adorno, Dialektik der Aufklärung, Frankfurt/M. 1971

Pierre L. Horn (Hg.), Handbook of French Popular Culture, New York 1991

Andreas Huyssen, Mass Culture as Woman: Modernism's Other, in: ders., After the Great Divide. Modernism, Mass Culture, Postmodernism, Houndsmills 1986, S. 44–62

Klaus Kuhnke/Manfred Miller, Geschichte der Pop-Musik, Bd. I (Bis 1947), Lilienthal 1976

Dietrich Mühlberg, Anfänge proletarischen Freizeitverhaltens und seiner öffentlichen Einrichtungen, in: Weimarer Beiträge 27 (1981) H. 12, S. 118–150

Richard Shusterman, Kunst leben. Die Ästhetik des Pragmatismus, Frankfurt/M. 1994

Witold Rybczynski, Am Freitag fängt das Leben an. Eine kleine Geschichte der Freizeit, Reinbek 1993

Populärkultur bis zum Ersten Weltkrieg

Thomas Alkemeyer, Körper, Kult und Politik. Von der »Muskelreligion« Pierre de Coubertins zur Inszenierung von Macht in den Olympischen Spielen von 1936, Frankfurt/M. 1996

Norbert Bachleitner, Littérature industrielle. Bericht über Untersuchungen zum deutschen und französischen Feuilletonroman im 19. Jahrhundert, in: Internationales Archiv zur Sozialgeschichte der deutschen Literatur, 6. Sonderheft, 1994, S. 159–223

Hermann Bausinger, Verbürgerlichung – Folgen eines Interpretaments, in: Günter Wiegelmann (Hg.), Kultureller Wandel im 19. Jahrhundert, Göttingen 1973, S. 24–49

Concetta Condemi, Les cafés-concerts. Histoire d'un divertissement 1849–1914, Paris 1992

Peter Czerny/Heinz Hofmann, Der Schlager. Ein Panorama der leichten Musik, Berlin 1968

Georg Jäger, Der Kampf gegen Schmutz und Schund. Die Reaktion der Gebildeten auf die Unterhaltungsindustrie, in: Archiv für die Geschichte des Buchwesens 31 (1988), S. 163–191

Dagmar Kift, Arbeiterkultur im gesellschaftlichen Konflikt. Die englische Music Hall im 19. Jahrhundert, Essen 1991

Elisabeth Kosok, Arbeiterfreizeit und Arbeiterkultur im Ruhrgebiet. Eine Untersuchung ihrer Erscheinungsformen und Wandlungsprozesse 1850–1914, Diss. Bochum 1989

Kaspar Maase, Die soziale Konstruktion der Massenkünste: Der Kampf gegen Schmutz und Schund 1907–1918, in: Martin Papenbrock u. a. (Hg.), Kunst und Sozialgeschichte, Pfaffenweiler 1995, S. 262–278

Heide Schlüpmann, Unheimlichkeit des Blicks. Das Drama des frühen deutschen Kinos, Basel 1990

Bernd Jürgen Warneken, Kleine Schritte der sozialen Emanzipation. Ein Versuch über den unterschichtlichen Spaziergang um 1900, in: Historische Anthropologie 2 (1994), S. 423–441

Populärkultur seit dem Ende des Ersten Weltkriegs

Monika Bernold, Kino(t)raum. Über den Zusammenhang von Familie, Freizeit und Konsum, in: dies. u. a. (Hg.), Familie: Arbeitsplatz oder Ort des Glücks?, Wien 1990, S. 134–163

Susan Briggs, Those Radio Times, London 1981
Paul-Henry Chombart de Lauwe, La vie quotidienne des familles ouvrières. Recherche sur les comportements sociaux de consommation, Paris [3]1970
Gary Cross, Time and Money. The Making of Consumer Culture, London 1993
Konrad Dussel, Der Streit um das große U. Die Programmgestaltung des öffentlich-rechtlichen Rundfunks und der Einfluß der Publikumsinteressen 1949–1989, in: Archiv für Sozialgeschichte 35 (1995), S. 255–289
Leslie Fiedler, The Middle Against Both Ends, in: Bernard Rosenberg/David M. White (Hg.), Mass Culture. The Popular Arts in America, Glencoe, Ill. 1957, S. 537–547
Albrecht Göschel, Die Ungleichzeitigkeit in der Kultur. Wandel des Kulturbegriffs in vier Generationen, Stuttgart 1991
Dick Hebdige, Towards a Cartography of Taste 1935–1962, in: ders., Hiding in the Light. On Images and Things, London 1988, S. 45–76
Richard Hoggart, The Uses of Literacy. Aspects of Working-class Life with Special Reference to Publications and Entertainments, London 1957
René Kaës, Les ouvriers français et la culture. Enquête 1958–1961, Straßburg 1962
Lisa A. Lewis (Hg.), The Adoring Audience. Fan Culture and Popular Media, London 1992
Kaspar Maase, Spiel ohne Grenzen. Von der »Massenkultur« zur »Erlebnisgesellschaft«: Wandel im Umgang mit populärer Unterhaltung, in: Zeitschrift für Volkskunde 90 (1994), S. 13–36
Christian Schär, Der Schlager und seine Tänze im Deutschland der 20er Jahre. Sozialgeschichtliche Aspekte zum Wandel in der Musik- und Tanzkultur während der Weimarer Republik, Zürich 1991
Axel Schildt/Arnold Sywottek (Hg.), Modernisierung im Wiederaufbau. Die westdeutsche Gesellschaft der 50er Jahre, Bonn 1993
Klaus Schönberger, Arbeitersportbewegung in Dorf und Kleinstadt, Tübingen 1995
Erhard Schütz, Zur Modernität des »Dritten Reichs«, in: Internationales Archiv zur Sozialgeschichte der deutschen Literatur 20 (1995), S. 116–136
Peter Wicke, Rockmusik. Zur Ästhetik und Soziologie eines Massenmediums, Leipzig 1987
John Willett, Explosion der Mitte. Kunst + Politik 1917–1933, München 1981

Zeittafel

1852	Wöchentlich 25 000 Besucher im »Casino«, einem von drei großen *Music Saloons* der Industriestadt Manchester
1867	In Paris eröffnet das *Café concert* »Aux Ambassadeurs«
1871	Gesetz zur Einführung des *bank holiday* in England
1872	Erstes Endspiel um den Pokal der 1863 gegründeten englischen »Football Association«
1883	Eine Million Besucher im englischen Seebad Blackpool
1884	Erstes Damen-Tennisturnier in Wimbledon
1887	Erste der vier Europatourneen von »Buffalo Bills Wildwestshow«
1888	Gründung der englischen »Football League« mit 12 Vereinen
1893	An einem Sommer-Sonntagmorgen werden 5573 Radfahrer gezählt, die Paris zu einem Ausflug verlassen
1895	Der Coupletsänger Otto Reutter beginnt seine Karriere am Berliner »Apollo-Theater«
	Erste öffentliche Filmvorführung der Brüder Lumière am 28. Dezember
1900	Die Tournee des Blasorchesters von John Philip Sousa macht Europa mit Ragtime und Cakewalk bekannt
	Mit dem Programm »Sans culotte, Mesdames« lösen die »Folies Bergère« in Paris einen Skandal aus
1901	Über 100 000 Zuschauer beim Fußball-Pokalfinale im Londoner »Crystal Palace«
1902	Enrico Caruso singt seine erste Schallplatte ein
	Die 1898 gegründete »Deutsche Grammophon-Gesellschaft« schüttet 25 % Dividende aus
1903	Beim Bahnradrennen um den Grand Prix de Paris Einnahmen von 70 000 Francs
1905	Der Dresdner Verleger Alwin Eichler bringt mit »Buffalo Bill« die erste Groschenheftserie mit durchgehender Heldenfigur nach amerikanischem Vorbild auf den deutschen Markt
1906	Die »German Band« des Westfälischen Pionierbataillons Nr. 7 spielt ein »Negerständchen (Cakewalk)« auf Schallplatte ein
1908	Die französische Firma Pathé beherrscht ein Drittel des Welt-Filmmarkts
1909	Erstes Sechstagerennen Europas (nach amerikanischem Vorbild) in Berlin

	Erste Weltmeisterschaften im modernen Tanz (Boston, Turkey Trot, Twostep, Tango) in Paris
1910	139 ortsfeste Kinos in Berlin am 1. Januar
1911	»Zentralstelle zur Bekämpfung der Schundliteratur« in Berlin als Dachverband für den »Schundkampf« gegründet
1913	Öffentliche Verbrennung von »Schundliteratur« an einer Hamburger Volksschule
	Gründung des »British Board of Film Censors«
1914	Die fünf größten englischen Varietétheater-Ketten besitzen insgesamt 97 *Music Halls*
1916	Deutsche Militärbehörden verbieten den Vertrieb von »Schundliteratur«
1918/19	Gesetzliche Einführung des 8-Stunden-Tages (48-Stunden-Woche) in den meisten Ländern Westeuropas
1919	Die schwarze Original Dixieland Jazz-Band aus USA spielt im November im exklusiven Londoner »Hammersmith Palais de Danse«
1920	53 000 Zuschauer beim Fußballspiel der Dick Kerr's Ladies gegen die St. Helens Ladies in Everton
1922	Die private Rundfunkstation Radiola beginnt am 6. November in Paris den Sendebetrieb
1923	Beginn regelmäßiger Rundfunksendungen in Deutschland am 29. Oktober
1925	Gründung des »Opera Nazionale Dopolavoro« als faschistische Freizeitorganisation in Italien am 1. Mai
	Josephine Baker beginnt ihre europäische Karriere in Paris
1927	Der Hugenberg-Konzern übernimmt die Ufa
	Erste Rundfunkübertragung eines Fußballspiels (Arsenal London – Sheffield United)
1929	Nach dem Erfolg des Hollywoodstreifens »The Singing Fool« beginnt die Tonfilmära in Europa
1930	Regierungserlaß gegen »Negerkultur« im Land Thüringen
1932	Zulassung von Berufsspielern zur französischen Fußballmeisterschaft
1933	Gleichschaltung des Kultur- und Unterhaltungsbetriebs in Deutschland durch die NSDAP
1934	Gründung der »Nationalsozialistischen Gemeinschaft ›Kraft durch Freude‹« im Oktober
1936	Abkommen über die 40-Stunden-Woche und einen zweiwöchigen bezahlten Urlaub nach dem Wahlsieg der Volksfront in Frankreich
1939	7 Millionen Besucher im englischen Seebad Blackpool
	25 000 private Fernsehgeräte und rund 200 kommerzielle Feriendörfer mit 30 000 Plätzen in England

1946 Die BBC beginnt im Juni wieder mit der Ausstrahlung eines regelmäßigen Fernsehprogramms

1947 Beginn eines französischen Fernsehprogramms von 12 Stunden pro Woche im Oktober

Erste Fernsehübertragung des englischen Fußball-Pokalfinales

1948 Die Langspielplatte aus Kunststoff mit 33 UpM kommt in USA heraus; erst zur Mitte der 1960er allerdings wird sie zum wichtigsten Medium der Rockmusik

1949 Der Deutsche Bundestag fordert im Dezember ein »Gesetz über die Verbreitung jugendgefährdender Schriften«; es tritt 1953 in Kraft

1951 Die Zeitschrift »Micky Maus« erscheint in der Bundesrepublik

1952 Der Nordwestdeutsche Rundfunk beginnt am 25. 12. mit einem regelmäßigen Fernsehprogramm

1953 Die 17-cm-Vinylschallplatte mit 45 UpM setzt sich durch

1955 Im Vorspann des US-Films »The Blackboard Jungle« (»Die Saat der Gewalt«) erklingt Bill Haleys »Rock Around the Clock«; der Siegeszug des Rock 'n' Roll in Europa beginnt

1956 Höhepunkt des Filmbesuchs in der Bundesrepublik mit jährlich 15 Besuchen pro Kopf

Beginn der 5-Tage-(45-Stunden-)Woche in der westdeutschen Metallindustrie

Gründung der westdeutschen Jugendzeitschrift »Bravo«

1957 In England werden 43 % aller Schallplatten von Teenagern gekauft

1958 Europatournee von Bill Haley and his Comets; Krawalle und Saalschlachten begleiten die Rock 'n' Roll-Konzerte

Knapp 1 Million Fernsehempfänger in Frankreich am Ende des Jahres

1959 Die Abenteuer von Asterix und Obelix erscheinen erstmals in der Zeitschrift »Pilote«

1963 Annähernd 200 000 Jugendliche beim Popkonzert auf der Pariser Place de la Nation

1964 60 % aller in den USA verkauften Singles sind Titel der Beatles

Jean-Claude Forests Comic »Barbarella« erscheint in Frankreich in Buchform und wird verboten

1965 Die ersten Musikcassetten kommen auf den Markt

1967 Start des Farbfernsehens in der Bundesrepublik

Beginn der Serienproduktion von Synthesizern

1969 Das Fernsehen überträgt am 20. Juli den Mondspaziergang von Neil Armstrong live

1970 Am 11. April gehen die Beatles auseinander; am 18. September stirbt Jimi Hendrix in einem Londoner Hotel

Register

fi 1-025305 / 1